学术引领系列

国家科学思想库

未来10年
中国学科发展战略

信息科学

国家自然科学基金委员会
中国科学院

科学出版社
北京

图书在版编目(CIP)数据

未来10年中国学科发展战略·信息科学/国家自然科学基金委员会，中国科学院编.—北京：科学出版社，2011
(未来10年中国学科发展战略)
ISBN 978-7-03-032301-9

Ⅰ.①未… Ⅱ.①国… ②中… Ⅲ.①信息学-学科发展-发展战略-中国-2011～2020 Ⅳ.①G201-12

中国版本图书馆CIP数据核字（2011）第183242号

丛书策划：胡升华 侯俊琳
责任编辑：侯俊琳 邹 聪 于 红／责任校对：桂伟利
责任印制：李 彤／封面设计：黄华斌 陈 敬
编辑部电话：010-64035853
E-mail：houjunlin@mail.sciencep.com

科学出版社 出版
北京东黄城根北街16号
邮政编码：100717
http://www.sciencep.com
北京凌奇印刷有限责任公司 印刷
科学出版社发行 各地新华书店经销
*
2012年1月第 一 版 开本：B5（720×1000）
2022年1月第十次印刷 印张：13
字数：255 000
定价：68.00元
（如有印装质量问题，我社负责调换）

联合领导小组

组　长　孙家广　李静海　朱道本

成　员　（以姓氏笔画为序）

王红阳　白春礼　李衍达
李德毅　杨　卫　沈文庆
武维华　林其谁　林国强
周孝信　秦大河　郭重庆
曹效业　程国栋　解思深

联合工作组

组　长　韩　宇　刘峰松　孟宪平

成　员　（以姓氏笔画为序）

王　澍　申倚敏　冯　霞
朱蔚彤　吴善超　张家元
陈　钟　林宏侠　郑永和
赵世荣　龚　旭　黄文艳
傅　敏　谢光锋

战略研究组

组　长	李德毅	院　士	中国人民解放军总参谋部第六十一研究所
副组长	聂在平	教　授	电子科技大学
	程代展	研究员	中国科学院数学与系统科学研究院
成　员	夏建白	院　士	中国科学院半导体研究所
	王田苗	教　授	北京航空航天大学
	徐志伟	研究员	中国科学院计算技术研究所
	尤肖虎	教　授	东南大学
	李儒新	研究员	中国科学院上海光学精密机械研究所
	郑南宁	院　士	西安交通大学
	何积丰	院　士	华东师范大学
	吕　建	教　授	南京大学
	张　荣	教　授	南京大学
	纪越峰	教　授	北京邮电大学
	周兴铭	院　士	中国人民解放军国防科学技术大学
	郭光灿	教　授	中国科学技术大学
	吴培亨	院　士	南京大学
	白　净	教　授	清华大学

秘书组

组　长	陆建华	教　授	清华大学
副组长	何　杰	研究员	国家自然科学基金委员会信息科学部
	傅　敏	处　长	中国科学院院士工作局
成　员	李树深	研究员	中国科学院半导体研究所
	胡占义	研究员	中国科学院自动化研究所
	鲍虎军	教　授	浙江大学
	张　莉	教　授	北京航空航天大学
	葛　宁	教　授	清华大学

总序

路甬祥　陈宜瑜

进入21世纪以来，人类面临着日益严峻的能源短缺、气候变化、粮食安全及重大流行性疾病等全球性挑战，知识作为人类不竭的智力资源日益成为世界各国发展的关键要素，科学技术在当前世界性金融危机冲击下的地位和作用更为凸显。正如胡锦涛总书记在纪念中国科学技术协会成立50周年大会上所指出的："科技发展从来没有像今天这样深刻地影响着社会生产生活的方方面面，从来没有像今天这样深刻地影响着人们的思想观念和生活方式，从来没有像今天这样深刻地影响着国家和民族的前途命运。"基础研究是原始创新的源泉，没有基础和前沿领域的原始创新，科技创新就没有根基。因此，近年来世界许多国家纷纷调整发展战略，加强基础研究，推进科技进步与创新，以尽快摆脱危机，并抢占未来发展的制高点。从这个意义上说，研究学科发展战略，关系到我国作为一个发展中大国如何维护好国家的发展权益、赢得发展的主动权，关系到如何更好地持续推动科技进步与创新、实现重点突破与跨越，这是摆在我们面前的十分重要而紧迫的课题。

学科作为知识体系结构分类和分化的重要标志，既在知识创造中发挥着基础性作用，也在知识传承中发挥着主体性作用，发展科学技术必须保持学科的均衡协调可持续发展，加强学科建设是一项提升自主创新能力、建设创新型国家的带有根本性的基础工程。正是基于这样的认识，也基于中国科学院学部和国家自然科学基金委员会在夯实学科基础、促进科技发展方面的共同责任，我们于2009年4月联合启动了2011～2020年中国学科发展战略研究，选择数、理、化、天、地、生等19个学科领域，分别成立了由院士担任组长的战略研究组，在双方成立的联合领导小组指导下开展相关研究工作。同时成立了以中国科学院学部及相关研究支撑机构为主的总报告起草组。

两年多来，包括196位院士在内的600多位专家（含部分海外专家），始终坚持继承与发展并重、机制与方向并重、宏观与微观并重、问题与成绩并重、国际与国内并重等原则，开展了深入全面的战略研究工作。在战略研究中，我们既强调战略的前瞻性，又尊重学科的历史延续性；既提出优先发展方向，又明确保障其得以实现的制度安排；既分析各学科自身的发展态势，又审视各学科在整个学科体系和科技与经济社会发展中的地位作用；既充分肯定各学科已取得的成绩，又不回避发展中面临的困难和问题；既立足国内的现状与条件，又注重基础研究的国际化趋势。经过两年多的战略研究工作，我们不断明晰学科发展趋势，深入认识学科发展规律，进一步明确“十二五”乃至更长一段时期推动我国学科发展的战略方向和政策举措，取得了一系列丰硕的成果。

战略研究总报告梳理了学科发展的历史脉络，探讨了学科发展的一般规律，研究分析了学科发展总体态势，并从历史和现实的角度剖析了战略性新兴产业与学科发展的关系，为可能发生的新科技革命提前做好学科准备，并对我国未来10年乃至更长时期学科发展和基础研究的持续、协调、健康发展提出了有针对性的政策建议。19个学科的专题报告均突出了7个方面的内容：一是明确学科在国家经济社会和科技发展中的战略地位；二是分析学科的发展规律和研究特点；三是总结近年来学科的研究现状和研究动态；四是提出学科发展布局的指导思想、发展目标和发展策略；五是提出未来5～10年学科的优先发展领域以及与其他学科交叉的重点方向；六是提出未来5～10年学科在国际合作方面的优先发展领域；七是从人才队伍建设、条件设施建设、创新环境建设、国际合作平台建设等方面，系统提出学科发展的体制机制保障和政策措施。

为保证此次战略研究的最终成果能够体现我国科学发展的水平，能够为未来10年各学科的发展指明方向，能够经得起实践检验、同行检验和历史检验，中国科学院学部和国家自然科学基金委员会多次征询高层次战略科学家的意见和建议。基金委各科学部专家咨询委员会数次对相关学科战略研究的阶段成果和研究报告进行咨询审议；2009年11月和2010年6月的中国科学院各学部常委会分别组织院士咨询审议了各战略研究组提交的阶段成果和研究报告初稿；其后，中国科学院院士工作局又组织部分院士对研究报告终稿提出审读意见。可以说，这次战略研究集中了我国各学科领域科学家的集体智慧，凝聚了数百位中国科学院院士、中国工程院院士以及海外科学家的战略共识，凝结了参与此项工作的全体同志的心血和汗水。

今年是“十二五”的开局之年，也是《国家中长期科学和技术发展规划纲要（2006—2020年）》实施的第二个五年，更是未来10年我国科技发展的关键时期。我们希望本系列战略研究报告的出版，对广大科技工作者触摸和了解学科前沿、认知和把握学科规律、传承和发展学科文化、促进和激发学科创新有所助益，对促进我国学科的均衡、协调、可持续发展发挥积极的作用。

在本系列战略研究报告即将付梓之际，我们谨向参与研究、咨询、审读和支撑服务的全体同志表示衷心的感谢，同时也感谢科学出版社在编辑出版工作中所付出的辛劳。我们衷心希望有关科学团体和机构继续大力合作，组织广大院士专家持续开展学科发展战略研究，为促进科技事业健康发展、实现科技创新能力整体跨越做出新的更大的贡献。

前言

为了全面提升《国家自然科学基金“十二五”发展规划》制订工作的科学性、战略性和前瞻性，促进我国基础研究的长远发展，根据《关于国家自然科学基金委员会与中国科学院合作开展“2011～2020年我国学科发展战略研究”的联合工作方案》和《国家自然科学基金“十二五”发展规划》战略研究工作的总体部署，2009年5月24日，“2011～2020年我国信息科学学科发展战略研究”工作正式启动，信息科学学科发展战略研究组（以下简称战略研究组）正式成立并开展工作。启动会上，国家自然科学基金委员会（以下简称基金委）副主任孙家广院士、信息科学部主任李德毅院士、常务副主任秦玉文研究员、副主任张兆田研究员、政策局韩宇局长、计划局孟宪平局长，中国科学院（以下简称中科院）院士工作局刘峰松副局长、信息学部主任李衍达院士到会并做了指导性发言，战略研究组和秘书组全体专家参会。

战略研究组根据《国家中长期科学和技术发展规划纲要（2006—2020年）》，深入分析信息科学学科发展的自身需求和国家经济社会发展需求，突出“更加侧重基础、侧重人才”的战略导向，力争明确未来一个时期促进我国信息科学学科基础研究及学科均衡协调可持续发展的战略思路和保障措施。

2009年5～12月，战略研究组先后组织400余名专家召开了数十次研讨论证会，形成了20余份支撑材料，并针对信息领域学术生态环境、人才战略和国际合作战略进行了问卷调查，共回收问卷1200余份。在此基础上，战略研究组进行了3次深入研讨，秘书组进行了6次工作会议。在此过程中，还分别在中科院信息学部院士会议、基金委信息科学部全体工作会议、专家咨询组会议和基金委委务扩大会上反复征求意见。通过不断修改完善，形成了本书。

我们认为，信息科学学科中科学和技术的关系难以分割，应该结合在一起论述；信息科学技术瞬息万变的特点难以准确把握，应该在兼顾学科均衡发展、为出现难以预料的突破留有空间的基础上，进行优先领域和综合交叉领域的论证；信息科学学科强大的应用背景，促使我们必须深入考虑如何以科学任务而不仅仅是科学问题引领学科发展。

本书基于我国信息科学学科中电子学与信息系统、计算机科学、自动化、半导体科学与信息器件和光学与光电子学5个分支领域，在论述信息科学学科领域的战略地位、归纳信息科学学科的发展规律和研究特点、总结近年来我国信息科学学科领域的研究现状和研究动态（包括人才队伍、资助现状、重要成果及在推动学科发展和人才队伍建设、营造科研环境等方面的成绩与问题）的基础上，对未来5～10年我国信息科学学科领域的发展布局、优先领域及与其他学科交叉的重点方向进行规划，提出16个优先发展领域和5个重大交叉领域，论述未来5～10年信息科学学科针对不同国别和地区开展国际（地区）合作与交流的需求和优先领域，并提出未来5～10年信息科学学科领域发展的保障措施（侧重于基础研究、人才队伍、环境建设、国际合作等方面的政策）。

在战略研究过程中，基金委信息科学部各位同仁给予了大力支持，提出了大量实质性意见和建议，提供了翔实的数据资料。中科院信息学部李衍达等院士参加了多次研讨并提出了宝贵建议。同时，本书也得到了信息领域广大专家的支持，特别是以下各位同志为此付出了大量的心血和劳动，他们是袁培江、陈杰、陈宇、孙玲、王有政、陶晓明、张龙、王海明、詹亚峰、任天令、胡事民、汪东升、孙茂松、陈文光、任丰原、孙毓忠、王千祥、臧斌宇、张健、孙利民、魏峻、吴全国等。

战略研究组在研讨及报告编写过程中，深深感到形成一份好的战略报告十分困难，特别是对优先发展领域和重大交叉领域难以把握和取舍。而把握和体现科学问题的阶段性进展和时效性，提出恰当的阶段性研究目标和科学任务，将规划落到实处，使其具有很好的可操作性，更是难上加难。对我们而言，本次战略研究是一次学习的过程，希望得到各位专家和读者的批评指正，也希望本书对我国今后10年信息领域基础研究的发展切实起到一定的促进作用。

李德毅

信息科学学科发展战略研究组组长

2011年4月

摘要

信息科学学科是研究信息的产生、获取、存储、显示、处理、传输、利用及其相互关系的学科，它是当代科学的前沿学科，对几乎所有其他学科都有很强的渗透性，生动地体现出整个基础学科在信息时代科技进步中的先导作用。

20 世纪末至 21 世纪中叶，人类处在一个科学高度分化又高度综合的时代，信息科学和技术在整个科学之中，依然是发展最迅速的学科，继续充当着人类发展最强大的引擎，成为支撑学科交叉、技术创新、经济发展的主导力量，向全社会全方位渗透，并推动人类社会向扁平的网络结构转型。人类赖以生存的、原以为资源极其丰富的地球，已成为物质和能量有限的“地球村”，通过信息科学和技术调控物质和能量，提升生产力，将使人与自然可以和谐、可持续、科学地发展。通过网络感知世界，让地球成为数字地球、信息地球、智慧地球，推进整个社会信息化。

近半个世纪以来，图灵奖、香农奖和信息领域相关的诺贝尔奖等获得者的贡献和其对人类社会科技进步的重大影响，以及信息科学的发展历史都说明信息科学学科领域的发展具有以下规律。

1）信息科学具有前沿性、探索性和交叉性；

2）信息科学需要长远的努力研究，甚至没有穷尽；

3）信息科学研究的深度（里程碑指标）难以预先明确地确定和精确量化；

4）科学的发现和技术的发明常常相互依赖，在信息科学发展过程中，有时发现在先，有时发明在先，并不总是先有发现后有发明；

5）基础研究通常是应用研究或者技术创新的先导，但技术发展也可以成为科学研究的源泉，在某些情况下科学存在于技术当中，当前活跃的信息技术也可以成为信息科学的先导。

进入 21 世纪，尤其是 2010～2020 年，从国际、国内发展角度来看，信息科学呈现下列态势及发展趋势。

1）信息科学继续向纵深方向发展，微观的更微观，宏观的更宏观，并展现出多尺度的丰富景象；

2）信息科学中，研究信息的产生、获取、存储、显示、处理、传输和利用等要素时，难以简单分割，常常表现出交叉、交织、胶着的状态；

3）横向发展催生更多的边缘学科和交叉学科，成为科学进步和技术创新的主要源泉。

当前，我国信息科学领域学术水平日益接近国际水平，人才资源丰富，中青年骨干力量崛起；量子通信等部分研究领域已具有和国际水平相当的研究基础和实力；以3G为代表，面向应用的发展水平已接近国际先进水平。但是，整体上我国在信息科学领域的研究工作仍是以跟踪为主，以纳米级集成电路为代表的基础器件的研究依然落后，科学实验环境和手段亟待加强，缺乏原始性重大创新。

今后我国信息科学学科发展布局的指导原则是支持优势学科与扶持薄弱学科并重，推进学科自身纵深发展和以学科交叉促进新兴学科发展并重，瞄准学科发展前沿与满足社会经济发展需求并重，努力实现我国信息科学学科体系的全面协调发展。

在学科发展布局原则指导下，信息科学学科围绕通信与电子学、计算机科学与技术、自动化科学与技术、半导体与微纳电子学、光学与光电子学分学科发展主线，共规划出16个优先发展领域和5个重大交叉领域。

16个优先发展领域如下所述。

1）新型信息材料与器件。研究目标是探索基于新机理、新材料的金属氧化物半导体（MOS）替代器件，为解决后摩尔时代的信息系统和网络提供基础。主要研究内容包括：自旋电子材料和器件；用于高频大功率、高温电子、气体传感和生物传感等的宽带隙材料与器件；与光计算相关的激光发射器件、激子基光信息处理器件及光探测器件；适合平面工艺和未来大规模集成的碳基材料与器件；有机/聚合物光子器件、有机半导体激光、有机太阳能电池等。

2）纳米级集成电路。研究目标是面向数亿门规模的片上系统（SoC），发展纳米尺度的器件模型、电路设计、验证与测试技术。研究内容包括：纳米尺寸的MOS器件及存储器件；微纳传感器，能量获取与转换电路；可重构与容错多核SoC及多核CPU；极低功耗电路，单片超高速混合信号系统；纳米尺度SoC及电子设计自动化，纳米尺度集成电路芯片测试，纳米尺度器件模型。

3）微纳光子器件与光电子集成。研究目标是面向超高速光网络，研究光源、传输、交换、传感等核心器件与关键技术。研究内容包括：微纳结构半导体激光光源及集成技术；超高速电-光/全光采样技术，超高速光数据复用技术，超高速数据检测和校准技术，高重复频率（$>$100吉赫兹）、高稳定（包括波形和光谱稳定）、低抖动（低相位噪声，RMS抖动$<$100飞秒）采样脉冲源产生技术，形成超宽带超高速电-光/全光采样系统及关键技术；光-光相互作用的超快非线性动力学问题和微波与光波的相互作用，低成本光生微波技术和射频光发送与光调制的新机理、新方法；光纤传感新机理，大规模光纤传感网络理论与

实现技术，恶劣环境下光纤传感技术和监测网络结构设计以及时分波分复用组网技术。

4）太赫兹与新型红外、毫米波器件。研究目标是探索太赫兹与新型微波、毫米波和红外的辐射源，检测相关器件，电路与系统的设计方法、建模、系统仿真和基片集成技术，为实现该领域器件、电路与系统的微型化、片式化、高性能、低成本奠定基础。研究内容包括：太赫兹理论与技术研究；太赫兹辐射源研究；太赫兹通信、成像和雷达技术研究；太赫兹与中远红外探测技术研究；中远红外激光与光电子新材料与新器件研究；太赫兹新型晶体和新型晶体材料的探索和研究；异质材料毫米波集成电路及化合物半导体综合应用技术研究；器件设计方法、仿真方法及测试测量研究。

5）高分辨率探测成像。研究目标是面向对地观测与空间探测，研究电磁波与物质作用关系、探测成像机理与实验验证方法，为空地环境感知提供支撑。研究内容包括：多维高分辨探测成像数据获取理论；低可观测目标信息的获取理论与方法；智能探测成像和认知探测成像的概念、理论与方法；探测成像信号处理方法、目标参数重建理论与方法；数据解译理论与方法。

6）强场与超强场激光技术。研究目标是产生强光场甚至超强光场的超短脉冲高功率激光。研究内容包括：光强超过 10^{23} 瓦/平方厘米，信噪比超过 10^{12} 的超强光场的产生；脉冲宽度小于 10^{-17} 秒的极端超快强光场的产生；光子能量大于 1 千电子伏的强相干辐射产生的新机制与新效应；基于激光加速的相位空间超高密度高能电子与离子束的产生；极端超快电子动力学探测及强场量子相干控制；X 射线波段的超快非线性光学；分子和电子的四维成像关键科学问题等。

7）传感网络与仿生感知基础。研究目标是面向大规模传感器网络，探索高灵敏度、高精度、高稳定性和高可靠性的敏感机理、结构及实现方法，研究高精度低能耗的传感器及网络，为物联网（IOT）和“感知中国”研究奠定基础。研究内容包括：智能敏感材料及高性能微纳传感器；传感器微弱信号检测；异构传感网络拓扑与网络协议；传感网络数据融合、管理及无线动态传感器传输协议；无线传感器网络可靠性、安全性及预测模型。

8）未来无线通信理论与技术。研究目标是针对能耗和频谱资源的双重约束，突破香农的点对点传输理论，探索多点传输理论与未来超高速、低功耗网络传输技术，支持 Gbps 以上的传输速率和超大容量多用户并发接入。研究内容包括：无线网络传播信道的建模及可重构理论与技术，多点传输网络信息论；有限频谱资源与低能耗的高效宽带移动传输与协同理论及方法；多域多网协同无线网络理论与网络自优化技术；移动网络组织与智能管理模型；移动通信中频谱、天线、空间、计算和网络等的认知、调度和利用方法。

9）低功耗艾级超级计算和新型计算系统。研究目标是变革性的艾级超级计算技术并研制原理样机，支持科学工程计算、互联网及信息服务等应用，提升每瓦实际速度效率两个数量级，并大幅度降低基础软件复杂度。研究内容包括：艾级超级计算机的功耗分析与最优降耗方法研究；艾级超级计算机软件；变革性的计算模型、体系结构、编程语言、操作系统、界面技术；通过样机和仿真得以验证性能、功耗、系统软件复杂度目标，其中包括：科学工程计算能够扩展到艾级（每秒10^{18}次运算）；能够同时支持千个互联网及信息服务，每个服务处理1万个用户请求；系统功耗控制在20兆瓦时，每瓦实际速度效率提升33%；系统软件复杂度控制在千万行源码，同时要探索非经典计算模型及其原型系统实现。

10）网络计算。研究目标是基于互联网的软件与服务技术，能够可信地支持数亿用户的丰富应用，平均用户实际上网速度超过100Mbps。研究内容包括：可扩展、低能耗的后IP网络拓扑与虚拟化网络路由器关键技术；面向互联网的软件方法与技术体系，在软件模型、编程语言、系统软件、使用模式、开发方法、支撑工具等方面取得突破；面向网络的中文信息处理技术；为数亿用户服务的通用计算账号技术，独立于任何客户端设备、任何网络、任何资源、任何厂商；智能网络与语义网络技术，提升网络服务的效率与易用性。

11）软件技术基础。研究目标是在新的计算模式和资源模式环境下，面向国家政治、经济、军事发展中的信息服务、安全管理等重大战略需求，研究面向多核体系结构的软件理论和关键技术；面向高度并行分布式计算环境的软件设计方法；面向服务计算的软件设计方法与技术；高可信软件理论与工程方法；面向企业信息化的重大工程软件的技术基础。

12）网络数据挖掘与理解。研究目标是网络环境下海量数据的异构、不确定、高噪声、高冗余等性质，发展面向特定任务数据的实时高效感知方法和知识发现手段，实现基于自然语言的人机交互。研究内容包括：网络数据挖掘与机器学习新方法；复杂环境的感知机理与计算模型；数据表达、特征提取与分/聚类的新理论与新方法；自然语言理解及网络服务基础理论与高效算法；视听觉信息的认知计算与人机交互新方法。

13）网络与信息空间安全。研究目标是赛博空间（cyberspace）安全、信任、隐私相关的手段、原理与处理技术，为赛博空间的监察监管、安全运行、预警预防、应急处理提供基础支撑。研究内容包括：国家网络基础技术，包括试验平台、基准服务、测试数据，用于研究和检验安全隐私保障；亿级用户可信可管泛在网的结构、协议、服务；网络社区的快速发现与社区生命期规律研究；有害信息的快速发现、追踪与分离技术；赛博空间免疫系统。

14）多机器人协调与仿生机器人。研究目标是面向国家安全、抢险救灾、家庭服务与医疗康复等重大需求，发展不确定环境下机器人实时感知、多任务多机器人协调规划与智能控制及高性能仿生机器人的基础理论与实现方法。研究内容包括：多任务多机器人协调规划与控制；高性能仿生机器人机理与实现方法；不确定环境下机器人实时感知；机器人行为规划与智能控制新方法；微小机器人基础理论与关键技术。

15）复杂控制理论与技术。研究目标是复杂被控对象结构、功能及环境间的关系，建立基于数据的非线性控制理论，发展多任务多目标协同优化与控制算法，以及高精度高可信的导航制导理论与技术。研究内容包括：基于数据的复杂系统建模、分析与控制；多任务融合、多异构系统的集成、优化与控制；复杂系统的共性研究与控制策略；复杂运动体协同制导与控制；不确定环境下的高性能导航理论与关键技术。

16）复杂系统与复杂网络。研究目标是自然界的涌现与自组织现象，探索和建立复杂系统行为描述、分析、计算与调控的理论与方法，探索大规模工程与经济系统决策分析与优化调度的高效算法。研究内容包括：复杂系统与复杂网络的演化规律与行为调控；赛博与物理集成的理论与方法；复杂系统建模、计算与综合集成；复杂任务实时决策、规划与调度；复杂供应链系统理论及应用。

5个重大交叉研究领域如下。

1）生命信息检测与分析。交叉学科有生物学、医学、材料科学和化学。研究目标是从信息科学角度研究生命过程，为医学对生命进行正面干预奠定基础。研究内容包括：生物芯片；可植入式微型电子生理装置；生物医学光子学检测；分子成像与癌症等重大疾病的早期诊断；生物电磁环境效应；生命信息解读与系统分析。

2）量子计算与量子调控。交叉学科有数学、物理学等。研究目标是探索计算规模可扩展并能容错的量子计算及量子调控体系，研发原理样机。研究内容包括：基于量子点、超导、微腔和离子阱等的计算部件和原理样机；固态物理体系量子处理器的制备、操控和信息读出等基本过程的物理问题；微腔和冷原子体系用于研制量子仿真实验平台的相关问题；量子编码、量子算法等基础理论问题；消相干过程和容错量子计算的基础问题等。

3）基于光学与光电子的精密测量。交叉学科有数学、物理学、生命科学、材料科学等。研究目标是探索测量阿秒与亚阿秒级动力学过程的新方法，发展高时空分辨率和高灵敏度检测的新手段。研究内容包括：探索精密测量的物理限制与突破现有极限的新概念与新方法；实现单分子与单量子器件的超灵敏、超精密调控；探索单光子探测技术向量子极限跨代发展的科学基础和量子调控新技术；发展时频域高精度与亚波长空间高分辨相结合的光电信息探测与调控技术；精密测量凝聚态物质中原子尺度的超快过程；实现分子中电子波包的操控与成像的新原理和新技术等。

4）空天信息网络基础。交叉学科有数学、地球科学、空间科学。研究目标是集多元空间信息感知、大尺度时空基准、广域通信网络与信息分发、星际远程控制等功能为一体的综合信息网络，有效支撑载人航天与深空探测计划、高分辨率对地观测等重大需求，为远海、空间乃至深空应用奠定科学基础。研究内容包括：空天地网络体系结构；高速高动态信息传输方法；空天地网络时空基准；空天地网络协同协议与空间互联网；临近空间网络、分布式协同空管演示示范。

5）面向社会发展的智能计算。交叉学科有人类行为学、心理学、地球科学、经济学。研究目标是基于计算思维研究自然与社会资源高效合理的利用与分配，为人类生存、经济与社会的可持续发展提供科学的决策手段。研究内容包括：算法网络理论，以计算思维刻画并解释人-机-物交互；人类行为学计算模型、机理与技术，如群智计算、万维学；机-物社会的计算模型、机理与技术，如车载交换网、物联网；国民信息核算体系的基础理论，包括核心概念、基本度量、计算过程、场景模拟预测，科学地评价信息化进程。

近年来，基金委对国际合作高度重视，并将它视为增强国际竞争力、提高我国科技地位的重要战略措施。在未来我国信息科学学科发展的过程中，国际合作与交流将重点关注以下方面。

（1）围绕信息领域的前沿重大科学问题，积极开展与本领域国际著名学者（特别是优秀华人学者）的合作，全面提升国际合作的质量

1）开展实质性的国际合作，共享科研实验环境，共享科研实验数据，共同培养研究生，共同发表科研成果，加强对国际合作中心的支持。

2）加强顶层设计，举办大规模、高级别的国际会议，明确优先领域和资助重点，关注若干合作计划的进一步发展，其中包括：中美计算机网络与应用、可信软件等合作计划；中欧信息与通信、普适计算等合作计划；中国、美国、日本、韩国等无线健康网络合作计划等。

（2）完善资助格局，开展以我为主的合作

1）在我国启动并建设若干个信息领域的研究基础设施，争取其他国家基金组织的共同支持，形成国际一流的研究实验环境。

2）选择若干个重大科学任务，依托国家重点实验室和优秀创新群体，主导组织双边、多边的国际（地区）合作项目，有计划地组织前沿学术交流活动。

3）探索新的国际合作渠道，支持我国科学家共同发起和参与重大国际信息科技研究计划。

在基金项目组织及政策措施方面，积极探索以科学任务带动信息科学学科的发展。用科学任务带动科学问题研究，可以有效改变难聚易散的现状，凸显团队力量；通过科学任务创建或带动实验室装备、仪器和条件建设，有特色的现代科学实验装置与环境是显示大国基础研究实力的“航母”，也是宣示基础研究成果、提高全民科学素质的场所；还可有效改变当前科学评估机制中过分强调论文数量、奖励等级的简单化倾向，提高同行评议的客观性。

Abstract

In order to fully enhance the scientific, strategic and visionary development plan for "The Twelfth Five Year Plan" by the National Natural Science Foundation of China (NSFC) and promote the long-term development of basic research in China, the "Research on the Development Strategy of China's Information Science 2011-2020" program was officially launched and the corresponding strategic research group was established on May 24, 2009 on the basis of The Collaborative Program of "Research on the Development Strategy of China's Information Science 2011-2020" between NSFC and the Chinese Academy of Sciences and the NSFC's overall plan for the strategic research on "The Twelfth Five Year Plan".

Under the *Guidelines on National Medium-and Long-term Program for Science and Technology Development* (2006-2020), the strategic research group performed in-depth analysis of the program's own development needs and national economic and social development needs, emphasized the strategic orientation towards "focusing more on the basic research and talents", and strived to clearly define the strategic thinking and supporting measures to promote sustainable development of balanced and coordinated Information Science program and associated basic research in China in the future.

From May to December in 2009, the research group had successively got more than 400 experts involved in relevant discussions, organized dozens of seminars, formed more than 20 supporting documents, and carried out a survey on the academic ecological environments, human resource strategy and international collaboration strategy in the information field, with more than 1, 200 copies of questionnaires collected. Based on this, the strategic research group conducted three in-depth discussions and the secretary group had 6 working meetings. In this process, comments were sought for many times respectively in the Academia Election Conference of the Academy of Sciences, the Plenary Session of NSFC's Information Science Division, the Expert Advisory Group

Meeting and the Enlarged Meeting of NSFC. Through various revisions and improvements, this strategic research report was developed.

The strategic research report is based on the five branches of the Information Science discipline including Electronics and Information Systems, Computer Science, Automation, Semiconductor Science and Information Devices, Optics and Optoelectronics. Based on the discussion on the strategic position of Information Science program, summary of the development laws and research characteristics of the program as well as its present and future in recent years (including personnel, funding situation, research findings, the achievements and problems in promoting academic development, building qualified teams and creating a scientific research environment, etc.), it has planned for the development layout, prioritized research areas as well as focused directions in interacting with other programs of China's Information Science field within the next 5-10 years, proposed 16 priority developmental areas and 5 major interdisciplinary areas, discussed the program needs and priorities in international (regional) cooperation and exchange with different countries and regions within the next 5-10 years, and brought about the supporting measures for the development of the program within the next 5-10 years (focusing on policies in basic research, personnel, environment, international cooperation and other aspects).

Information Science is a discipline which studies the production, acquisition, storage, display, processing, transmission, utilization and interrelations of information. As the frontier of modern science, it has a strong permeability for almost all other disciplines and vividly reflects the leading role of the whole fundamental disciplines in the scientific and technological progresses in the information age.

From the late-20th to the mid-21st century, mankind was in a highly differentiated and highly integrated scientific era, when information science and technology remained the fastest growing discipline among the entire science, continued to act as the most powerful engine of human development, the leading force in supporting disciplinary interaction, technological innovation and economic development, and continued to fully penetrate into the whole society and promote the transition of human society to a flat network structure. The earth where mankind survives was originally regarded extremely rich in resources while now has become a "global village" with limited material and energy. Through information science and technology regulating and controlling material and energy, as well as increasing productivity to achieve harmonious, sustainable and scientific development of human and nature. With Internet we can perceive the world, make the earth digital, informational and intelligent, and promote an information society.

Since nearly half a century ago, the contribution of Turing Award, Shannon Award and Nobel Prize winners related to the field of information, their significant impacts on the technological progress of human society, as well as the history of information science, all support the following rules that the development of Information Science discipline obeys:

1) Information Science is pioneering, exploratory and interdisciplinary.

2) Information Science requires long-term research efforts, even without the end.

3) The depth of research on information science (milestone indicators) is difficult to define in advance and precisely measure.

4) Scientific discoveries and technological inventions are often interdependent; in the process of development in Information Science, sometimes discoveries are earlier and sometimes inventions are earlier, discoveries do not always appear before inventions.

5) Basic research is often leading applied research or technological innovations, and meanwhile technological development can also be a source of scientific research. In some cases science is embedded in technology, and the current active information technology can also become a leader in Information Science.

In the 21st century, especially the period of 2010-2020, from the perspective of international and domestic development, the Information Science discipline shows the following trends:

1) Information Science continues to vertically develop, with the micro becoming more micro and the macro becoming more macro, and shows a multi-scale rich vision.

2) In Information Science, when conducting research on the elements of information such as production, acquisition, storage, display, processing, transmission and utilization, it is difficult to simply segment it, which often shows an interacting, interleaving and stalemating nature.

3) Horizontal development gives birth to more marginal and inter-

disciplines, becoming the main source of scientific progress and technological innovation.

At present, the academic standards in the field of Information Science in China approach the international ones, with rich human resources and the rise of young and middle-aged researchers; some research fields like quantum communication have an equivalent research base and strength to international level; the level of application-oriented development represented by 3G mobile communications is close to the international advanced level. On the other hand, our research in the field of Information Science on the whole still follows others, while research on basic devices represented by nano-integrated circuits is still lagging behind, with the environment and means of scientific experiments to be strengthened, and lack of significant primitive innovation.

The guiding principles for the future layout of the development of China's Information Science disciplines are: support both the competitive and weak academic disciplines, promote both the vertical development of discipline and development of new disciplines through disciplinary interaction, aim at the frontier of disciplinary development while meeting the needs of both social and economic development, and strive to achieve the overall coordinated development of our information disciplinary system.

Under the guidance of the layout principles of disciplinary development and focusing on development in Communications and Electronics, Computer Science and Technology, Automation Science and Technology, Semiconductor and Micro-nano Electronics, Optics and Photonics, the Information Science program has sorted out a total of 16 top-priority support areas and 5 major interacting research areas.

The 16 priority developmental areas are as follows:

1) New information materials and devices. The research goal is to explore the new mechanism, the new material-based MOS alternative devices and provide the basis for addressing information systems and networks in the post-Moore era. Topics include: self-spinning electronic materials and devices; wide band-gap materials and devices for high-frequency high-power, high-temperature electronics, gas sensing and biological sensing, etc.; laser emission devices, exciton-based optical information processing devices and optical detectors associated with optical computing; carbon-based materials and devices for planar process and future large-scale integration; organic/polymer photonic devices,

organic semiconductor lasers, organic solar cells, etc.

2) Nano-integrated circuits. The research goal is to develop nano-scale device models, circuit design, verification and testing techniques for the System on Chip (SoC) of hundreds of millions of gates. Topics include: nano-sized MOS devices and memory devices; micro-nano sensors, energy acquisition and conversion circuits; reconfigurable and fault-tolerant multi-core SoC and multi-core CPU; superlow-power circuits, monolithic high-speed mixed-signal systems; nano-scale SoC and electronic design automation, nano-scale integrated circuit chip testing, nano-scale device models.

3) Micro-nano photonic devices and OEIC. The research objective is to develop core devices and key technologies such as light source, transmission, switching and sensing for the high-speed optical network. Topics include: Micro-nano structure semiconductor laser light source and integration technology; high-speed electro-optical/optical-optical sampling technique, optical data combination and calibration technique, high-speed high-stability sample pulse generation technology, and form high-speed optoelectronic devices; light-light interaction ultrafast nonlinear dynamics and the interaction of microwave and light wave, low cost microwave and optical technology and new mechanism and method of RF optic transmit and optical modulation, new mechanism of optical fiber sensing, theory and implementation technology of large-scale optical fiber sensor network, fiber optic sensing technology under harsh environment and monitoring network structure design timely sub-wavelength division multiplexing network technology.

4) THz and new IR, millimeter wave devices. The research target is to explore the emitter, detection of related devices, circuits and systems design, modeling, system simulation and substrate integrated technology of THz and new microwave, millimeter wave and IR, and lay the foundation for realizing the miniaturization, chip type, high-performance and low-cost of the devices, circuits and systems of this field. Topics include: theory and technology study of THz; study of THz radiation; study of THz communication, imaging and radar technology; study of THz and far IR detection technology; study of far IR laser and new optoelectronic materials and devices; exploration and research of THz new crystal and new crystal materials; study of heterogeneous millimeter-wave integrated circuits and compound semiconductor integrated application technology; study of devices design, simulation and test and measurement.

5) High-resolution imaging detection. The research aims at studying interaction between electromagnetic waves and matters, surveying imaging mechanism and experimental verification method for earth observation and space observation, which provide support for space situational awareness. Topics include: multi-dimensional high resolution imaging data acquisition theory; theory and methods for low observable target information acquisition; concepts, theories and methods for intelligent detection imaging and cognitive detection imaging; detection imaging signals treatment, theory and method for reconstruction of target parameters; theory and methods for data explanation.

6) Strong field and super strong field laser technology. The research targets at generating short-pulse high-power laser with strong light field and super strong light field. Topics include: the generation of super strong light field of which the light density is over 10^{23} W/cm^2 and the SNR is over 10^{12}; the generation of extreme ultra-fast light field with the pulse width of less than 10^{-17} seconds; the new mechanism and effect of strong coherent radiation with the photon energy of over 1keV; the generation of high phase space density high-energy electron and ion beam based on laser acceleration; extreme ultrafast electron dynamics exploration and strong field coherent control; ultrafast nonlinear optics of X-ray band; key scientific issues of four dimensional imaging of molecular and electronics.

7) Sensor network basis. The research target is to explore sensitive mechanism, structure and implementation with high sensitivity, high precision, high stability and high reliability for large-scale sensor networks, research high precision low energy consumption sensor and network, laying the ground for investigating the internet of things and "Experience China". Topics include: smart sensitive materials and high performance micro-nano sensors; weak signal detection sensor; heterogeneous sensor network topology and network protocol; sensor network data fusion and management and wireless dynamics sensor transfer protocol; reliability, safety and prediction model of wireless sensor networks.

8) New wireless communication theory and technology. The research targets at explore multi-point transmission theory and high-speed low-power network transmission technology of the future, support the transmission rate of over Gbps and large capacity multi-user concurrent access by breaking through point-to-point transmission theory of Shannon against the double limitation of

energy consumption and spectrum resources. Topics include: modeling of wireless network communication channels and reconfigurable theory and technology, multicast network information theory; theory and methods for the limited spectrum resources and low power high performance broadband mobile transmission and collaboration; multi-domain multi-network cooperative wireless networks theory and network self-optimization technology; mobile network organization and intelligent management model; cognitive, scheduling and use methods of spectrum, antennas, space, computing and network, etc in mobile correspondence.

9) Exa-order low-power super-computing and new computing systems. The research goal is to innovate the Exa-order super-computing technology and develop prototype, support science and engineering computing, Internet, information services and other applications, enhance two orders of magnitude, i. e. the actual efficiency and speed per watt, as well as significantly reduce the complexity of infrastructure software. Topics include: Exa-order super-computer power consumption and optimal saving methods analysis; Exa-order super-computer software; innovative computing model, structure, programming languages, operating systems and interface technology; verifying performance, power consumption, complexity of system software and other objectives through prototyping and simulation, including: extending science and engineering computing to Exa-order (10^{18} times of computing per second); supporting thousands of Internet and information services, with each service handling 10, 000 users' requests; improving the actual speed and efficiency per watt to 33% while controlling the power consumption of system function within 20 MW; controlling the complexity of system software within 10 millions lines of source code. At the same time explore non-classical computing model and its prototype implementation.

10) Internet computing. The research objectives are realizing various applications of millions of users credibly and make the actual connection speed of the average user exceed 100 Mbps based on internet software and services technology. Topics include: scalable, low energy consumption post-IP network topology and key technology of virtual network router; software methods and technical systems for network, make breakthrough in software model, programming language, system software, usage patterns, development methods and supporting tools, etc; Chinese information processing technology

for internet; general computing account technology for millions of users, which is separated from any client devices, any network, any resource and any manufacturer; intelligent network and semantic web technology to promote the efficiency and usability of the network service.

11) Fundamentals of software technology. The overall goal of computer software research is to study multi-core software theory and critical to meet information services, security management and other major strategic needs in the country's political, economic and military development under the new computing model and resource model environment; software design methods for highly parallel distributed computing environment; software design methods and technologies for service-oriented computing; high-confidence software engineering theory and methods; as well as the technology base of major engineering software for business information.

12) Network data mining and understanding. The research aims at the heterogeneousness, uncertainty, high noise, high redundancy and other properties of huge amounts of data under network environment, to develop specific task-oriented real-time efficient perception of data and means of knowledge discovery for natural language-based human-computer interaction. Topics include: new methods of network data mining and machine learning; the perception mechanism and computing model of complex environment; new theories and new methods of data representation, feature extraction and point/cluster; basic theory and efficient algorithms of natural language understanding and network services; new methods of audio-visual information perception computing and human-computer interaction.

13) Cyberspace safety. The research aims at developing related tools, principles and treatment techniques of cyberspace safety, trust, and privacy to provide basic support for the monitor, regulatory, safe operation, warning and prevention, emergency treatment of the cyberspace. Topics include: national network basic techniques, including experiment platform, reference services, test data, which is for investigating and testing security privacy protection; the trustworthy and management of one hundred million users in the structure, protocol and service of the net; research of rapid discovery of online community and community life discipline; rapid discovery, tracing and separating technology of harmful information; the immune system of cyberspace.

14) Multi-robot coordination and bio-mimetic robots. The goal of the

research is to develop the basic theory and method of robots real time perception in uncertain environment, multi-task multi-robot coordinated planning and intelligent control and high performance bio-robots. Topics include: multi-task multi-robot coordinated planning and control; high performance bio-robots mechanisms and implementations; real-time perception of robots in uncertain environment; robots action planning and new methods for intelligent control; basic theory and key technology of tiny robots.

15) Theory and technology of complex control. The research objectives are: complicate the relationship between the structure, function of the controlled objective and the environment, establish nonlinear control theory based on data, develop multi-task multi-objectives coordinated optimization and control calculation, and high precision high reliability navigation guidance theory and technology. Topics include: the modeling, analysis and control of complex system based on data; the integration, optimization and control of multi-task integrated and multi-heterogeneous systems; common research and control strategy of complex systems; cooperative guidance and control of complex motion body; high-performance guidance theory and key technologies under uncertain environment.

16) Complex systems and complex networks. The research aims are: emergence and self-organization phenomenon in the nature, explore and establish theory and methods for describing, analyzing, calculating and controlling complex system behaviors, explore the efficient algorithms of large-scale projects and analysis and optimization scheduling of complex economic system decisions. Topics include: the evolution and behavior of complex systems and complex networks; theory and methods for cyber and physical integration; modeling, computing and integrating of complex systems; the real-time decision, planning and coordinating of complex missions; theory and application of complex supply chain system.

The five major interdisciplinary research areas are:

1) Detection and interpretation of life information. The interdisciplinary involves biology, medical science, material science and chemistry. The research aims at studying life process from the perspective of information science, laying the ground for the medical science positively intervening life. Topics include: bio-chips; implantable micro-electronic physical devices; detection of biomedical photonics; molecular imaging and early diagnosis of major diseases such as

cancer; environmental effects of bio-electromagnetic; interpretation of life information and systematic analysis.

2) Quantum computing and quantum control. The interdisciplinary includes math, physics, etc. The aims of the research are to explore quantum computing and quantum control system which are scalable and fault-tolerant and develop prototypes. Topics include: computing components and prototypes based on quantum dots, superconducting, micro-cavity and ion trap, etc; physical problems in the preparation, control and information read-out process of solid-state physical system quantum processor; relative problems when applying micro-cavity and the cold atom system in developing quantum simulation platform; basic theory problems such as quantum coding, quantum algorithms, etc; de-coherence process and basic problems of fault-tolerant quantum computing.

3) Precise measurements based on optoelectronics. The interdisciplinary includes math, physics, life science, material science, etc. The research objectives are exploring new methods of measuring second-class and sub-second-class kinetic process, developing new methods of high special and temporal resolution and high sensitivity detection. Topics include: explore the physical limitation of precise measurements and new concepts and methods of breaking through current limitations; realize the ultra sensitive and ultra precise control of the single molecular and single quantum devices; discover the scientific basis of cross-generation development from single photon detection technology to the quantum limit and new technology of quantum control; develop optical information detection and control technology of the combination of high precision time and frequency field and sub-wavelength spatial resolution; the ultrafast process of atomic scale in precise measurement condensed matters; realize the new principles and new technologies of electron wave packet manipulation and imaging in molecular.

4) Fundamentals of aerospace information networks. The interdisciplinary are math, earth science and space science. The goals of the study are to explore the integrated information network combining the function of multiple spatial information perception, large scale time-space reference, wide-area correspondence network and information dissemination and star remote control, effectively fulfill the major demand of manned space and deep space plans, and high-resolution earth observation, etc, lay the scientific ground for applications

of the oceans, the space, and even the deep space. Topics include: air and space network architecture; high-speed high-dynamic information transmission method; air and space network space-time reference; air and space network co-operative agreement and space internet; demo model of near space network and distributed collaborative ATC.

5) Intelligent computing for social development. The interdisciplinary studies include human behavior, psychology, earth science, and economics. The aim of the research is providing scientific decision-making tools for the sustainable development of the human, economy and society based on calculation thinking researching efficient and rational use and distribution of natural and social resources. Topics include: algorithm network theory, describe and explain interaction of human-computer-material with calculation thinking; calculation model, mechanism and technology of human behavior, such as group intelligence computing, the world- wide; calculation model, mechanism and technology of computer-material society such as car exchange network and the internet of things; basic theory of information system of national accounts, including core concepts, basic metrics, calculation process, scenario simulation and prediction, evaluate the process of information scientifically.

In recent years, the NSFC has paid great attention to international cooperation, and deemed it as important strategic measures to enhance international competitiveness and improve our science and technology status. In the future development process of Information Science in China, the international cooperation and exchanges will focus on:

1) Actively cooperate with internationally renowned scholars in the field (especially outstanding Chinese scholars) in frontier research in the information field, to comprehensively enhance the quality of international cooperation. (a) Carry out substantive international cooperation, share research laboratory environment, share research and experimental data, jointly train graduate students, jointly publish research results, consolidate the support to the international cooperation center. (b) Strengthen the top level design, hold large scale and high level international meetings, clarify priority fields and funding, concern about the further development of the numerous cooperation programs, including cooperative programs such as China-USA computer networks and applications, trusted software, etc; China-Europe information

and communication, pervasive computing, etc; wireless health network cooperation programs of China, USA, Japan and Korean, etc.

2) Improve the funding situation, and take the initiatives to build the cooperation. (a) Start and construct several research infrastructure units in the information field in China, strive for the joint support of the funding agencies in other countries, and form a world-class research laboratory environment. (b) Select several major scientific missions, relying on State Key Laboratories and excellent innovative research groups to lead and organize bilateral and multilateral international (regional) cooperation projects, plan forefront academic exchange activities. (c) Explore new channels of international cooperation, support the co-sponsoring and participating of our scientists in major international information technology research programs.

Regarding organization of funded projects and policy measures, we will actively explore ways of promoting the development of the Information Science program driven by scientific missions. The way to promote the scientific research by scientific missions can effectively change the current loose cooperation status and strengthen team efforts; through scientific task planning and construction of laboratory facilities and experimental environments, the unique modern scientific research facilities and environments will become an "aircraft carrier" demonstrating a country's horse power in basic research and declaring basic research findings and improving the civilization. Meanwhile, it can effectively change the simplistic tendency in the current scientific assessment mechanism that overemphasizes the number of papers and the awards, and improve the objectivity of the peer review.

目录

第一章

信息科学学科的战略地位

第一节　现阶段发展的总体态势及在国际竞争中的地位

从20世纪末到21世纪中叶，人类处在一个科学高度分化又高度综合的时代，信息科学和技术在整个科学之中，依然是发展最迅速的学科，继续充当着人类发展最强大的引擎，成为支撑学科交叉、技术创新、经济发展的主导力量，向全社会全方位渗透，并推动全社会从多个金字塔结构向扁平网络结构转型。

在近200年的历史中，人类经历了5个重要的科技革命时代：工业革命时代，蒸汽机和铁路时代，电力、钢铁和重型机械制造时代，汽车和大规模生产时代，以及今天我们所看到的信息和通信时代。一方面，以半导体、移动通信、互联网等高新信息技术产业为核心，信息时代推动了世界经济和科技的高速发展；另一方面，2008年的全球性金融危机引发了人们对经济发展模式的反思，伴随着经济增长放缓、研发投资减少，世界科技发展面临严峻挑战。信息技术不仅没有成功地规避世界性金融危机的影响，在能源危机、粮食危机、环境危机、流感恐慌等方面也没有发挥重大的作用。在未来人类社会与自然界和谐发展的主题下，信息技术如何发展成为这一领域的核心问题。

移动通信是信息时代一个标志性的产业。经历了超过20年的高速发展，截至2009年6月底，全球移动用户数量已经超过43亿，全球移动用户渗透率达到65.6%，很多成熟市场中的移动渗透率已经超过100%。与此同时，在包括中国在内的很多市场，移动业务增长出现了放缓的趋势。在传统模式增长面临“天花板”的时候，技术和产业的发展将走向何方？

信息时代引领的技术变革正在进入转型期。每次技术变革通常都包含两个发展阶段，即导入期和拓展期。在导入期，随着大量投资的推动，新技术被大量引入并得到快速的发展和应用；在拓展期，新技术的潜力得到充分挖掘，在生产和生活的多个领域被广泛应用。信息技术在导入期的飞速发展是围绕以人为主体的服务开展的，个人计算机、个人通信、互联网等在为个人提供信息服务的同时，带动了微电子、无线通信、网络技术的发展，并推动了信息产业的高速发展。随着信息技术的普及，单纯以人为直接服务对象的技术发展遭遇瓶颈，信息技术正在从导入期向拓展期转型，其发展模式正在从以人为直接服务对象向更为广阔的自然、社会乃至宇宙空间拓展。这一变化将从根本上影响信息技术的发展目标、技术路线和战略谋划。

在现阶段，以人类个体为服务主体、以微电子为器件核心的信息技术正在向微观、宇观时空尺度高速发展。在微观尺度上，量子技术成为后摩尔时代的新技术，是各个国家着眼于未来的战略竞争焦点之一。目前，量子密码技术已接近于实际应用，而量子计算机的研究也初见端倪；模拟人脑原理的分子计算机研究也在进行，日本筑波大学研制出由17个分子构成的分子计算机，未来将为医学治疗开发出新的重要技术；纳米收音机只用一根纳米管，便可实现部件众多的普通收音机的所有功能。在宇观尺度上，2008年5月25日“凤凰”号火星着陆探测器首次降落火星北极附近，对火星地表和气候进行了深入测试，发回25 000多张照片，这些照片包括大规模的远景图和首次在地球外利用原子显微镜拍摄的原子级图片；2008年11月，美国国家航空航天局喷气推进实验室宣布成功完成“太空互联网”的首轮测试，与距地球32万千米的一个太空探测器实现了数十张太空图像的往返传输，从而迈出构建“星际间互联网”的第一步。

信息技术在以更高效的器件和更广泛的应用向各个领域渗透。英国科学家用世界上最薄的材料——石墨烯（graphene）制造出了一种超小型晶体管，这种晶体管只有1个原子厚、10个原子宽；美国加利福尼亚大学研究人员成功研制出一种新型纳米激光器，可将功率超过200纳瓦的光束聚焦为一个直径仅为35纳米的光点，从而使每平方厘米面积上的数据存储量达到1.55太字节（TB）；在2008年11月17日举行的国际超级计算大会上，超级计算机速度突破每秒千万亿次计算大关，从而使科学家可以从事以前从未涉足的全新领域。目前，全球已有数以亿计的计算终端通过各种网络连接起来。可以预见，今后更多的小型计算设备将可以得到泛在的高速网络连接，并与后端的云计算服务平台、传感网、物联网协同，完成科学计算、工程模拟、产品设计、企业业务、个人通信、信息服务、健康监控、环境检测、军事应用等多种多样的任务。

“十一五”期间，我国提出了走中国特色的自主创新道路、建设创新型国家的宏伟目标。在这样一个目标指引下，我国信息技术的国际竞争力逐渐增强。

面向应用的系统级科学与技术发展水平已经日趋接近国际先进水平，涌现了华为、中兴等一批具有世界竞争力的技术创新型企业。作为中国自主创新的标志性技术成果，TD-SCDMA移动通信技术经过多年的发展，已经成为具有较大国际影响力的标准，在4G技术标准的制订中也拥有较大的国际话语权，预计

2011 年 TD-SCDMA 网络将覆盖全国地市，并可实现 2G、3G 之间平滑切换；中国下一代互联网示范工程建成世界最大规模下一代互联网，真实 IPv6 源地址认证和下一代互联网过渡等为世界首创性成果，并获得两项国际互联网标准，这是我国的创新技术首次进入国际互联网核心标准。

中国科学技术大学微尺度物质科学国家实验室在国际上首次实现了具有存储和读出功能的纠缠交换，建立了由 300 米光纤连接的两个冷原子系统之间的量子纠缠，完美实现了远距离量子通信中急需的“量子中继器”，向未来广域量子通信网络的最终实现迈出了坚实的一步，被 2008 年 8 月出版的 *Nature* 称赞为“扫除了量子通信中的一大绊脚石”；“嫦娥一号”探月之旅则标志着我国首次月球探测工程圆满成功，中国空间信息成功跨入深空探测的新领域；2008 年 8 月，我国自主研制的“曙光 5000”性能超过百万亿次计算，这标志我国成为继美国之后第二个能制造和应用超百万亿次商用高性能计算机的国家。

但另一方面，我国在基础器件的研究开发方面仍然明显落后于国际先进水平。例如，能够支撑集成电路走向 11 纳米甚至更小尺寸的高 K 介质半导体基础技术，与国际先进水平差距巨大；在光子器件以及光子集成电路方面的研究水平明显落后于日本等发达国家，在国际竞争中处于被动地位。

第二节　对推动其他学科和相关技术发展所起的作用

信息技术与其他学科和相关技术发展主要集中在两个方面：一方面，作为高新技术产业的支柱，信息技术在材料、器件等方面的需求带动了物理、生物等学科的发展；另一方面，信息处理、存储、检索等技术推动了物理、生物、地球科学等现代科学进行更为复杂和全面的深入研究。

从经济学和创新理论角度看，信息科学技术是一种通用技术，与很多学科相关，同时也支持几乎所有的其他学科。如图 1-1 所示，信息领域如同能源领域，其发展对推动其他学科和相关技术，乃至整个经济社会发展，都起着深刻而广泛的作用。个人计算机、高性能计算机、因特网、万维网、互联网服务、数据挖掘、多媒体处理技术等都是例子。

在历史上，激光的发明是光纤通信、CD 存储和其他所有激光光学信息技术的基础。晶体管对我们所有的电子设备发展起到了决定性作用，没有晶体管和其他半导体器件及其在大规模集成电路中的超小型化，就不会有计算技术，也不会有控制电子设备技术和现代电子通信技术的发展。2000 年的诺贝尔物理学奖授予 Z. I. Alferov、H. Kroemer 和 J. S. Kibly 三位科学家，正是为了表彰他们发明快速晶

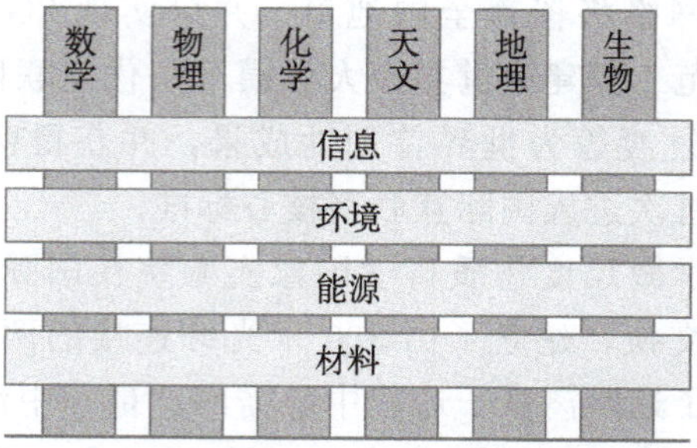

图 1-1　信息科学学科与其他学科的关系

体管、激光二极管和集成电路，从而奠定了现代信息技术基础的贡献。

现代物理对量子的深入研究极有可能形成新的信息技术基础。近 10 年来的研究表明，量子计算的实现不存在原理性的困难，当前的研究瓶颈在于量子计算的物理实现。虽然国际学术界对何种物理体系最终有可能成功研制量子计算机尚未定论，但普遍认为，基于固态物理系统和基于量子光学系统是最有希望的。在生物学领域，DNA 计算机由于能处理数量庞大的计算并且具有强大的并行运算能力，因而具有解决数学难题的潜力，在某些方面优于目前的电子计算机。

数据库、互联网、海量搜索等信息技术也推动了现代科学技术的发展。在物理学领域，现代实验要求十分高的探测精度和非常快的数据处理能力，没有信息技术的高度发展，许多重要的实验都将无法进行。从高能物理领域更深层次物质结构的研究到哈勃望远镜所获取的大量宇宙数据都离不开信息技术。新型加速器大型质子对撞机（LHC）在探索基本粒子过程中面临巨大的信息处理。当 LHC 在设计亮度下运行时，两个质子束团相遇，将产生大约 20 次对撞事例。两次束团相遇的时间间隔仅为 25 纳秒。每个事例都将产生大约 1 兆字节（MB）的数据，2 秒就是 1 拍字节（PB，相当于 10 亿 MB），这些数据流将通过上百万条通信信道传送给 LHC 的全球计算资源网络。

在生物领域，生物信息学包含生物信息的获取、处理、存储、分发、分析和解释，它需要利用现代信息技术来阐明和理解大量数据所包含的生物学意义。生物数据，如核酸序列、氨基酸序列、生物大分子空间结构等飞速增长，要求信息存储与获取必须提升性能。同时序列比对、测序与拼接等都需要信息技术新的发展。截至 2009 年 8 月，生物信息代表性数据库（欧洲分子生物学实验室（EMBL）数据库）包括由 283、748、816、763 个核酸组成的 163、656、234 组序列。

地球科学的发展支撑着人类利用自然资源、保护自然环境，对现代社会的可持续发展起着重要的作用。信息技术的进步为地球信息科学的发展创造了非常有利的工作环境，也提出了非常迫切的社会需求。地球科学从 500 年前直到

50 年前都是在地面上进行，以点、线的观测为基础。只是到了近 50 年以来，人类很快利用航空、卫星的遥感平台来观测地球。其观测可以做到定位、定性和定量，形成遥感、全球定位系统和地理信息系统的结合。到 21 世纪，对地观测向多维、网络、动态发展，促进地球信息交叉学科的形成与发展。2001 年，“奋进”号航天飞机利用在轨雷达只用了 222 小时就完成了南纬 56 度到北纬 60 度、占全球面积 75%的三维立体地图测绘。IKONOS 商用卫星全色图像地面分辨率约 1 米，多光谱图像分辨率为 4 米。如此丰富的数据资源，需要设计出新一代的软件系统和基于高分辨率遥感图像的格网数据库，方便自然与信息要素的结合和多源信息的集成，提高时空分析能力，深度挖掘数据中蕴藏的内在规律，提炼其中有效的信息，全面系统地认识自然、资源、环境、人口、社会经济诸多问题，形成地球信息图谱，不仅为综合国力评估和社会经济可持续发展能力建设提供信息服务与决策支持，同时是国防现代化建设不可缺少的高新技术系统。

信息技术通过研究物质、能量和智能的本质，通过机器对物质和能量的利用与控制、通过对信息的理解和对智能的模拟，不仅大大延伸了人类的体力和智力，带动工业生产和经济水平的发展，而且也对其他学科的发展起到明显的推动作用。信息技术作为一门工具用于其他学科的研究，带来研究方式的革命性改变。例如，在生物学领域，越来越普遍地采用传感技术和计算机信息处理技术之后，对基因和蛋白质分析的研究效率成指数级增长，现在几年就可以完成过去几十年甚至上百年才能完成的生物数据采集和分析工作。

当前，信息技术已经从吉比特（Gbit）迈入太比特（Tbit）时代，对信息获取、传输、处理和应用的性能要求越来越高；同时，信息产业自身的高速发展也为社会创造了巨大的财富，促进了相关学科的发展，将研制高性能的信息技术材料、器件及新的信息处理模式作为学科的重要目标。

第三节　在国家总体学科发展布局中的地位

在国家的引导和大力支持下，特别是“十一五”期间，在国家自然科学基金项目、“863”计划和“973”计划为代表的国家级科技项目的强有力的支持下，信息技术领域已在我国的总体学科发展布局中处于举足轻重的地位，我国从事信息技术研究的人才队伍已经形成较大规模。

《国家中长期科学和技术发展规划纲要（2006—2020 年）》（以下简称《纲要》）指出国民经济与社会信息化和现代化服务业的迅猛发展，对信息技术发展提出了更高的要求：要掌握集成电路及关键元器件、宽带无线移动通信等核心技术。《纲要》还明确，信息技术将继续向高性能、低成本、低功耗、普适计算和智能化等主要方向发展，寻求新的计算与处理方式和物理实现是未来信息技术领域面临的重大挑战；纳米技术、生物技术与认知科学等多学科的重大融合，将促进基于生物特征的、以图像和自然语言理解为基础的“以人为中心”的信息技术发展，推动多领域的创新。

《纲要》将信息产业列入重点领域及优先主题，特别是将传感器网络及智能信息处理、数字媒体内容平台列入优先主题，将自组织移动网、自组织传感网、多传感器信息融合等技术和低成本的实时信息处理系统列入前沿技术，将“新一代宽带无线移动通信网”、“高分辨率对地观测系统”、“中国第二代卫星导航系统”、“核心电子器件、高端通用芯片及基础软件产品”列入16个重大专项，为我国信息技术领域实现跨越式发展创造了前所未有的机遇。

另外，我们也看到我国的信息技术研究布局仍然将焦点放置在信息获取、传输、处理、分发的封闭流程上。未来信息技术的长期发展和基础创新应该关注整个人类社会的发展需求。美国国会在2008年财政研发预算中大幅提升了对可再生能源、能效和核能研究的支持，在基础研究方面则侧重生命科学和纳米技术的支出，对环境和气候变化的关注上升，对航天和海洋的研究依然强劲。信息技术如果不关注世界能源、气候等大事，将失去战略地位；如果不关注物理、生物等基础科学，将缺乏原始创新动力。我国的信息技术在转型变革期间，需要从传统的信息技术研究与管理组织格局中孕育出新的增长点和创新机制，需要规划学科内部各个分支的融合及与其他学科的交叉发展。

因此，今后的学科发展布局的指导原则是：支持优势学科与扶持薄弱学科并重，推进学科自身纵深发展和以学科交叉促进新兴学科发展并重，瞄准学科发展前沿与满足社会经济发展需求并重，努力实现我国信息科学学科体系的全面协调发展；超前部署前沿技术和基础研究，大力加强原始创新和集成创新，努力把中国建设成为信息强国。

第四节　满足国民经济、社会发展和国防安全的需要

在组成世界的三要素（物质、能量和信息）中，原以为资源极其丰富的地球成了物质和能量有限的“地球村”，可通过信息科学和技术合理调控物质和能量，提升生产力，使得人与自然可以和谐、可持续地科学发展。通过网络感知世界，让地球成为数字地球、信息地球、智慧地球，使得整个社会信息化。

党的十七大报告（以下简称“报告”）为我国的信息化发展赋予了全新的历

史使命。"报告"明确提出："全面认识工业化、信息化、城镇化、市场化、国际化深入发展的新形势新任务，深刻把握我国发展面临的新课题新矛盾，更加自觉地走科学发展道路，奋力开拓中国特色社会主义更为广阔的发展前景。""报告"将信息化与工业化、城镇化、市场化、国际化并举，提出信息化与工业化融合发展，将信息化战略地位进一步提升。

农业和农村信息化快速发展。中央建设社会主义新农村的发展战略促进了信息化带动新农村建设政策的出台。"村村通"工程扎实推进，农村网民数量迅速增长，普通服务能力进一步增强。"金农"工程正式批复，工程进入建设实施阶段。信息化重大工程建设加速了农村信息技术的普及应用，传统的农业农村状况正随着信息化的进程被逐步改变。信息化工程促进了农村经济社会的跨越发展。"村村通"工程、"三电合一"工程建设使农民通过电视、电话、网络等获取涉农信息，实现增收受益，并成为潮流。"农村中小学现代远程教育工程"覆盖了中西部36万所农村中小学校，基本形成了适应农村中小学教学需求的资源体系，受益学生达1.6亿人。"农村党员干部现代远程教育工程"为农村党员干部经常受教育、农民群众长期得实惠的工作机制奠定了基础。"农村信息化试点示范工程"将适农产品与信息服务深入农村，惠及上亿农民。信息技术促进了农业增长方式的转变。新疆生产建设兵团全面展开了以信息技术为主导的精准农业生产，2007年微机平衡施肥棉田占棉花总播种面积的30%，利用高新技术节水灌溉面积760万亩，机采棉种植面积超过100万亩。"新农村商网"网上对接促进农副产品销售660万吨，成交金额超过140亿元，有效促进了农副产品的市场流通（王长胜，2008）。

工业、服务业和社会各领域的信息技术应用进一步深化。应用信息技术改造传统产业、节能降耗和产业升级不断取得新进展，能源、交通运输、钢铁、机械、建材等行业的信息化水平进一步提高，金融、教育、文化、医疗卫生、社会保障、环境保护等领域的信息化步伐明显加快。山西全省煤炭企业瓦斯监控、产量监控覆盖率已超过90%，2007年综合能耗比2005年下降了62%，矿区大气环境质量二级以上天气增至295天，水环境质量明显改善，全年节约用电近2000万千瓦时。中国石油化工集团公司70多家下属单位的企业资源计划（ERP）系统上线，基本完成股份公司下属企业和科研院所的ERP建设。中国石油天然气集团公司在集团公司范围内，建设了连接205个成员企业的12个区域网络中心，形成了统一管理、分级维护的信息网络体系。银行卡业务发展迅速，截至2007年底，发卡总量14.8亿张，国内受理银行卡的特约商户约74万家，安装的POS机具118万台，ATM机12万台，境外受理银联卡的国家和地区达到26个。全年银行卡总交易额111万亿元，交易笔数136亿笔。2007年电子商务交易规模创历史新高，电子商务交易总额超过2万亿元，达到21 695.4亿元。

2007年，中国教育和科研计算机网（CERNET）与中国教育卫星宽带多媒体传输网（CEBSat）继续扩展扩容，CERNET主干网10Gb线路从8条增加到10条，2.5Gb线路从31条增加到49条，总带宽从166Gbps增加到229.785Gbps。CEBSat建成约40万个接收点，覆盖中国2000多所高等院校、40多万所中小学，直达全国农村地区、偏远山区、海礁和岛屿，已成为中国规模最大的公益性卫星多媒体传输及公共服务平台。

电子政务建设稳步推进，服务水平大幅提高。"金税"、"金盾"、"金土"、"金财"、"金信"、国家电子政务外网等十几项国家重点工程建设进展顺利。政府网站整体服务能力快速提高，在创新政府工作方式、优化管理、完善服务功能、提升公共服务水平等方面取得了良好的效果。到2007年底，全国税务系统共装备各类计算机设备92.55万台，广域网联通节点数27 653个；共安装防火墙3986个，入侵检测系统（IDS）1111个，漏洞扫描358套；共有72.6万台计算机设备安装了杀毒软件。公安信息通信网三级主干分别联通了32个省级公安机关，2007年，全国公安机关共抓获网上逃犯394 576名，检查入出境人员3.45亿人次。人口信息联网核查系统为全国160多家银行的15多万个网点机构提供联网核查。

信息产业继续保持平稳较快增长，国家信息化程度进一步提高。2007年，全年信息产业实现增加值13 000亿元，同比增长18.2%，占GDP的比重达到5.27%。全国手机普及率达到41.6%，比2006年增加6.3%；互联网用户达到2.1亿人，比2006年增长7000万人以上；城镇居民计算机拥有量达到59.7台/百户，彩电拥有量超过151台/百户，分别比2006年提高15%和5%。国家信息化投资占城市基础设施投资的比重接近10%。

我国在国防信息科技一些前沿领域已取得重大突破，信息化建设开创了我国国防和军队现代化建设新局面。坚持科技强军，按照建设信息化军队，打赢信息化战争的战略目标，加快机械化和信息化复合发展，积极开展信息化条件下军事训练，加紧培养大批高素质新型军事人才，切实转变战斗力生成模式。我国的军事训练已立足于复杂的电磁环境，训练在信息化条件下强化诸兵种联合作战实兵演练。导航定位系统和战术数据终端使火力指数提高了两倍，实现了单车与指控中心的越级通信。各军兵种加速信息化改造，以信息化主战兵种建设为龙头，武器装备整体迈向第三代（王春生和林治远，2008）。在第六届中国珠海航空航天博览会上，由中国自主研制的一批精确制导武器系统集体亮相。同时，信息化边防展现新景象，通过视频监控、卫星定位、电磁传感等信息采集系统进行网络综合集成，实现了信息化的边境管控。

第二章

信息科学学科发展规律与发展态势

第一节　信息科学学科的定义与内涵

信息科学是研究信息的产生、获取、存储、显示、处理、传输、利用及其相互关系的科学。信息科学学科包含的分学科如下所述。

一、电子学与信息系统

电子学与信息系统是一门内容及应用面都非常广泛的学科。电子学是以电子运动和电磁波及其相互作用的研究和应用为核心的一门科学。电子在真空、气体、液体、固体和等离子体中运动时产生的物理现象，电磁波在真空、气体、液体、固体和等离子体中传播时发生的许多物理效应，以及电子和电磁波相互作用的规律，构成电子学基础研究的主要内容。电子学还致力于对这些现象、效应和规律的应用研究，基本内容可以概括为信息的采集、存储、变换、传输、交换、处理、检索、识别、理解和再现等。电磁波（包括光波、电流）是信息的主要载体；电子、带电粒子和电磁波之间的相互作用现象是实现发射和感知信息的电子设备及各种电子元器件的物理基础；用电子元器件能够组成实现信息储存、放大、传输和处理的各种电路；由各类电子元器件和电路组成各种信息系统。研究信息本身的基本属性和表征，研究从各类电子器件、基本电路、直到各类信息系统的基本理论与技术，以及研究各类信息在电子器件、基本电路直到信息系统中的获取、储存、传输、处理、再现以及应用等问题，是电子学与信息处理学科的基本内容。

现代电子学与信息技术是一个内容非常广泛的学科体系，在这个学科体系里包含众多的分支。我们可以把这些分支划分为三大类，即电子科学与技术、信息论与通信技术、信息系统与信息处理。

电子科学与技术是电子学与信息处理中基础和共性研究领域。它主要研究电子与信息技术中电磁场与电磁波、电路与系统、电子材料与元器件等方面的基础科学技术问题，以及电磁场与人体的相互作用的科学技术问题。

信息论与通信技术主要研究现代通信技术及其基础理论，其主要内容包括现代通信网络信息论的理论和体系、新型编码技术、光通信技术、无线通信技术、多媒体通信技术以及空间信息网络技术等。

信息系统与信息处理主要研究与信息采集和信息处理相关的信息采集机理、机制，以及信号和信息处理理论与方法。其主要内容包括探测成像、信号处理、信息处理、信息融合和图像处理几个重要方面。

二、计算机科学

计算机科学的研究内容包括计算机和网络相关的硬件、软件和服务。我国高等教育体系将计算机科学技术定为一级学科，涵盖3个二级学科，即计算机体系结构、软件与理论、计算机应用。

计算机科学技术是信息领域中研究最活跃、发展最迅速、影响最广泛的学科之一，主要包含计算机科学理论与体系结构、计算机网络、并行与分布式处理、存储原理与系统、系统软件、软件工程与软件方法学、信息安全、自然语言处理、数据工程与知识工程、多媒体信息处理、虚拟现实、人机环境、移动计算、嵌入式计算、人工智能、模式识别与机器学习、生物信息处理等方面的研究。高效能、大容量、高可信、网络化、普适化、智能化等仍然是计算机科学技术追求的目标。计算机科学技术与其他学科交叉甚广，其与生命科学、数学、物理、化学、地学、机械学及管理科学等学科的交叉研究，孕育着众多新概念、新理论、新方法和新技术，必将促进计算机科学技术学科与其他相关学科的共同发展。

三、自动化

自动化学科包括控制理论与控制工程、系统科学与系统工程、人工智能与智能系统及相关领域的基础研究和关键技术研究。

控制理论与控制工程领域主要的研究方向包括控制理论及应用，故障诊断与系统维护，系统仿真与评估，导航、制导与测控，传感器技术与传感器网络，多源信息融合等。

系统科学与系统工程领域主要的研究方向包括系统描述、建模与分析，系统动力学及应用，复杂系统的涌现与演化进化规律，工程系统的设计与优化，工程系统的调度与决策等。

人工智能与智能系统领域主要的研究方向包括模式识别及应用，人工智能与知识工程，机器人学及机器人技术，认知科学及智能信息处理等。

上述领域既相互联系又互为基础或技术支撑，研究范围广泛，且与数学、计算机、通信、力学、电工、机械、半导体、光学、管理、神经和心理等众多学科相交叉。

近几年来，下述领域逐渐成为研究的热点：面向节能减排的生产过程一体化安全控制；基于数据或基于模式的控制、决策、调度与故障诊断；复杂网络分析与网络化系统控制；复杂系统的涌现与演化进化规律；信息获取新方法与新型传感器技术；多源信息融合新理论与新方法；网络信息检测、搜索、处理及应用；自然语言理解与语义计算；模式识别新方法与非合作目标识别；数据理解与机器学习新方法；生命科学中的信息处理与控制；先进机器人系统及其关键技术；认知过程的计算模型及其应用。

四、半导体科学与信息器件

20 世纪 40 年代，科学家建立了固体量子理论，发展了半导体的能带理论、P-N 结理论和电子与空穴传输理论。1947 年晶体管的发明标志着半导体将作为一门新兴学科逐步发展起来。

半导体科学与信息器件领域的主要范围包括半导体晶体与薄膜材料、集成电路设计与测试、半导体光电子器件、半导体电子器件、半导体物理、集成电路制造与封装、半导体微纳机电器件与系统、新型信息器件（包括纳米、分子、超导、量子等各种自下而上的新型信息功能器件）。

近年来发展的超晶格量子阱、量子线、量子点等低维结构材料，和由此而引出的各种新型器件研究及其在微电子、光电子和光电集成方面的应用，形成了半导体学科新兴而迅猛发展的领域之一，它们的发展无疑将会引起信息科学技术的新飞跃。另外，半导体微机械、微传感器和集成化微光机电系统的研究，也必将为其在生物、医学、航空、航天和环境等多个对人类社会至关重要的领域中拓展出广阔的应用前景。

五、光学与光电子学

光学与光电子学是探索光的本质，研究光的产生、传输、探测、光与物质相互作用及其应用的技术科学。光学与光电子学领域的主要范围包括光学信息获取与处理、光子与光电子器件、传输与交换光子学、红外物理与技术（包括太赫兹）、非线性光学与量子光学、激光、光谱技术、应用光学、光学和光电子材料、空间光学、大气与海洋光学、生物医学光子学以及交叉学科中的光学问题。

近年来，随着物理、半导体和材料等相关基础学科的发展，光学与光电子学也得到了迅猛发展，与其他学科领域的交叉渗透日趋广泛深入，形成许多新的交叉学科。光通信、光量子信息、光存储与显示、生物医学光子学、现代红外物理与技术、激光技术与技术光学等已成为当前国际前沿热点，并为信息科学的发展提供了重要的基础。光学与光电子学在信息、空间、能源、材料、生物、医学、环境、先进制造、计量及国防军事等领域有着广阔的应用前景，已成为现代科学技术的重要组成部分。

第二节　信息科学学科的发展规律与特点

信息科学技术主要研究信息的产生、获取、存储、显示、处理、传输、利用及其相互关系，包含电子科学与技术、信息获取与处理、信息与通信系统、理论计算机科学、计算机软硬件、计算机应用、网络与信息安全、控制理论与控制工程、系统科学与系统工程、人工智能与智能系统、半导体科学与信息器件、信息光学与光电子器件、激光技术与技术光学等分支领域，在国民经济各个领域和层面均具有广泛的应用。正是由于信息科学技术的广泛应用和飞速发展，形成了庞大的信息产业，以至于有人将人类社会的发展划分为农业时代、工业时代和信息时代。由此也导致信息科学学科在飞速发展中展示出较为独特的特点和规律。近半个世纪以来，图灵奖、香农奖以及信息领域相关的诺贝尔奖等获得者的贡献及其对人类社会科技进步的重大影响，以及信息科学的发展历史都可以说明信息科学学科领域的发展具有比较独特的规律。

能源是人类在21世纪所面临的巨大挑战之一。信息科学的发展为节约能源提供了有效途径，在减少能源消耗过程中起着越来越重要的作用。而信息科学本身消耗的能源在人类活动中所占比例越来越大。例如，运行一台超级计算机要消耗兆瓦级的电力能源。未来信息科学的发展，必然会遇到能源消耗的瓶颈，发展新能源支撑的下一代信息科学是必由之路。

信息科学与技术的应用，为材料科学的发展提供了机遇，促成了新功能材料的不断涌现。而信息科学的发展很大程度上也有赖于材料科学与技术的发展。没有硅晶材料的基础，就没有今天的微电子产业；同样，没有光纤技术的成熟，就没有今天的信息高速公路。信息科学的进一步发展对基础材料提出了更新要求。

一、信息科学学科依托超强的产业背景

信息产业包括电子产品制造业、计算机制造业、通信业、软件业等。信息产业具有技术含量高、投入产出比大、附加值高、渗透性强、覆盖面广等特点。我国信息产业占 GDP 的比重由“八五”的 2%提高到“九五”的 4%、“十五”的 6%，2010 年已达到 7%。近年来，我国信息产业增长速度约 20%，产业规模不断扩大。例如，我国电信网络总规模、电话用户总数、移动电话用户总数和互联网用户总数均居世界第一。截至 2009 年 6 月底，固定电话用户达到 3.30 亿户，移动电话用户达到 6.95 亿户。网民规模达到 3.38 亿人，其中，基础电信企业互联网宽带接入用户数达到 9348 万户，在中国境内注册的网站总数达到 306 万个。全国通电话的行政村比例达 99.21%，具备互联网接入能力的乡镇达 97%。建成了覆盖全国、连接全球的信息通信网络，初步形成了国家信息高速公路的基本架构。

全社会信息化进程快速推进，应用信息技术改造提升传统产业不断取得新的进展，工业设计研发信息化、生产装备数字化、生产过程智能化和经营管理网络化水平迅速提高。电子信息技术的发展催生了一批新兴产业。科技咨询、工业设计、现代物流、软件服务、信息发布、创意产业等生产性服务业蓬勃兴起，促进了工业的优化升级。网络文化、动漫游戏、休闲娱乐、数字家庭、网络社区、无线城市等电子信息技术的广泛应用，进一步改变了生活方式，扩展了消费需求，成为新的经济增长点。电信网、互联网、广播网“三网融合”的推进为信息化的发展增添了新的动力。

表 2-1 和表 2-2 分别列出了我国商务部新近公布的 2008 年 1～10 月累计出口和进口的主要商品金额，从表中可以看出，与信息产业相关的商品占据了半壁江山。因此，信息科学学科的第一个特点就是其依托着一个强大的产业。而正是由于其超强的产业应用背景，造成世界各国争相投资信息科学领域基础研究和技术开发，以支撑信息技术的迅猛发展，由此也导致该领域的竞争异常激烈。

表 2-1　2008 年 1～10 月累计出口主要商品金额

商品名称	1～10 月金额/万美元	2007 年同期金额/万美元	同比增长比例/%
机电产品	69 314 106	56 261 450	23.2
高新技术产品	35 074 615	29 326 601	19.6

续表

商品名称	1～10月金额/万美元	2007年同期金额/万美元	同比增长比例/%
自动数据处理设备及其部件	11 322 120	9 879 686	14.6
服装及衣着附件	9 826 737	9 559 082	2.8
钢材	5 563 860	3 714 192	49.8
纺织纱线、织物及制品	5 541 667	4 595 080	20.6
电话机	3 467 813	3 047 287	13.8
农产品	3 298 064	2 880 405	14.5
自动数据处理设备的零件	2 711 644	2 617 417	3.6
鞋类	2 445 346	2 102 619	16.3
家具及其零件	2 159 759	1 760 195	22.7
集成电路	2 074 908	1 924 775	7.8
液晶显示板	1 982 783	1 544 223	28.4
船舶	1 533 907	953 329	60.9
二极管及类似半导体器件	1 358 670	682 063	99.2
汽车零件	1 276 345	986 356	29.4
塑料制品	1 235 987	1 199 987	3.0
成品油	1 148 661	744 916	54.2
旅行用品及箱包	1 121 710	886 727	26.5
游戏机	1 073 243	725 654	47.9
电视、收音机及无线电讯零附件	1 064 175	876 585	21.4
打印机（包括多功能一体机）	1 026 943	940 424	9.2

资料来源：中华人民共和国海关总署统计。

注："机电产品"和"高新技术产品"包括本表中已列明的有关商品。

表 2-2　2008 年 1～10 月累计进口主要商品金额

商品名称	1～10月金额/万美元	2007年同期金额/万美元	同比增长比例/%
机电产品	46 259 395	40 330 771	14.7
高新技术产品	29 531 673	26 509 581	11.4
原油	11 674 887	6 358 871	83.6
集成电路	11 190 326	10 371 015	7.9
铁矿砂及其精矿	5 327 801	2 552 851	108.7
农产品	4 969 054	3 258 396	52.5
液晶显示板	3 926 871	3 216 111	22.1
初级形状的塑料	3 006 007	2 660 184	13.0
成品油	2 785 804	1 320 286	111.0
自动数据处理设备及其部件	2 134 107	1 787 359	19.4
钢材	2 005 615	1 709 816	17.3
粮食	1 986 854	964 492	106.0
未锻造的铜及铜材	1 676 452	1 632 377	2.7
通断保护电路装置及零件	1 517 665	1 296 042	17.1
纺织纱线、织物及制品	1 369 949	1 376 833	−0.5
计量检测分析自控仪器及器具	1 338 578	1 053 999	27.0
自动数据处理设备的零件	1 307 584	1 401 483	−6.7

续表

商品名称	1～10 月金额/万美元	2007 年同期金额/万美元	同比增长比例/%
汽车	1 269 792	835 940	51.9
二极管及类似半导体器件	1 081 871	951 513	13.7
废金属	977 879	911 350	7.3

资料来源：中华人民共和国海关总署统计。

注："机电产品"和"高新技术产品"包括本表中已列明的有关商品。

二、信息科学学科受到飞速发展的信息技术的带动和推动

科学的发现和技术的发明常常相互依赖。在信息科学发展过程中，有时发现在先，有时发明在先，并不总是先有发现后有发明。从近年来图灵奖、香农奖和诺贝尔奖等获得者的贡献就可以说明这一点。通常基础研究是应用研究或者技术创新的先导，但技术发展也可以成为科学研究更为重要的源泉。在某些情况下科学存在于技术当中，当前活跃的信息技术也可以成为信息科学的先导。

大量的资金投入和异常激烈的竞争导致信息技术发展极其迅猛，各主要方向都有较明确的发展路线图，信息科学学科的研究必须为这些发展路线图的关键节点技术的实现提供必要的研究方法、知识储备和支撑。例如，每 18 个月集成电路的集成度和速度翻一倍（摩尔定律，Moore law），40 多年来，集成电路的发展一直遵循着 MOS 器件按比例缩小为原动力的摩尔定律。目前，互补金属氧化物半导体（CMOS）集成电路工艺技术已进入 65 纳米和 45 纳米大生产节点。根据 2007 版《国际半导体技术蓝图》（ITRS）预测，传统的 MOS 器件在采用新结构、引入新材料的前提下能够发展到 2020 年的 14 纳米技术时代，其物理沟道长度为 6 纳米，光刻栅长度为 9 纳米。随着集成电路特征尺寸越来越小，并逐渐逼近物理极限，未来微电子科学与技术的发展将沿着"more Moore"和"more than Moore"两个方向发展。其中，"more Moore"为继续按照进一步缩小的方向发展，该发展方向包括在空间长度上继续缩小并提高集成度的"几何缩小"（geometrical scaling）和 3D 集成、多核结构等不单纯追求尺寸缩小的"等效缩小"（equivalent scaling）两个方面，其总体目标都是为了使集成电路发展得以继续。而按这一方向继续发展，传统的体硅 CMOS 器件将在 22 纳米技术节点附近遇到极大的挑战，从而不可避免地进入"后 CMOS"（beyond CMOS）时代。

由此可见，信息领域的每一种产品与技术的市场寿命都不长，因此，信息科学学科领域的基础研究不断受到信息技术快速发展的带动和推动，信息科学学科众多领域的发展受应用驱动的影响很大。

三、信息科学学科对其他学科具有强大的渗透性

信息科学与技术不但广泛用于国民经济、国防乃至社会生活的各个领域，还与其他学科交叉发展形成许多新的学科方向。在这方面，信息科学与技术具有强大的渗透性，与物理、化学、材料和生命科学等其他学科的交叉渗透日趋广泛深入，新的研究方向不断涌现。

信息科学向其他学科领域的渗透会引发很多新的科学问题，并产生新的突破方向。例如，信息技术与生化检测的交叉形成生物芯片和片上实验室的研究；与生物技术的交叉引出生物信息学；与传统制造科学的交叉形成数字制造；与能源利用结合形成以太阳能电池和光热利用技术为代表的能源光电子学；与薄膜材料结合形成薄膜巨微电子学；与纳米结构材料结合形成纳米电子学和纳米光电子学；与原子钟、光纤传输和空间传输结合构筑出时频系统网络等。各种新型激光器件的发展成为新一代光通信、传感器、微电子加工以及环境、生命、生物、化学、计量高精密仪器的光源；量子信息科学和技术近年来的飞速发展，为实现绝对安全的通信和超高速计算能力提供了可能和希望；随着以原子钟为基础的全球定位系统的发展、小型化、高精度、便携式定位系统不仅为电子、微电子器件提出了更高的要求，也开辟了新的产业机会。同时，新器件新工艺的发展不但推动了现代信息技术的发展，也促进了近代材料学和物理学研究的进步。

需要特别指出的是，计算机技术向其他领域的渗透，形成众多的计算交叉学科，对相关领域的跨越式发展起到巨大的推动作用。计算机技术渗透形式从工具逐渐过渡到交叉学科、计算透镜、人-机-物三元世界，乃至形成计算思维。

四、信息科学学科的发展强烈地依赖于其他学科的发展

信息科学与技术本身的发展也强烈依赖于与其他学科领域的交叉，如信息器件的发展强烈依赖于物理学科与材料学科的发展，有“一代材料，一代器件，一代系统”之说。

信息科学学科的发展显著依赖于与其他学科领域交叉的一个典型例子是信息存储。信息存储是信息科学学科的核心支撑技术之一。现有的各类半导体存储器如动态随机存取存储器（DRAM）、闪存（Flash）等难以满足未来信息系统及信息存储对高速、低功耗、高密度、高可靠性的综合要求。而随着当今材料科学的发展，将新型的阻变材料、相变材料、极性介质材料等与微电子技术

相集成，可形成具有优异的不挥发存储性能的新型信息存储器件：阻变存储器（RRAM）、相变存储器（PCRAM）、铁电随机存储器（FeRAM）、忆阻器等。例如，在RRAM中引入随电压（或电流）变化而改变电阻值的二元或多元金属氧化物电子薄膜材料，获得的新型RRAM存储器件兼具现有的随机存取存储器（RAM）型存储器件的高读写速度以及现有只读内存（ROM）型存储器件的掉电之后信息不丢失的不挥发特性，且具有尺寸可缩减、高密度、高可靠性的突出特点，非常适用于未来的高性能信息存储系统。这些新型信息存储器件的产生、发展及其实用化，其中的新型材料、物理机理等研究是关键。

尤其是目前进入到纳米科技时代，物理学上研究的微纳结构特异的光电特性恰恰是信息器件功能的核心所在，而制备出的高质量微纳结构材料正好构成信息器件的核心结构。以微电子技术为例，我们知道，微电子技术的主要发展方向有两个：一是自上而下（top-down）地按比例缩小的方向，特征尺寸越来越小，并将最终逼近物理极限，在按比例缩小过程中，人们将设计出各种新结构器件和采用新材料、新工艺来克服遇到的物理上的限制；另一个是自下而上（bottom-up）的方向，发展各种新奇的固态量子器件，包括单电子器件、自旋器件和磁通量子器件，或发展基于自组装的原子和分子器件，或发展一维结构的纳米线、碳纳米管等低维器件。

随着基于自组装等的纳电子学的迅速发展，为实现信息处理、信息存储和信息传输，微、纳电子学正在互相借鉴、互相融合，有可能孕育出崭新的科学与技术。可以预计，未来的信息功能器件将充分利用微电子技术、纳米处理技术，甚至生物纳米技术、传感器技术、微机电系统（MEMS）技术，而每一项新技术的出现无不是建筑在基础科学理论的突破上，具有明显的基础性、前瞻性、探索性和交叉性。这其中孕育着一系列重大的创新机遇，谁能够早日取得突破性成果，谁就会掌握发展的主动权，但所有这一切，都与学科交叉有关，都严重依赖相关学科的发展。

五、信息科学学科领域内各分支互相依赖、互相促进特征明显

信息科学学科的交叉性和渗透性导致信息科学学科具有较宽的范畴，其研究领域包括电子学、微电子学、光电子学、量子频标、量子信息、计算机科学和自动化等一系列重要学科分支，涉及信息光电材料（半导体、超导体、晶体、光纤、薄膜等）制备、真空电子技术、现代分析技术、光电子器件和光信息系统技术（光通信与光传感）、量子频标、量子信息、计算技术和控制技术等诸多内容。这些研究领域和研究内容也正在经历重大而深刻的变化，并将对未来信

息科学与技术产生重大的影响。

信息科学学科各分支领域飞速发展的同时，也强烈地互相促进和互相影响着。例如，互联网的发展就有望成为微电子技术发展的巨大驱动力。今后，除个人计算机（PC）外，与互联网结合的可移动、袖珍的实时信息处理设备将成为新热点。面对星载、空载电子信息系统包含有无线通信的天线、前端射频模拟集成电路、光机电装置等射频微电子器件及其集成。在无线通信领域，近年来 iPhone，Gphone 手机的问世，构成可与数据网（互联网）沟通的智能操作平台。正如当年微软设计出 Windows 操作系统使个人计算机进行一场革命，智能手机也将进行一场手机革命，移动互联网上网速率将高达 1Gbps，微电子技术必将面临新的严峻挑战。

再例如，电子科学与技术涉及各种信息电子材料、电子与光电子元器件、微波及集成电路系统，是电子及光电子材料与器件、光通信、传感、原子钟技术、量子信息等领域的重要科学基础，是信息科学技术的前沿学科。它结合了近代物理学中的量子力学、固体物理和半导体物理理论与现代微、纳尺度结构材料制备、微细加工技术和评测技术，对应用于现代信息网络的关键电子与光电子器件的器件物理、制作工艺和结构创新进行研究，是信息技术的基础。现代电子科学与技术的核心是基本材料科学、器件物理与加工工艺及实验技术的结合。各种电子和光电子材料与器件是构成现代通信庞大网络系统的基础，而新型微纳薄膜加工与检测技术为具有特殊功能的新型电子和光电子器件的实现提供了可能。

六、信息科学学科领域基础研究薄弱

虽然信息科学技术依托强大的产业背景，发展迅速，是世界各国的竞争热点，各国均投入大量经费支持研发，但真正用于支持信息科学学科基础研究的经费却相对很少。其主要原因是信息技术发展过于迅速，很快转化为产业技术或被淘汰，巨大的利润诱惑、推动着急功近利的人们纷纷把精力、财力、人力、物力投入到那些有望很快转入产业的技术，而对于那些距离应用较远或应用前景渺茫的基础科学问题的研究，人们的选择大多是避而远之。经费投入部门如此，同行评议专家和项目申请人也如此。产业界提出的新概念和新理念刺激着人们的消费，也刺激着人们的投资热情和技术人员研发的激情。相关的基础科学问题中有些在技术研发过程中迎刃而解，有些被精心绕过而遗忘在角落里，如果这些被遗忘的问题不在以后技术发展进程中造成大麻烦，将很少有机会被人重新认识而亡羊补牢。

七、信息科学学科发展中较突出的几类现象

信息科学与技术学科发展历程还有许多其他较鲜明的特点和经验规律，我们归纳了四类，即指数现象、螺旋现象、涌现现象和长短现象。

（一）指数现象

在过去至少 30 年，信息科学学科的一些基本指标随时间指数性地增长，通常表现为“每×个月翻一番”。最著名、影响最广的例子是摩尔定律：一块半导体集成电路芯片上的晶体管数目大约每两年翻一番。互联网络的通信带宽（如互联网终端接入带宽、互联网核心路由器带宽、计算机系统互联网络带宽等）、硬盘存储容量、全球产生的数据量等也有类似随时间指数性地增长的趋势，但并不像摩尔定律能够那么精确地表述。

指数现象也有一些负面的表现。例如，所谓摩尔第二定律称：半导体集成电路芯片的制造成本（fab cost）也随时间指数性地增长，2003 年大约是 10 亿～20 亿美元，今天 AMD 公司的 32 纳米工艺生产线的成本已经增长到了 42 亿美元。计算机软件的复杂度也随时间指数性地增长。例如，最近 15 年，高性能计算机的系统软件行数每 3 年翻一番。业界将此类软件臃肿膨胀的现象称为 Wirth 定律：计算机软件变慢的速度高于硬件变快的速度；此定律也被戏称为安迪-比尔定律：英特尔出一个更快的芯片，微软的软件肯定会把性能用光，用户得不到好处。根据图灵奖得主 Alan Kay 的估计，由于软件臃肿膨胀，今天的计算机比起 30 多年前的计算机系统性能只提高了 50 倍，摩尔定律带来的好处损失了 3 个数量级。

最近 10 年来，系统功耗也在迅速增加。但能耗随时间增长的规律，是否随时间指数性地增长，尚不明确。

2011～2020 年，这些指数现象很可能还会继续存在。由于这些基本量的增长速率不匹配，信息科学技术的发展面临着各种技术墙的挑战，如存储墙、并行墙等。

（二）螺旋现象

在过去至少 40 年，为了利用技术进步和满足用户需求，计算机和网络系统每隔 15～25 年会出现平台变换，交替重复“X→Y→X→Y”的周期，相关产业也随之变化，但平台变换并不是意味着现有产品的消失，而是意味着新市场的

涌现。技术和产业呈现螺旋式上升发展趋势。螺旋现象的本质是如何利用摩尔定律等指数规律带来的部件进步，将它映射到人们的需求和市场产品与服务中。重要的例子包括牧本浪潮、三国定律和虚拟化。

在半导体芯片领域，针对如何有效地使用摩尔定律的问题，计算机界已经总结出一个宏观规律，称为牧本浪潮（图 2-1）。这个经验观察规律是日立公司的首席技术专家牧本次生于1987年首次提出的，并于2001年加以修订。牧本浪潮包含三个要点：第一，半导体芯片产业交替重复“标准化＋专用化”的周期；第二，这些周期同时受芯片制造技术和芯片的市场需求两类因素推动产生；第三，每个周期为时大约20年，标准化和专用化阶段各为10年。

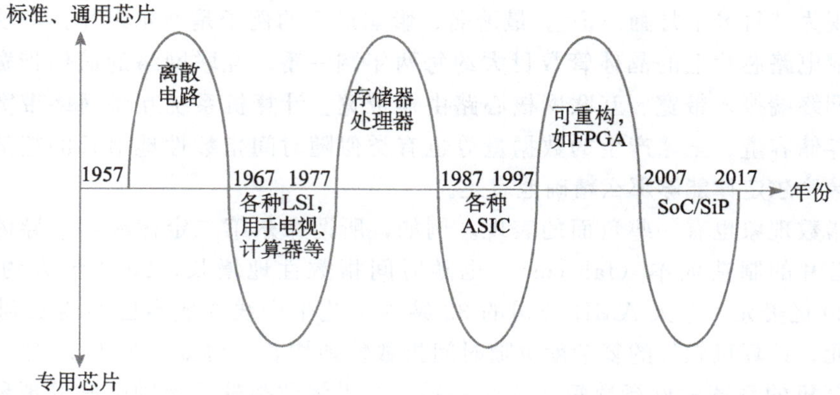

图 2-1　牧本浪潮

在计算平台领域，尤其是网络计算平台领域，中科院在《中国至2050年信息科技发展路线图》研究中总结了一条三国定律：每隔15～25年，计算平台会出现较大的“分散-集中”交替变换（图 2-2）。我们已经看到了“大型机-终端”集中模式、客户-服务器分散模式、服务器聚集集中模式的出现和流行。目前，我们正在向新的网络计算模式转换。其中，点对点（P2P）是分散模式，而云计算等则仍然是集中模式。

虚拟化技术，即允许多个虚拟系统（用户系统）共享一个物理系统，也是如此。自20世纪70年代虚拟化技术发明以来，独占与虚拟交替出现。Java VM等语言级虚拟机、Linux Container等操作系统级虚拟机、XEN等系统级虚拟机就是新近的例子。

（三）涌现现象

计算机和网络系统的性能、功能、安全性等系统级价值往往不是所有部件或子系统之和，而是越来越像网络状的生态系统，呈现复杂系统特有的涌现

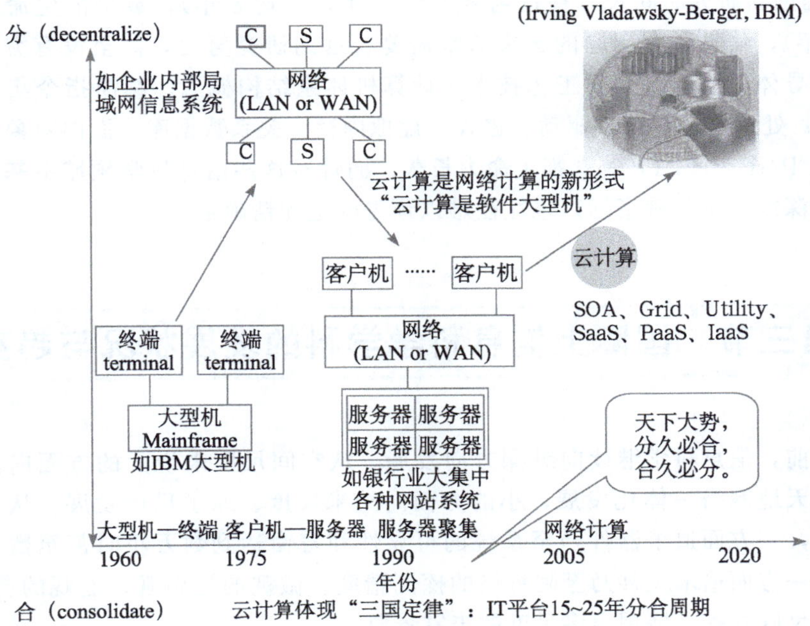

图 2-2 三国定律

现象。

1）局部性现象：计算机和网络系统的应用负载往往具有或多或少的时间局部性和空间局部性。系统设计者利用这些性质发明了 cache 和其他地址空间技术提高系统效率，降低成本。

2）网络效应：网络的价值大于节点之和，如麦特考夫定律和布朗定律。麦特考夫定律（Metcalfe's Law）是以太网的发明人麦特考夫总结出来的一条因特网定律，这个定律说，网络的价值与联在网上的计算机数（亦称网络节点数）的平方成正比；另一种说法是，网络的价值与上网人数的平方成正比。布朗定律（Brown's Law）是施乐公司帕洛阿尔托研究中心的主任布朗博士总结出来的另一条因特网定律，它的表述很简单：网络的价值＝$2c$。其中，c 是网络中的“社会”或“社区”个数，简言之，增加一个社区就能让网络的价值翻番。

3）开源社区：很多重要软件，尤其是平台类软件，是由志愿者主导的开源社区构造并维护的，例子包括从 LAMP 软件（Linux 操作系统、Apache Web 服务器、MySQL 数据库、PHP/Perl/Python 脚本语言），到云计算软件 Hadoop。

（四）长短现象

信息产业变化快，是指价值体现形式、产品与服务升级快，生命期短。但

IT基础创新研究时间长（往往需要5～15年，平均8年），成果的生命周期长（数十年），信息科学问题的解决通常需要长远的研究努力，甚至没有穷尽。例如，半导体集成电路平面工艺技术、计算机体系结构概念、精简指令集计算机（RISC）处理器、盘阵、驱动、进程、虚拟内存、关系数据库、面向对象编程语言、TCP/IP、HTTP等，都生命力长久。而针对这些信息科学领域中基础问题研究的深度（里程碑指标）也往往难以预先确定和精确量化。

第三节　国际上信息科学学科的发展状况与趋势

目前，信息科学继续向纵深方向发展。从空间尺度来说大的方面向深空探测和空天地网络一体化发展，小的方面向纳米尺度、原子尺度发展。从时间尺度来说，一方面追求器件乃至系统的可靠性和寿命达到数万小时甚至数十万小时，另一方面追求飞秒乃至阿秒级的探测精度。微观的更微观，宏观的更宏观，并且跨尺度并存，展现出多尺度的丰富景象。

信息科学中，研究信息的产生、获取、存储、显示、处理、传输和利用等要素时，难以简单分割，常常表现出交叉、交织、胶着的状态。由此也导致了信息科学各分支领域的相互交叉和相互影响，协同发展。这种横向发展将会催生出更多的边缘学科和交叉学科，成为信息科学进步和技术创新的主要源泉。

由于信息科学技术强大的产业背景和应用驱动的特征，其科学技术飞速发展，国际竞争激烈，各国均纷纷投入巨资，组织大的计划。下面是几个典型发达国家的发展态势。

一、欧盟ICT研究开发进展

信息和通信技术（ICT）是全球经济增长的重要推动力，对欧洲经济社会具有重要影响，欧盟主要通过所谓的第七研发框架计划（FP7）开展ICT领域的研究与创新。FP7总结ICT技术所面临的各种挑战，归纳出“技术方面的挑战”和“解决社会和经济问题的通信信息技术”两类研究方向。

（1）技术方面的挑战

1）网络业务和底层架构：未来互联网的体系、网络技术，业务、软件和虚拟化，互联网的事件和企业环境，可信任的信息和通信技术，诚信服务的基础设施，网络媒体和3D互联网，未来互联网试验设施和试验驱动研究。

2）认知系统、交感、机器人技术：人工认知系统工程，完整的机器人系统，学术和工业研究交流，多学科的人工认知系统研究。

3）器件、系统、工程：纳米技术，半导体器件和小型系统，灵活、有机和大范围的电子设备，嵌入式系统，网络监测和控制系统，高性能计算系统，光子学，微系统和智能小型系统。

4）未来和新兴技术：万亿设备的并行计算，量子和生物化学信息理论和技术，人机融合，自主系统的自我认识，趋向于零功率和头脑激励的信息和通信系统、分子量级设备和系统。

（2）解决社会和经济问题的通信信息技术

1）电子图书馆和容量：电子库和电子存储、加强学习功能和改善学习效果、智能信息管理。

2）医疗卫生用信息通信技术：个人健康系统、病人安全信息通信系统、虚拟的生理人类。

3）移动性和可持续发展的信息通信技术：移动的、安全的、环境可持续和节能的ICT系统，未来移动ICT系统，适应环境和气候变化的ICT系统，智能电子分配系统的ICT解决方案。

4）独立生存、社会包容和信息管理的信息通信技术：嵌入式的可接入和可提供帮助的信息通信系统，管理和政策建模的信息通信系统，ICT的治理和政策模型。

FP7计划中与无线和移动通信相关的研究方向表现在以下几个方面。

1）未来互联网的体系和网络技术要求实现频谱有效的无线接入：①下一代无线通信技术是成本、频谱和能源有效的，将采用自适应编码调制、多天线和多用户检测、跨层设计和低时延传输等关键技术，并在基站和/或终端补充相关增强技术（如新颖的网络拓扑结构、动态信道模型和信道估计等），联合设计无线传输技术和无线接口协议栈，采用频谱共存和共享技术提高频谱利用率。②认知无线电和网络技术能够降低无线网络管理的复杂度，可以在大量异构无线接入技术存在的无线环境中提供无缝的业务，能够支持有环境意识和学习能力的移动设备，这些设备可以在网络协助或者无网络协助的环境交互的基础上改变任何参数或协议。③新型无线网络架构可以创新地使用无线频谱，降低辐射和能耗，工作环境可以从短、中距离（飞蜂窝系统，ad-hoc网络和车辆网络）到广域地面以及卫星接入网络。

2）异构接入网络将整合有线和无线技术、固定和移动技术，提供无缝统一的宽带业务。

3）未来互联网应支持个性化的丰富的媒体网络，机器到机器（M2M）的通信，无线传感器网络，ad-hoc链接网络等。其中，无线传感器网络可以通过无线收发信机将系统和其他系统，以及真实的世界连接在一起。

4）通过传感器技术、无线通信，以及日益提高的计算能力和数据存储能力，减小各种灾害给人们带来的危害。

二、美国ICT研究开发进展

美国总统奥巴马上任以后将信息技术列为发展重点，计划通过“更新信息高速公路”战略来为美国经济的持续增长提供有力支持。美国的“更新信息高速公路”战略包含如下五个方面。

1）健康档案电子化：计划投入200亿美元，为每个美国公民建立电子化健康档案，提高医疗效率，减少医疗错误，降低成本。

2）普及宽带：计划拨款72亿美元，在全美国（特别在农村地区）普及宽带网，缩小“数字鸿沟”，提高电子商务的整体发展水平。

3）智能化供电网：计划拨款110亿美元，利用双向通信、传感器及其他技术获得实时数据，更好地进行管理和维护，普通民众也可借助“智能电表”管理自己的用电情况，实现节能降耗。

4）构建21世纪教室：将为更多的教室配备计算机等设备，加强对教师的技术培训，在课程中融合更多的技术元素，让学生熟练掌握“数字语言”，激发学习积极性。

5）电子政务：借助先进技术提高执政透明度，吸引民众参政，使政府的运作适应新时代的要求。

“Broadband USA”是美国政府“普及宽带”战略的统一发展计划，是更新信息高速公路的重要基础，它计划利用各种有线和无线技术实现覆盖全美国的宽带网络。其中，有线技术包括xDSL、同轴电缆、光纤、电力线宽带、混合系统等，无线技术包括固定无线接入、移动无线接入、卫星通信等。“Broadband USA”于2009年启动，总投资72亿美元，目前已初步确定总体框架，该计划包含宽带技术支持计划（BTOP）和宽带行动计划（BIP）两部分：

1）BTOP计划：总投资47亿美元，承担单位为美国国家电信与信息管理局（NTIA），用于支持美国的宽带基础设施建设、公共计算中心建设和宽带网络的可持续发展。

2）BIP计划：总投资24亿美元，承担单位为美国农业部农村服务局（RUS），用于支持美国农村地区的宽带基础设施。

“Broadband USA”计划的项目征集将分多轮进行，目前正在进行第一轮项目征集，第一轮项目金额40亿美元，其中，BIP计划24亿美元，BTOP计划16亿美元。

美国国家科学基金会（NSF）下设的通信与信息发展基金（CIF）每年都会

针对ICT关键理论与技术设立各种研究项目，其项目一般分为三类：小项目（50万美元以下，3年期）、中等项目（50万～120万美元，4年期）、大项目（120万～300万美元，5年期）。CIF支持的研究方向包括无线与移动通信、信息论与编码、信号处理、网络、交叉学科以及其他相关重要理论与技术。2010年CIF的研究项目无线与移动通信方向的课题设置重点为：

1）链路层无线通信：新的系统结构、改善的系统和信道模型。

2）自适应通信系统和认知无线电。

3）基于感知的无线新技术。

4）生物通信和量子通信。

美国企业也是无线与移动通信技术发展的重要推动力，各大通信和IT公司（如IBM、Google、高通、摩托罗拉等）都有各自的科研发展规划，研究课题多聚焦于认知无线电、M2M通信、传感器网络、新型移动宽带技术、低功耗小型化技术、无线网络、隐私与安全、卫星通信、移动虚拟现实等领域，其中，规模较大的企业项目有：

1）“智慧地球”：由IBM公司提出，利用各种感应科技对地球进行更透彻的感应和度量，通过先进的网络使人与人、人与物、物与物之间进行更全面的通信，利用信息处理技术和超级计算机对各种事物进行更深入的智能分析和洞察。“智慧地球”计划规模庞大，涉及科技、教育、公共事业、金融、资源等社会经济的各个方面。

2）“O3b Network”：由Google公司提出，计划发射16颗卫星，将网络服务带入地球上还未联上网络的地区（约30亿人口），提供如光纤般的高速率、低延迟的网络服务。

美国著名的半导体产业技术组织，如半导体研究公司（SRC）、International Sematech等通过组织产业和相关大学开展合作研究，在促进新技术发展和半导体行业人才培养等方面起到了重要作用，为信息产业的发展和研究战略的制定做出了较大的贡献。

SRC组织支持的重要的研究计划有：

1）全球研究协作计划（GRC）：致力于将世界顶级大学的研究成果转化为重要的有竞争力的产业技术。该计划已投资超过10亿美元，研究项目分为以下几个类别：计算机辅助设计和测试科学；集成电路与系统科学；器件科学；纳米制造科学；交叉学科研究。

2）焦点中心研究计划（FCRP）：由美国半导体产业界和联邦政府资助的致力于保持半导体技术发展速度的产学研合作项目，其目标是保证美国及其半导体产业界在微电子技术发展中处于世界领先的地位。

3）NRI：支持项目集中于下一代可超越CMOS极限的关键前沿技术。

International Sematech 是一个由多家半导体芯片制造和设备制造公司组成的技术组织。该组织的目的是通过多家公司的参与，共同资助新技术的研究，减少研发成本，分担风险，共享研究成果。其发展战略可归纳为：拓展现有的技术直至极限，为新兴技术研制新设备，验证未来纳米电子技术的可选方案。正在组织开展的主要研究计划包括：浸入式光刻和远紫外线（EUV）光刻，低K材料和3D结构，高K材料和下一代晶体管等。

综上所述，美国信息通信技术的发展重点集中在以下几个方面。

1）能够刺激经济增长的通信技术。

2）能够解决社会问题（医疗、可持续发展、信息化等）的通信技术。

3）基于传感器网络、M2M等技术的智慧系统和网络。

4）认知无线电。

5）新一代卫星通信系统。

6）新兴交叉学科：量子通信和生物通信。

7）突破现有CMOS技术极限，研究可望取代现有器件的新型器件。

三、日本ICT研究开发进展

2009年7月，日本政府信息技术战略本部发布日本中期信息技术发展战略“i-Japan战略2015”。该战略是继日本政府推出的“e-Japan”和“u-Japan”战略之后的后续发展蓝图，规划了日本至2015年的信息技术发展之路。

“i-Japan战略2015”主要分为三个部分。

1）大力发展电子政务和电子化政府部门：2015年之前，完成行政部门的数字化技术改革，为国民提供更加方便的电子政务服务。

2）推动医疗、卫生领域的电子化：2015年之前，解决医疗设备分布不均及医生不足所导致的问题，尽力提高医疗基础设施水平，进一步提高医疗质量。

3）推动教育和人才培养电子化：发展数字化基础建设及远程教育，利用基于网络技术的先进教育方式，提高学生的学习兴趣和学习能力，将于2015年前实现。

“i-Japan战略2015”还涉及以下两方面的内容。

1）推动产业、地域的发展及新产业的培养：2015年之前，通过数字化、信息技术的发展，实现整个产业的结构改革和地域重整，提高日本的国际竞争能力，发挥日本的领导作用。

2）数字化基础设施的建设：2015年之前，建设满足各种人需求的网络系统，固定网速率达到1Gbps，移动网速率达到100Mbps。

“i-Japan战略2015”的具体项目规划如下。

（1）“电子政务和电子化政府部门”建设

1）项目目标：日本政府希望通过“电子政务和电子化政府”方案，继续完善 u-Japan 计划中的数字技术的行政改革，加速电子政务的构建。

2）项目任务：①通过各种媒体手段（如电视、计算机和手机等），参与电子政府和电子政务系统之中；②简化电子政务操作系统的界面，使其更加简单便捷地连接到地方政府的行政服务；③以金融、医疗、教育为起始点，将电子政务和电子商务融为一体；④国民以及企业利用频率最高的在线电子业务将进行重点改革；⑤建立云电子政务，统一利用电子政务系统；⑥利用已有电子系统，检查系统和制度中的问题点，完善 u-Japan 阶段数字技术改革遗留问题。

（2）电子病历

1）项目目标：通过电子病历系统，减少医疗失误，方便国民继续治疗，以避免不必要的医疗检查，节约社会成本。

2）项目任务：①对于医生不足的问题，通过安全有效的远程医疗方式，扩大医生救治范围，从而提高医生的报酬，带动医疗行业的发展；②广泛采用电子化的医疗通信系统，以更好地支持远程医疗服务；③引进处置方的在线化，继续完善药店和其他医疗机构关于处置方的数字化系统建设；④加强医疗机构对患者的身份识别，以避免患者信息的泄漏。

（3）绿色 IT

1）项目目标：在 2015 年前，建设高效数字化技术的节能社会。

2）项目任务：①构建安全的云计算环境，并促进云计算的节能研究；②构建高效率的交通信息系统，加速交通系统的国际标准化。

（4）数字化基础设施的建设

1）项目目标：在 2015 年前，建设满足各种人的网络系统，并最大限度地利用数字化技术，共享数字化知识产权。

2）项目任务：①在日本所有的地方实现光纤入户，完成 100Mbps 的网络连接基础建设；②行政机关将率先使用 IPv6，以加速日本的 IPv6 的应用；③将成果向国际推进，使其在世界各国得到广泛关注。

四、韩国 ICT 研究开发进展

2006 年，韩国提出以“u-Korea”为愿景的信息通信领域总体发展策略，并把它分为两个阶段。

1）发展期（2006～2010 年）：目标是基础设施的建设、技术的应用以及 u 化社会制度的建立。

2）成熟期（2011～2015 年）：目标是扩散 u 化服务，除了将其应用于国内，还要扩展至海外市场。

为了实现“u-Korea”愿景，韩国实施了“IT839”计划，包括：

1）8项服务：高速下行分组接入（HSDPA）/宽带码分多址（WCDMA）、无线宽带接入服务（WiBro）、射频识别（RFID）/泛在传感器网络（USN）、数字多媒体广播（DMB）/数字电视（DTV）、宽带融合服务、u-Home、IT服务、远程信息服务。

2）3项基础设施：USN、宽带融合网（BcN）、软件设施。

3）9个新技术增长引擎：移动通信/远程信息设备、宽带/家庭网络设备、数字电视/广播设备、RFID/USN设备、嵌入式软件、下一代计算/外设、智能机器人、数字内容/软件解决方案、IT芯片设计/融合设备。

2008年韩国知识经济部进一步提出“新IT产业发展策略”，该策略结合韩国自身的IT产业发展状况为IT技术设置了三类不同的产业发展方向及目标。

1）泛在IT（convergence IT）：致力于促进IT技术与其他产业的融合，包括：①促进IT技术在主要产业的应用；②利用IT技术对传统产业的架构和流程进行革新；③利用IT技术提高服务业的服务品质；④使软件成为产业融合的催化剂。其目标是在2012年培育价值1000亿美元的IT融合产业，为制造业的增长贡献2个百分点等。

2）利用IT（problem solver IT）：致力于利用IT技术解决社会和经济问题；包括：①发展绿色IT技术，提高IT产品的能量利用效率，促进环保型IT产品的研制和应用；②大力发展LED产业，提高LED产业的竞争力；③促进IT技术与医疗设备的结合；④u-Life：利用IT技术使人们的生活更加安全和便利。其目标是在2012年使IT产品的能耗降低20%，形成全球第三大LED产业和第五大IT医疗设备产业等。

3）推进IT（advancing IT）：致力于发展先进IT技术；包括：①在无线通信设备领域推行移动电话产业成功的经验、发展中小企业；②在广播通信设备和服务领域构建具有丰富服务的广播通信系统并推进出口；③在显示设备领域保持领先地位，发展超薄、柔软的显示设备；④在软件产业领域培育具有全球竞争力的软件公司；⑤在半导体领域着重开发下一代内存技术、基于各系统平台的半导体设计技术等，继续保持竞争优势。其目标是在2012年使IT产品出口增加到2000亿美元，培育1000家年销售4000万美元以上的软件企业等。

通信产业尤其是无线通信产业是最具活力的IT产业之一。以IT产业的发展策略为导向，韩国设置了一系列的通信技术发展规划。

1）超宽带融合网（UBcN）：在2012年前投资34万亿韩元发展全球最先进的全IP双向信息传输网络，通过此计划，将韩国的有线网速率从100兆比特/秒提高到1吉比特/秒，无线网速率从1兆比特/秒提高到10兆比特/秒。

2）绿色通信技术：在2012年前投资7230亿韩元发展低功耗通信设备，部署环保型基站，循环使用通信设备，并促进现有网络向绿色网络转变，以创建绿色生态的通信系统。

3）RFID/USN旨在通过发展RFID/USN来为用户提供众多丰富新颖的服务，如商品防伪技术、智能建筑、家庭自动化网络等。其中，气象预报、海洋开发、灾难预防、环境保护等17个领域为RFID/USN的重点推广领域。

4）未来因特网：此项目于2008年启动，重点研究因特网架构、无线接入技术、服务与应用协议三个方向。在每个大方向下，又设置了若干个小的课题，包括Mesh网络技术、跨层优化技术、家庭基站技术、认知无线电技术、未来网络架构技术等。

5）4G及后4G移动通信技术：包括发展绿色生态的4G移动网络及具有认知和动态频谱接入功能并且更加智能的未来移动通信系统及移动终端设备。

可以看出，韩国的通信技术发展紧紧围绕其IT产业的发展策略，更加注重以下三方面。

1）建设更先进的通信基础设施以为人们提供更加丰富多彩的服务，如发展UBcN及USN等；

2）利用通信技术来解决社会经济问题，如发展绿色通信技术、建立绿色生态的4G移动网络、促进RFID技术的应用等；

3）发展更先进的未来通信技术以引领通信发展趋势，如未来因特网、后4G移动通信技术等。

五、发达国家和地区ICT研究开发现状与趋势总结

根据上述背景材料不难发现，欧、美、日、韩等主要发达国家和地区均对信息通信技术的发展非常重视。其中，美国政府对ICT发展给予了前所未有的高度关注，将其列为经济刺激计划的重点；欧盟通过其FP7继续对该领域的研究与创新给予支持；日本继“e-Japan”和“u-Japan”战略之后制定了“i-Japan战略2015”计划，对日本的ICT发展进行了重新定义；韩国的“u-Korea”计划已进入第二阶段“成熟期”，相关发展计划更加具体，而且特别重视无线与移动通信技术的发展。

根据各国的发展计划，可以归纳出如下技术发展趋势。

1）解决社会和经济问题的通信技术：特别是具有节能环保功能的绿色通信技术，有助于解决医疗和保健问题的信息通信技术，能够刺激经济增长，缩小数字鸿沟的宽带网络普及计划等。

2）具有认知能力的智慧系统和网络（如“智慧的地球”）：利用各种感应科

技对地球进行感应和度量，通过网络使人与人、人与物、物与物之间进行更全面的通信，利用信息处理技术和超级计算机对各种事物进行更深入的智慧分析与洞察。

3）频谱共享和认知无线电：有限的无线频率资源是无线通信带宽受限的主要瓶颈，频谱共享和认知无线电技术可以有效提高无线系统的频谱利用效率，被誉为今后无线通信的发展趋势。

4）新材料、新器件、设备和系统的小型化：不仅能够提高系统性能，还可以节约原材料和能源消耗，降低硬件成本，从而保证相关产业的健康可持续发展。

5）新的系统结构、网络架构和杀手级应用：在现有系统和网络框架下，各种技术和应用日渐成熟，新的系统结构和网络架构有可能带来大幅度的性能提升和复杂度降低，甚至还有可能产生新的杀手级应用。

6）隐私与安全保障技术：随着宽带网络越来越普及，隐私与安全问题日益突出，未来的通信系统应当引入新的能力和机制，以确保连接的安全性和身份的合法性。

7）增强的卫星通信技术：与陆地通信相比，卫星通信具有通信距离远、覆盖范围大、不受地理条件限制等优势，如果能够克服传统卫星通信系统频谱效率低、容量小、运营成本高等缺点，卫星通信很有可能成为将来的主流通信技术。

8）新兴的交叉学科：量子通信、生物通信等新兴交叉学科有可能成为下一个具有划时代意义的重大技术突破，一旦成为现实将对整个行业产生颠覆性的影响。

目前，信息科学与技术的市场需求从公众认识阶段逐步转到全民普及阶段，大大拓展了IT产业的范围。例如，以前的计算机科学与技术学科的基础研究往往是以科学计算（e-Science）、企业计算（e-Business）、电子政务（e-Government）作为开始的需求驱动力，再向大众辐射。21世纪的一类普惠计算（e-People）需求则正在兴起，从开始就面向大众提供服务。众多的互联网服务就是例子。

信息科学与技术产业不同于很多其他产业的重要特点是，它既是高科技产业，又可能是消费类产业，还可能是基础设施类产业。从传统产业发展的经验看，信息科学与技术的全民普及应该具备下列四个条件和特征，即普及型技术、自由的用户、丰富的资源和公共型生态圈。

网络技术已经成为信息科学技术发展的主要技术推动力，人们随时随地都可以联网，计算机与网络日益融合。除了众多的计算机和网络产品，服务越来越成为信息科学与技术学科提供价值的重要形态。尤其是如何从众多类别的海量数据中，有效、可靠、安全地产生知识服务和用户价值服务，是今后 10 年的新增长点。复杂海量信息全生命周期智能高效自动化的处理将是网络计算服务的重要研究方向。

传感器是一个历史较长的技术领域。但是，与数字化技术和网络的结合却预示着一个大转折。传感器技术这个领域本身将得益于计算机技术，利用计算机芯片、操作系统、编程语言和网络，得到本质的提升，更加灵活、智能、廉价，从而扩大应用范围和市场。更为重要的是，作为计算机网络和自然世界的连接器，传感器网络将变成计算机网络的一个主要信息来源，同时大大促进人类与自然界的交互。传感器网络还将与计算机网络、（计算机电子）信息器相互支持，并以多种形式结合起来，构成最终的用户产品和价值。物联网可以看成是传感器网络、后台网络计算系统和应用服务结合的一个新阶段。

功耗、能耗、碳排放、资源消耗越来越成为信息科学与技术必须关心的问题和设计目标。信息科学与技术的产品和服务必须低消耗，还需要利用信息科学与技术改造现有产业，实现国民经济的低消耗、低排放。

目前，环境保护和全球变暖已成为国际性的政治、社会、经济与技术问题，对人类社会的可持续发展具有重要影响，受到全世界的密切关注。在信息系统的生产、使用、回收过程中排放的温室气体，也是促使全球变暖的重要因素之一。因此，研究绿色计算技术，降低计算所需的能量，并以计算技术为依托，降低工业、农业和其他服务业的温室气体排放，也具有重要的社会与经济意义。

信息科学与技术学科不再只是其他领域和学科的工具，其研究对象发生了重大变化，已从传统的计算机扩展到网络社会，即由网络连接的人（人类社会）-机（赛博空间）-物（物理世界）三元世界。研究对象的变化，给信息科学与技术学科带来了一系列重大挑战：原有的研究方法、计算模型在新的研究对象面前是否适用？新的研究对象的基本规律是什么？对这些问题的研究成为未来计算机科学与技术学科所面临的基本科学问题。

例如，在人-机-物三元世界中，“计算”如何定义？原有的图灵机计算模型是否还适用，有什么新的计算模型？因特网能被看成一台计算机系统吗？什么是万维网的可计算性？什么是物联网计算机的指令集？时间复杂度和空间复杂度如何定义？是否需要其他的基本复杂度？原有的基于摩尔定律的发展规律是否被网络效应所代替？如何进行以人为中心的计算？如此复杂的系统中，可信性成为至关重要的问题，如何在人-机-物三元世界的复杂系统中表达、检测和保证系统的可信性？

在器件与芯片层面上，高速、高性能、低功耗、低成本是追求的目标，按照摩尔定律，今后 5～10 年，现有集成电路发展将逐步逼近极限，未来如何发展，目前有众多的研究，典型的三条线路是“more Moore”、“more than

Moore”和“beyond CMOS”。“more Moore”就是不断改进工艺和器件结构，继续沿着不断缩小尺寸的技术路线往下走；“more than Moore”就是扩展工艺，加入多功能集成，如将数字、模拟、功率、微波，包括传感器等通过SoC和SiP技术集成在一起；“beyond CMOS”就是寻找CMOS器件以外的其他器件结构。

高性能计算和高速网络的追求将会使片上光互连和高速光电子集成芯片走到研究的前沿。目前，光存储、光通信、光显示、激光器和激光材料等多个光电子产业的发展都进入到微纳光学领域，并且影响到整个光学、光电子学及其他学科的发展，微纳米光学不仅成为目前科学与技术的前沿，而且由于微纳光学对于光电子产业发展的巨大推动作用，必将成为今后几年的研究焦点。

第三章

信息科学学科发展现状

第一节　国际地位

在国家的引导和大力支持下，特别是“十一五”期间在国家自然科学基金项目、“863”计划和“973”计划项目为代表的国家级科技项目的强有力支持下，我国从事电子学与信息技术研究的人才队伍已经形成规模，学科的不少研究领域的学术水平也日益接近国际水平，部分研究领域已具有和当前国际水平相当的学术基础和研究能力。

我国信息领域学术水平日益接近国际水平，人才资源丰富，量子通信等部分研究领域已具有和国际水平相当的研究基础和实力，以3G为代表，面向应用的技术发展水平已接近国际先进水平。

第二节　我国的发展状况

整体上，我国在信息领域的研究工作仍是以跟踪为主。以纳米级集成电路为代表的基础器件虽然局部已涌现不少国际水平的杰出工作，但总体上依然落后，某些关键微电子和光电子器件受制于人；计算机操作系统和CPU芯片严重依赖发达国家的几个国际大公司；国际互联网的操作和安全对我国也非常不利。以上这些亟待解决的关键科学技术问题对我国国家安全构成了严重威胁。

在民用信息领域，国际大公司凭借多年积累的雄厚资金，在全世界范围内招揽人才来研发新产品，申请了大部分信息消费领域的国际专利。它们引领全世界信息消费，获取高额利润，从而形成了良性循环。我国信息领域的高科技公司虽然发展很快，但资本积累还很薄弱，在人才竞争和研发投入资金方面处于劣势，这一基本态势在短期内很难有根本性的转变。可以预见，在今后5～10

年，我国信息领域的基础科学研究仍然需要以国家投入为主，从而支撑整个国家的安全体系。

我国信息科学领域的科学实验环境和手段亟待加强，原创性成果偏少，主要表现在科学研究投入的资金体量偏小，投资分散，从而导致重复研究现象存在。我们大部分研究成果不能做到顶天立地，基础前沿研究大部分工作以跟踪为主，在已有方向上修修补补。

一、电子学与信息系统

（一）网络通信发展现状

经过10多年的大力发展，我国互联网取得了长足进步。①互联网网民数量保持高速发展。截至2009年6月30日，中国网民规模达到3.38亿人，居全球第一位；普及率达到25.5%，超过全球平均水平。宽带网民规模达到3.2亿人，占网民总体的94.3%。②互联网应用进一步普及。中国有超过80%的网民使用网络新闻和即时通信，超过70%的网民使用搜索引擎和电子邮件，超过60%的网民通过互联网使用网络音乐、网络视频和网络游戏等应用。③互联网建设力度加大。随着光纤到x（FTTx）、无源光网络（PON）及数字用户专线（DSL）等技术成熟，主要的运营商采取了光进铜退等一系列措施来提升网络带宽、优化网络结构。④农村信息服务能力提高。农村网民规模达到9565万人，占网民总体的28.29%，实现全国98%的乡镇能上网、95%的乡镇通宽带。

“十一五”以来，针对国民经济、社会发展和国家安全的需求，网络通信方面按照“创新、产业化”的指导方针，在提高科技持续创新能力和促进产业技术升级两个层面进行战略部署，围绕国家战略目标成功组织实施了一批重要项目。期间，“863”计划信息技术领域网络通信方面主要在以下方面进行了课题部署：新一代高可信网络；身份与位置分离技术；自组织与新型网络体系结构与协议；自组织与泛在异构网络技术；传感网络技术；认知无线网络技术等。“973”计划信息技术领域网络通信方面部署了一体化可信网络与普适服务、可测可控可管IP网络、新一代互联网体系结构和协议、认知无线网络基础研究等多项研究课题。国家科技支撑计划在网络通信方面主要部署了可信任互联网、未来包交换网络和互动新媒体与新业务科技工程等项目。

2002年国务院正式启动了“中国下一代互联网示范工程”（CNGI）。按照CNGI规划，我国在2005年底建成了一个覆盖全国的IPv6网络，成为世界上最大的IPv6网络之一。CNGI项目已经研制开发出了适合于下一代互联网的网络设备、应用系统，组建了试验网络和示范网络。2008年，国家发展和改革委员会又部署了“教育科研基础设施IPv6技术升级和应用示范”项目，在教育科研网开展下一代互联网的试商用工作。这些项目的实施，在我国通信技术领域形成了一批引领产业发展的原创性研究成果，拥有了具有重要支撑作用的自主知识产权，推动了高技术产业群的迅速崛起，为培育新的学科方向以及通信技术产业增长点提供了宝贵的技术积累。

（二）光通信发展现状

我国国土面积辽阔，是一个人口大国、地域大国，规模化效益一直是市场经济和社会发展的重要特色之一，通信与网络的建设也不例外。截至2011年8月，我国拥有世界上最大的固定电话网（3.26亿用户）、最大的移动电话网（7.11亿用户）、最大的互联网（网民4.85亿），已敷设的光缆线路长度达732万千米，其中长途光缆线路长度超过80万千米。随着信息产业与工业应用领域的进一步结合，可以预测在“十二五”期间我国通信业务需求将会有大幅度增长，网络建设规模也将持续扩大，尤其是互联网的发展具有很大空间。光通信是信息传输的主要载体，在我国社会向数字化、信息化、网络化发展过程中起着举足轻重的作用。业务需求的迅猛增长大大加快了光网络的发展，量变不断积累、质变开始酝酿，传统的联网模式已难以满足新的形势需要，目前光网络正处在向未来更加高速宽带和灵活智能方向演变的重要阶段。开展对光网络创新的体系理论和关键技术基础研究工作，必将有力推动这一科学发展过程，对通信与网络的长远发展带来深远影响。

“高性能宽带信息网（3TNet）项目”是我国“十五”期间“863”计划的重大科技项目。该项目通过对下一代信息网的研究来促进我国信息技术整体水平的提高，缩小与世界一流水平的差距，推动宽带并发流媒体及其他因特网宽带业务的应用，在长江三角洲地区建成了一个试验/示范网络。其光通信研究以自动交换光网络（ASON）、Tbps高速光传输等为主。

“十一五”期间，“863”计划“新一代高可信网络重大项目（2007～2010年）”围绕国家重大工程、重大行业应用和经济发展的迫切需求，重点攻克新型网络体制、节点设备、融合业务等关键技术，构建一个柔性可重构的、实现“三网融合”的、跨区域的国家试验示范网络，引领和支撑电信网络、广电网络和互联网络向新一代高可信互联网方向演进，成为国际网络技术主流发展方向之一。重点研究内容包括创新的网络体制和创新的业务体系，国家试验床、新型的路由、光传送及低成本接入设备等四个部分。其中，先进的大容量光传送网（OTN）光交换及新一代光网络标准、测试与组网应用、融合可控的无源光网络设备、基于光纤无线融合的楼内/室内多媒体业务接入系统、城际量子密钥分配网络的组网技术等是该项目的重要研究方向。

2009年，“973”计划设立了与光通信相关的两个研究项目。“拍比特/秒（Pbps）级可控管光网络基础研究”项目面向我国OTN发展的重大需求，研究和建立新型光交换与调度机制，研究低成本、大容量、低功耗的光传送网体系、交换节点和新型控管架构，解决光传送网向Pbps级发展过程中涉及的基础科学理论和关键支撑技术，使我国的基础光网络具有可控性、适应性、生存性和可扩展性，满足我国未来10～15年的信息增长的需求。“超高速超大容量超长距离光传输基础研究”立足国家信息基础设施建设的战略需求，研究超高速光传输的基础理论与方法，提出实现超高速光传输的创新机理与模式，使我国在相关领域的研究成果进入国际领先行列。同时与相关产业发展相结合，形成研究特色成果，为我国信息产业的发展提供核心技术的支持。

国家自然科学基金在中国高速互连研究试验网（NSFCNET）、网络与信息安全重大研究计划，以及一系列的重大、重点项目中，都先后部署了光通信的研究方向，内容涉及光传输、光交换、光网络等主要技术领域。

（三）无线通信发展现状

1. 在“863”计划方面

“十一五”期间，依据《纲要》、《国家“十一五”科学技术发展规划》和《863计划“十一五”发展纲要》，针对未来通信技术智能化、泛在化、融合化等发展趋势，结合我国自组织网络与通信技术发展现状，无线通信主要集中于自组织与新型网络体系结构、交换与路由技术，传感器网络技术，自组织网络控制、管理及服务新技术，无线自组织与新型无线网络体系结构，自适应与认知无线传输技术，新型宽带无线接入体制与技术等方面的研究。

在物理器件开发上，先后实施了无线传感网节点嵌入式芯片设计、超宽带SoC芯片设计及组网试验、宽带射频与多天线实现技术、面向系统集成的新型宽带天线技术等项目，实现了典型应用芯片和宽带多通道射频天线，为组网提供了基础。并以“面向软件无线电的宽带数据变换和可重构射频集成电路”重点项目为依托，在支撑多频段、多标准、多模式的无线通信可重构射频集成电路和宽带数据变换的集成电路设计技术上取得重大突破。

无线传输技术方面，在Gbps无线传输关键技术与试验系统研究开发、机载间及机载对地通信关键技术、卫星宽带抗干扰通信新体制和新技术、数字直播卫星接收技术、极低谱密度无线传输关键技术上取得了一定突破，并实施了“超宽带无线通信系统研发与应用示范”重点项目和“高频段无线通信基础技术研究开发与示范系统”重点项目，突破了载波调制与脉冲模式高速无线传输技术及高频段传输技术。

新型无线网络研究方面，就传感器网络技术，自组织网络控制、管理及服务新技术，无线自组织与新型无线网络体系结构、自适应与自组织无线传输技术，新型宽带无线接入体制与技术，自组织、泛在与异构网络技术，支持泛在、异构的移动性管理技术，无线多网自组织管理技术，环境感知的网络服务支撑技术，新型蜂窝网络结构，有线/无线网络的融合与自组织技术等展开研究。

自组织网络的发展方向是认知无线网络。为此，无线通信领域先后组织了可重构电路与软件无线电技术，频谱共享无线通信系统，多用户无线网络认知、协作分集与干扰协调技术，多用户无线网络环境建模与认知关键技术等多个重大项目和专题，研究基于认知无线网络理论的个域网和广域网融合关键技术，构建了可重构的、具有认知能力的无线网络平台及智能终端子系统。其中，“频谱共享无线通信系统”重点项目已进入实施攻坚阶段，预计将在认知节点开发、认知组网设计上取得重大突破。

2. 在国家重大专项方面

2007 年 12 月 26 日，国务院审批通过了“新一代宽带无线移动通信网”重大专项的实施方案，2008 年 9 月成立了专项办公室和专项总体组，专项启动。根据《纲要》要求，该专项实施将与国家在宽带无线移动通信领域持续发展的战略需求紧密结合，以技术创新、机制创新和国际合作为手段，将国家财政投入与市场机制相结合，抓住无线移动通信更新换代的历史机遇，支撑 TD-SCDMA长期可持续发展，并以 TD-SCDMA 发展为基点，以新一代宽带蜂窝移动通信网为主、宽带无线接入系统为辅、短距离无线互联系统为补充，以传感器网络为信息获取的新手段，实现泛在网络。专项“十一五”期间的工作重点是支撑 TD-SCDMA 增强型技术和产业的发展；开展长期演进时分双工（LTETDD）关键技术研究，争取主导其国际标准化，并实现产业化；在此基础上提交高级国际移动通信（IMT-Advanced）（4G）标准提案，并积极推动国际标准化；同时开展面向未来的新的无线通信理论和技术的研究。

目前，专项围绕“新一代宽带无线移动通信网基本定位与构成”，正积极进行实验网络和终端研发，预计将取得重要进展。

围绕“增强型 TD-SCDMA 产业化”，专项支持研制开发 TD-SCDMA 高速数据接入（HSPA）手机、基站、芯片、网络产品及配套测试仪表产品，2009 年增强型 TD-SCDMA 技术已实现规模商用。通过引入智能天线/多输入多输出（MIMO）多天线技术、增强多媒体广播（MBMS）技术以及改进的自动请求重传（ARQ）和资源调度算法，进一步提升TD-SCDMA系统吞吐率和频谱利用率，掌握多载波TD-SCDMA HSPA＋关键技术，并实现TD-SCDMA HSPA＋接入网系统和终端的商用开发。

围绕“3G演进技术（E3G）与IMT-Advanced技术研发与标准化”，专项重点支持第三代合作伙伴计划（3GPP）LTE核心网、接入网和终端产品的开发，研制开发上/下行峰值传输速率分别为50/100Mbps、链路传输时延小于10毫秒、带宽可灵活配置的3GPP LTE系统，重点突破正交频分复用（OFDM）无线传输技术、多天线技术、高效链路控制技术、小区间干扰协调与抑制技术、无线资源管理与调度技术等，开发出终端与基站专用集成电路芯片；在运营商的支持下开展相关试验，使我国企业在2010年前后具备提供商用化产品的能力。同时，深入系统地研究OFDM无线传输技术、多天线技术、多址技术、无线组网和核心网络等各项关键技术的基础上，开展IMT-Advanced（4G）技术研发。引入新型无线小区组网结构和改进的扁平化网络构架与分层协议，进一步提高OFDM无线链路分集传输性能，降低接收机实现复杂度，使频谱利用率较3GPP LTE提高一倍以上，使基站总吞吐率提高10倍以上；提出完整统一的IMT-Advanced（4G）技术方案，并进行仿真测试与技术验证。在2010年组建IMT-Advanced（4G）试验网，系统掌握IMT-Advanced（4G）核心关键技术，在2015年达到可商用化。

围绕“宽带无线接入”，专项重点支持可满足城乡和行业近期应用需求的低成本宽带无线接入、能够支持三网融合能力的宽带无线接入，以及技术能力有较大提升的新一代宽带无线接入系统与产业化。

围绕“短距离无线互联与传感器网络研发与应用”，专项支持研究开发具有自主知识产权的三层网络构架、高速传输、分簇自动组网与协同、跨层能量优化管理、泛在传感器网络等关键技术，重点突破传感器网络实用化技术，进行应用示范，加快我国无线传感器网络规模化产业的进程。同时，专项支持了研究开发具有视频传输能力的中、高速率的低功率、低成本无线互联技术及传感器网络组网技术，构建新一代家庭网络，实现推广应用；研制开发具有视频传输能力，并具有高服务质量（QoS）要求的无线传感器网络组网技术，构建面向国防建设、环境监测、反恐安全、安全生产、城市信息化等国家重大需求，完成自主标准的制订，建立产业联盟，与行业相结合实现推广应用。

围绕“无线接入技术及新技术实验验证平台、业务与应用平台技术；移动专用芯片设计和制造技术；用于全环境覆盖的异构无线通信系统融合与互通技术；动态频谱无线资源共享技术”，专项开展无线移动通信共性关键技术与新技术研发，预计将在上述方面取得突破，获取核心知识产权。

(四) 信息系统与信息处理发展现状

信息系统与信息处理是以应用为主要目的的科学和技术，其发展很大程度上依赖于元器件的发展，元器件是其发展最重要的基础。新理论和新方法是信息系统和信息处理领域持续发展的理论基础和重要原动力，是其发展的重要推动力量。

近年来，对地观测、空间（深空）探测、工业探测等应用需求的极大增长，电子科学与技术领域在电子学材料和元器件方面的突破与发展，为信息系统与信息处理领域的快速发展提供了良好基础，信息系统的多维信息获取能力和信息处理水平得到了快速提高。

另外，应用需求的进一步发展对信息系统和信息处理提出了更高的要求。要求研究更为精确、有效、低成本获取目标（图像）数据的信息采集机理、机制的理论和方法；要求发展准确获取目标参数，并进一步重建（反演）目标的物理参数（特征）的信号处理理论和方法；要求图像/视频的处理理论和方法的研究从纯数值、文本等数字信号处理层面向图像与视频等多媒体方向发展；这些问题已成为制约信息系统与信息处理领域进一步发展的重要“瓶颈”。国外针对其中的部分问题已开展了研究，并已形成该领域的研究热点，这些问题的解决仍亟待大量理论和方法创新。

近年来，压缩感知理论（CS）的提出和应用，自适应采样理论、多尺度几何分析、基于认知机理的智能信息处理基础理论和方法的进一步发展和深入为这些瓶颈问题的研究提供了一定的理论基础，围绕这些理论和方法，信息系统和信息处理领域正在形成一些新的研究热点和方向。我国对信息系统与信息处理，尤其是信息获取与信息处理的研究极为重视，《纲要》已将“高分辨率对地观测系统”列为国家16个重大专项之一。《纲要》明确指出，“促进基于生物特征的、以图像和自然语言理解为基础的‘以人为中心’的信息技术发展，推动多领域的创新。”国家自然科学基金已在“十一五”期间部署重大、重点项目在信息系统与信息处理的前沿、重点方向开展研究。“863”计划是我国高技术研究发展的一项战略性计划，在前期研究规划部署的基础上，“十一五”期间将“地球观测与导航技术领域”列为新领域进行战略部署。

以“973”计划项目等为代表的国家级科技项目对该领域给予了很大支持。特别是在新型电子材料，关键元器件，复杂条件下的电磁辐射、散射与传播，逆散射与高分辨成像，信号处理，图像处理和参数提取等方面的应用基础研究给予了强有力的资助。如今，国内从事信息系统与信息处理研究的科技队伍已形成相当规模。在上述各主要研究领域的学术水平也日益接近国际水平；在部分研究领域内已具有和当前国际水平相当的研究基础和研究实力。但是，仍以跟踪研究居多，创新研究需要大力加强，创新研究的开展需要国家自然科学基金的大力支持。

二、计算机科学

在“十五”和“十一五”期间，我国计算机科学技术学科取得了长足的进步，不论是从基础研究人数、论文数、专利数，还是从进入国际学术圈子的程度衡量，都是如此。根据中国科学技术信息研究所2008年发布的统计，1998～2008年，我国“计算机科学”类别发表国际论文数已占世界7.7%的份额，被引用次数世界排名第八。2007年“计算机科学技术”类别发表国内论文数在所有学科中排名第三，被引用次数排名第九。“数字计算机”类别在2007年所有类别的专利申请中排名第一、授权数排名第二。

在高性能计算机、处理器芯片、分布式计算软件、信息安全等方向，我国已经产生了有国际影响的成果。我国与国际前沿的距离整体上在缩短。由于资源限制，很多好的基础研究申请得不到支持，基金委课题申请数逐年上升，2009年达3420多份，获得支持的申请比例为17.54%。

我国计算机科学与技术学科发展存在下列三个突出问题。

1）对国内需求的凝练不足，跟踪模仿成分较大。在计算机科学与技术领域，基础研究课题的设立、申请、执行中往往重视跟踪国际同行，但对国内经济社会的需求发掘和凝练不足。很多课题的研究问题、基本概念、原始方法都来源于发达国家已经立项开展的研究工作。跟踪模仿成分太大，增量改进型的研究较多。中国计算机科学技术基础研究界很少提出原创的研究问题、基本概念、原始方法。即使提出，如果发达国家没有先例，也很容易被负面的批评打掉。

2）前瞻跨度小。很多课题，即使是创造性课题，从立项和申请开始，都普遍存在前瞻跨度小的问题。不要说创造新的子领域，就是在已有子领域中的创新课题，往往不能在科技难题或方法方面提出跨度大的研究目标。前瞻跨度小的原因之一是基础研究科研项目3年周期较短，且结题时需要说明学术和产业影响，还缺乏一些能够支持课题持续深入研究的实用机制。国际上计算机系统类的基础研究的经验显示，创新项目从立项研究到产生影响通常需要8年以上时间。另一个原因是研究者不太愿意选择风险高但回报潜力大的研究课题，因为目前的环境仍然不太容忍失败。我们需要鼓励中国计算机科学技术基础研究界从中国经济社会发展的需求出发，凝练出前瞻跨度较大的计算机科学技术难题，并坚持研究。

3）学术界缺乏开放的研究积累平台。计算机科学与技术研究界还缺乏能够用做积累研究资源（试验床、数据、开源软件、资料）、展示科研进展、发布论文和非论文实质性研究成果的基础研究设施。建议基金委可参考美国 Cyber-Infrastructure，欧盟 e-Infrastructure 等的做法，吸取因特网研究的成功经验，建立“计算机科学技术研究基础设施”，支持大规模研究平台、实验平台、数据平台，使得我国计算机基础研究有一个载体，能够在全国范围内实现“可运行的研究”（ready-to-run research）成果积累。

三、自动化

近年来，自动化学科在我国得到快速发展，逐步缩小与国际先进水平的差距，某些应用基础研究甚至已处于国际先进水平，但总体看，源头创新比较少，研究工作的集成度和应用转化力度还不够。

在过去的半个多世纪中，控制理论对自动化技术起到了巨大的指导和促进作用。代表性的成就包括阿波罗号登月、飞行器与机器人的控制、电力系统、化工系统以及机械系统的自动化、网络与交通控制等。21 世纪以来在控制理论的几乎每一个主要方向上都有许多中国学者活跃其中，特别在与当代科技发展密切相关的若干方向上，我国学者做出许多突出的贡献，在国际学术界中占有不可忽视的一席之地。例如：①系统的复杂性与复杂系统控制。我国学者在这方面的代表性工作包括控制系统复杂性研究、混杂与切换系统、多自主体的涌现、量子控制等。②智能控制及其应用。代表性工作有人工神经网络方法、模糊逻辑与模糊控制、学习控制等。③高技术导向的新控制理论与新方法。航空航天、机器人、制造业中的机电一体化、互联网等高新科技的发展，必然要求一些相应的新理论和新方法。代表性工作有空天飞行器制导控制、电力系统控制、通信与网络控制、机器人控制等。④控制理论中带有根本性的关键问题，如系统辨识、分布参数系统的能控能观性等。

我国控制理论的发展有自己的特色，有许多亮点，但总体上，尚未占据领先位置。控制理论中的模型或理论框架多是由国外学者先提出，而后我国跟踪、改进和修补。在复杂控制系统的研究方面，我国学者对复杂性的理解和发掘不足，原创性的方法比较少。在智能控制方面，在理论上真正严格而且有意义的工作较少。虽然我国在航天、制导等领域取得了很好的成绩，但和美、俄等先进国家比，还有一定差距。在控制理论基本问题的研究上，我国与国际先进水平差距不大，许多研究接近或达到前沿水平。最后，和一些先进国家（特别是日本等）相比，我国在控制理论与控制工程实践的结合上还有较大差距，理论和应用脱节，理论成果转化进展缓慢。

随着全球经济的发展和世界政治格局的变化，高分辨率对地观测、现代武器系统、深空探测计划等对复杂运动体协同制导与控制技术、不确定环境下的高性能导航理论与技术的需求越来越迫切。目前，美、俄等发达国家在高性能导航制导与控制技术方面发展迅猛、技术先进，已形成了明显的战略优势。近年来，我国在导航制导与控制技术领域尽管取得了长足的进展，但同国外技术相比仍有较大差距。总的来说，国内研究的总体规模偏小，多数是以应用需求牵引开展一些工程性研究，基础性和前瞻性研究严重不足。研究队伍大多是从事工程型号研究的技术人员，从事前沿性、创新性基础理论研究的高水平研究人员匮乏，加上在该领域，国外曾长期对我国进行不同程度的技术封锁，国内外研究水平差距较大。某些情况下同样原理的元器件和系统，美国、俄罗斯等国家达到的精度比我国要高1～2个数量级，精度和可靠性距离国际先进水平还有较大差距。这种情况严重制约我国航空航天、空间探测、遥感测量及武器精确打击等事关国家安全的重大领域的发展水平。

20世纪60年代以来，在钱学森等老一辈科学家的倡导下，系统工程学科在我国引起社会各界的普遍关注和高度重视，系统工程相关理论和方法被逐步应用于解决我国的许多重大工程和社会实际问题，并取得了较好的效果，如投入产出表的应用、军事系统工程、水资源的开发利用、人口问题的定量研究及应用、全国和地区能源规划、区域发展战略等。20世纪90年代以来，系统工程与信息技术、思维科学等相结合，在国防、经济建设和社会发展等诸多领域的决策、设计、规划、调度等多个方面得到广泛应用，取得了丰硕的成果，推动了系统工程理论和方法的不断发展。随着所处理系统的复杂性越来越高，用于一般工程系统的传统系统工程理论与方法已不能满足实际需求，必须采用综合集成方法，以便使系统工程可用于组织管理复杂巨系统和社会系统。目前，我国系统工程已发展到复杂巨系统工程和社会系统工程阶段，但系统工程领域的研究还存在若干具有挑战性的关键难题，制约了系统工程在复杂系统和复杂网络中的进一步应用。例如，在复杂工程和社会系统中，常存在复杂任务的决策、规划与调度问题，具有大规模、非线性、强耦合、不确定性、动态性、带复杂约束、多目标、分层、递阶、定性和定量信息共存、半结构化/非结构化、多阶段等特征，采用传统的决策、规划和调度方法难以解决该类复杂问题。另外，复杂供应链系统的复杂性建模、内在特性分析和协调优化控制具有相当难度，采用传统的供应链系统理论和方法难以实现对复杂供应链系统的高效管理和控制。目前，针对上述复杂工程和社会系统的决策、规划、调度和协调优化控制的研究成果还很少，且上述研究主要是针对特定问题并加入很多过于严格的假设和附加条件，缺乏系统性和通用性。针对复杂工程和社会系统，系统研究决策、规划、调度和协调控制方法已成为当务之急。

国内模式识别的研究始于20世纪70年代的文字识别和信函分拣，80年代逐渐融入国际学术交流体系。人工智能的研究也于20世纪80年代在国内开展起来。20世纪90年代，随着个人计算机的快速发展，模式识别和人工智能的研究在人员规模、学科广度和深度上迅速扩展。最近10年，国内在模式识别、计算机视觉、语音和语言信息处理领域的研究与应用方面取得了显著的成绩和进步。模式识别基础理论方面，国内在高维、小样本数据的鉴别分析（包括线性鉴别分析和Kernel鉴别分析）算法研究方面处于国际前沿水平，在统计学习、流形学习、半监督学习等方向发表了一批高水平的论文。在立体视觉匹配和三维重建、运动行为建模等问题上取得了一些有特色的研究成果，在国际上产生了较大的影响。在模式识别应用方面，国内研制的人脸识别、虹膜识别、指纹识别、手写汉字识别、语音识别、机器翻译等系统都达到非常高的水平，部分系统性能在国际测试中处于领先水平。然而，与国外先进水平相比，国内的研究工作存在原创性不够（学术影响力不强）、工作的集成度和应用转化力度不够等问题。人工智能的研究同样存在重应用、轻理论的问题，主要体现在人工智能的研究与自然智能的研究脱节，回避或疏忽了智能科学的基本问题（如智能的生成机制、智能与知识的关系、智能与情感的关系、智能与意识的关系等）。为了解决这些问题，中国人工智能学会在2006年纪念“人工智能诞生50周年”的国际会议上，提出发展“高等智能”的建议，从智能本质出发开展研究，以克服不同流派之间的壁垒，得到各国与会代表高度认可和响应。

在机器人研究方面，我国与西方发达国家相比，起步较晚，基础理论和工程应用技术差距较大。但国内近几年发展也很快，一些高校和科研院所，如清华大学、北京理工大学、北京航空航天大学、哈尔滨工业大学、国防科学技术大学、北京邮电大学、上海交通大学和中科院等也相继开展了工业机器人、特种机器人等的研制工作，并且已取得一定成绩。例如，北京理工大学研制了BHR01仿人型机器人；北京航空航天大学和中科院自动化研究所的机器鱼也较有特色；西北工业大学、南京航空航天大学研制了仿生扑翼飞行机器人。近几年来，中科院生物物理研究所、复旦大学、北京师范大学等单位在生物机器感知方面也都取得了很好的成果。微纳米操作机器人方面，目前国内外已实现具有实时视觉/触觉反馈的纳米监控操作系统，并应用于研究纳米器件与传感器装配与测试。国内多家单位开展了月球车样机的研制，也有许多原型系统对水下及地下机器人进行了多种实验。但是，由于技术封锁的原因，关键性技术需要依靠国内自主解决，虽然技术上进步较快，加工设备和部分电子器件能够满足要求，但是高精度、高速度传感器和中央芯片依赖进口。许多机器人型号与国际先进水平仍存在一定差距，特别是我国仍缺少具有鲜明中国特色、反映我国机器人最高水平的机器人系统。例如，缺少像美国波士顿动力公司的“BigDog”这种四足机器人。

过去几十年间，自动化学科在应用基础研究方面成果显著，解决了我国社会发展、国家安全等方面的诸多应用需求。但自动化学科领域内仍有一些本质性困难尚未解决，制约了自动化学科的发展，这些困难既包括新应用提出的一些崭新挑战，也包括一些再次受到关注的传统困难。近年来，学界出现了借助学科交叉手段去尝试解决这些困难的趋势。例如，2009 年国际人工智能联合会议（IJCAI）首次将人工智能与相关学科领域的交叉研究作为大会中心议题；2008 年，基金委启动了“视听觉信息的认知计算”重大研究计划，对这一领域的理论和技术研究提出了新的要求和研究条件；机器人方向也不例外，结合脑科学对脑电信号编码规律研究的机器人感知理论受到更多人关注，基于生物电信号的人机接口也是一个充满未知、富有挑战的研究领域。多学科交叉不仅体现在自动化学科对其他相关学科的借鉴上，而且体现在利用自动化学科发展出来的方法去解决其他学科的问题。例如，生物信息学和生物医学图像处理，用于纳米尺度感知、控制和加工的纳米机器人。

总之，种种迹象表明，自动化学科在方法转变、理论创新和开创大规模应用等方面具有重大的原创性机遇。

四、半导体科学与信息器件

我国半导体学科的发展在各个发展方向和学科分支上都有不同程度的积累，国内很多大学和科研单位在各自的方向上做出了成绩。

在半导体材料方面，我国有众多的大学和科研机构对 SiC 晶体相关制造和器件进行研究，具有很好的基础，如果能够继续得到支持，将比较容易获得成果。利用 GaN 基材料设计气体传感器、生物传感器和功率开关器件，国内研究单位不是很多，但是由于 GaN 器件的重要性，这方面的研究也要继续进行。碳基材料特别是石墨烯具有很好的性能，我国在碳纳米管等含碳材料方面具有相当好的积累，比较容易开展石墨烯相关的研究。有机照明材料和电泵浦有机激光器，特别是有机太阳能电池，一直是国内外的研究重点，对于国家经济建设具有重要意义，国内具备较好的研究基础和人员密集的研究队伍，有利于在此基础上继续攻关，获得突破。多铁体材料的研究和发展有望极大地改变现有的信息存储概念，近年来已经成为国际上信息科学技术领域的研究热点，我国的多铁材料研究处于起步阶段，可以说与国际几乎同步，这有利于我们抓住时机，做出具有国际性影响的成果。

在半导体物理研究方面，半导体自旋电子学及器件技术是为了满足信息科学技术朝着超高速、超宽带和超大容量方向发展的需求而迅速发展起来的一门新兴前沿学科。我国在这方面开展的工作相对较晚，投入也较弱，仍有大量的工作要做。

MEMS从国际研究层面来看，主要有两大方向：一个是利用MEMS技术与医学生物等领域合作研究医用和生物MEMS；另一个是向纳米发展研究纳机电系统（NEMS）。在这两个方向上，我国的研究人员都进行了卓有成效的工作，特别是MEMS在医学和生物上的应用，包括微创检测和治疗、全血分析微流控芯片系统、微电极阵列（MEA）电生理芯片，以及适用于植入式的能量采集器的研究均具有很好的研究基础和充足的人才队伍，有利于后续发展。

在微电子学相关领域，我国的研究人员取得了优秀的成绩，积累了很好的研究基础，有利于我国的研究人员在如下重要领域做出重要成果，包括：多核和众核CPU互连架构及实现方法的基础问题研究，高速公钥加解密SoC关键技术研究，模拟集成电路的数字化技术，三维多核片上系统的体系结构和设计方法学，RRAM技术基础物理机制和关键技术研究，基于CMOS技术的固体太赫兹器件和电路等。随着全球半导体产业的发展，对半导体生产过程中的光刻技术的分辨率要求越来越高，目前已经推进到45纳米节点。ArF（波长为193纳米）投影光学光刻有可能推进到22纳米以下，在未来的很长一段时间内仍然是光学光刻技术的主流发展方向，193纳米光刻机制造就具有极其重要的意义。国内在光学波长转换领域所做的工作还相当有限，波长转换具有丰富的内涵与广泛的潜在应用，也需要加以重视。

表面等离激元能突破衍射极限限制，可以用于制作纳米级的波导，被誉为最有希望的纳米集成光子器件的信息载体，是未来联系微电子学与光电子学的桥梁。国内对表面等离激元物质波特性的研究已经开展，中科院光电技术研究所等已取得了重要成果。

半导体照明是21世纪最具发展前景的高技术领域之一，其发展正在引发世界范围内照明光源的一场革命。我国在有机半导体照明和蓝光发光二极管（LED）方面具有相当的研究优势，在这一方向上继续深入研究有利于保持我国在这一方向的优势。传统的“电互连”方式的弊端迫使人们开始关注“光互连”，光互连及硅基纳光电子集成系统和功率集成技术的发展刚刚起步，我国在这些领域依然比较薄弱，需要进一步加强。激光器在国民经济建设中的重要性不言而喻，我国在激光这一领域具有大量的研究人员，在大功率激光、激光合束、掺Yb和掺主族元素激光材料、氧化锌基低阈值激光器等方面都具有相当好的基础积累，通过重点支持可以获得突破。

另外，蓝相模式的液晶显示具有众多优势，也面临许多困难，国内这方面的研究还很少，需要加强。我国在透明氧化物薄膜晶体管方面处于起步阶段，还没有优势单位，迫切需要国家给予支持；在微纳光子学、微波光子器件和光子示波器方面都起步较晚，是属于需要大力加以扶持发展的方向。

五、光学与光电子学

近年来，光学和光电子学在我国得到快速发展，在各个发展方向和学科分支上都有不同程度的积累，正在逐步缩小与国际先进水平的差距，某些应用基础研究甚至已达到国际先进水平。

我国激光技术的研究始于20世纪60年代。第一台激光器的研制成功仅比美国晚一年，此后在国家各级科技发展计划的不断支持下，我国的激光技术研究遍及该学科领域的各个研究方向，如气体激光器、化学激光器、液体激光器、固体激光器、半导体激光器及自由电子激光器等，并已形成从材料到器件的全面优势，具有良好的激光与光电子技术研究基础，是我国为数不多的总体研究水平与国际同步的高技术领域。在半导体、全固态激光及其信息、先进制造和战术性军事应用方向上，在“863”计划，“973”计划，基金委重大、重点项目，中科院、教育部等部委重大项目，知识创新工程重大项目，“211”重大项目等的支持下，我国在各类半导体材料与器件、激光晶体及非线性光学晶体、全固态激光器及其信息、先进制造等方面已开展数十年的研究，积累了坚实的工作基础和科研力量，部分研究成果目前处于国际领先和国际先进水平，并已在国防、经济、科研、娱乐等众多领域发挥了不可取代的作用，为实现国家中长期发展规划目标奠定了良好基础。

超短脉宽、超高强度、超短波长激光技术及其在科学技术中的应用方面，在我国已有较好基础，特别是“七五”以来，通过“863”计划，国家“八五”、“九五”攀登计划，“973”计划，基金委重大、重点项目，中科院、教育部等部委基础研究重大项目，知识创新工程重大项目，“211”重大项目等的立项，给予了较强有力的支持，在发展超短脉宽、超高强度、超短波长激光高技术方面取得重大突破。例如，中科院上海光学精密机械研究所强场激光物理国家重点实验室研制了创国际同类研究最高水平的拍瓦量级超强超快激光装置，并以此为基础迅速部署开展前沿强场激光物理和相关国家战略高技术研究，取得了系列创新成果，在世界相关竞争中占有领先地位。在超短脉冲研究方面，我国开辟了阿秒物理研究与应用的新方向，已经获得短于100阿秒的激光脉冲，同时也将阿秒脉冲推进至具有重要应用前景的水窗波段。通过基于高对比度的相对论乃至超相对论激光场强，近年在电子与质子加速为代表的强场粒子加速方面也取得了系列突出的开创性进展，在强度、单色性和亮度等方面都取得了重大的开拓性突破。

在信息应用领域，当前的信息基础传送设施在容量规模性、动态灵活性、安全可信性等方面面临着前所未有的重大挑战，光通信网络正逐步向宽带化、高效化、智能化的方向演进发展，同时也面临着资源约束和能耗约束两类瓶颈限制问题。未来光通信系统与网络所面临的挑战，可以概括为 T（太比特应用）、P（拍比特交换）、K（千节点智能联网）。

微纳光学已成为 *Nature* 或 *Science* 等国际学术刊物的热点报道内容，特别是其中有一个特征十分明显，即这一领域的突破性内容往往很快就在产业界得到重要应用。因此，微纳光学对于光电子产业发展的巨大推动作用已被各国政府、科技界及产业界高度重视和认同。国际上，美国、日本及欧盟等发达国家和地区不仅在微纳光学的基础研究领域力量雄厚，投入巨大，而且十分重视其研究成果产业化体系的建设并以已经基本完备的体系作为领先的标志，从而在微纳光学领域处于领先地位。我国在微纳光学领域已经进行过一些研究，如光子晶体等。在光通信、光显示等许多产业实际应用中，人们更关心的是光被微纳结构调整的控制技术，需要微纳光学提供新的解决方案。而当前微电子大规模集成电路技术所取得的快速进步，正好为数字编码技术的发展提供了现实可行的技术实现手段，预示着有可能出现微纳光学新的学科发展方向，发展出一系列新型微纳光学器件和技术，解决光电子产业的实际问题。

我国在微波、毫米波及光学领域已有很好的研究基础。太赫兹是一种新的、有很多独特优点的辐射源，介于毫米波和红外波之间，在频域上，处于宏观经典理论向微观量子理论的过渡区，是电子学向光子学的过渡。太赫兹技术的应用前景广阔，是一个重要的交叉前沿领域，将为多个领域带来革命性变化。例如，信息科学方面的超高速成像信号处理，大容量数据传输；材料处理，分层成像技术，生物成像；等离子体聚变的诊断；天文学及环境科学等。长期以来，由于缺乏有效的太赫兹产生与检测方法，人们对该波段电磁辐射性质的了解非常有限。国际上对太赫兹的研究仅有 20 多年历史，是国际科技界公认的非常重要的尚未开发的前沿领域，目前，已经在全世界范围内形成了一个太赫兹科学技术的研究高潮。2004 年 2 月，美国 *Technology Review* 期刊公布了未来影响世界的十大关键技术，太赫兹科学技术位列第五。在美国，包括常春藤联盟成员等在内的数十所大学都在从事太赫兹研究工作，特别是一些重要的国家实验室，如劳伦斯利弗莫尔实验室（LLNL）、劳伦兹伯克利国家实验室（LBNL）、斯坦福直线加速器中心（SLAC）、喷气与推进实验室（JPL）、布鲁克海文国家实验室（BNL）、海军研究实验室（NRL）、先进光源实验室（ALS）、橡树岭国家实验室（ORNL）等都在开展太赫兹科学技术的研究工作。欧洲国家还利用欧盟的资金组织了跨国家的多学科参加的大型合作研究项目，俄罗斯、韩国、日本都在大力开展太赫兹的研究与开发工作。基于我国在微波、毫米波及光学领域已有很好的研究基础，国内已有十几个科研院所、高等院校开展了太赫兹方面的研究和应用，并取得了一定的成果。虽然我国太赫兹科学技术研究工作已经有了一定的基础，但同国外相比还有较大的差距，要进一步推动我国的太赫兹研究工作快速发展。

我国在单光子探测领域的研究，基本保持与国际同步发展的趋势，红外单光子探测和日光盲区光电探测器由于其重要的战略意义，一直受到国内外的重视。

我国在飞秒光梳和光梳精密光谱学方面已具备一定的基础，近年来取得一定的研究进展，但还需要进一步发展。该领域研究的开展有助于我国在高精度定位技术、高分辨结构成像等重大关键科学技术上冲击国际先进地位，具有重要战略意义。我国开展纳机电效应、器件与系统研究的单位比较多，切合了国际发展趋势，有利于进一步发展。新一代光网络的光信息处理是国际的前沿热点，国内的研究单位在这一领域进行了大量的研究，这项技术对于节能具有重要意义。光纤传感被认为是继光纤通信以来、在光学及光电子学领域又一具有广阔应用前景的研究方向。发展我国具有自主知识产权的大规模光纤传感网络与关键器件，对于推动我国新一代信息获取产业的跨越式发展，对确立我国在21世纪国际战略优势地位具有至关重要的意义。

到目前为止，我国尚不具备4～8米级单块主镜研制相关技术和条件，发展大口径高分辨力成像光学望远镜制造成为一个迫切需要支持的领域。闪烁晶体本来是我国的优势发展领域，近20年来，通过积极参与国际合作和竞争。“中国造”的闪烁晶体源源不断地送往多项国际工程，创造了巨大的经济效益，并赢得了良好的国际声誉，但是我国的闪烁材料研究，特别是在新材料探索方面与国际先进水平相比仍有很大距离，需要加快发展和国家的大力支持投入。

第三节　经费投入与平台建设情况

2007年，“863”计划启动了2项重大项目和66项重点项目，累计启动38项专题、23项重大项目和97项重点项目，共立项课题2520项。其中，专题课题2025项，项目课题495项。“863”计划在信息领域所立项目389个，占15%。2007年，“863”计划新立项课题的总经费为60.42亿元。其中，专题课题总经费24.44亿元。项目、课题总经费35.98亿元。2007年中央财政拨款44.4亿元。其中，信息领域总经费7.6亿元。

2007年，国家科技支撑计划在首批启动147个项目的基础上，根据国家科技支撑计划的总体部署和安排，2007年完成259个新立项项目启动和80个在研项目滚动支持工作。其中，信息产业和现代服务业占17项。国家科技支撑计划国拨专项经费预算79.37亿元，当年拨款54.41亿元。其中，信息产业和现代服务业4.3亿元。

2007年，“973”计划遵循“择需、择重、择优”和“公开、公平、公正”的原则，按照专家咨询与政府决策相结合的机制，以原始性创新作为遴选项目的重要标准，共部署123个重大项目。“973”计划新立项目81项，国家财政拨款16.4亿元。其中，信息领域有8项。

科技基础条件平台建设进展显著，在国家创新体系中的基础支撑作用日益凸显。2007年，全国大型科学仪器协作共用网开通，形成了国家和7大区域、31个省市三级大型科学仪器开放共享体系，实现了众多大型仪器的远程共享，并探索国际科技资源共用的有效模式，完成了100多万份自然科技资源的信息化描述。气象、地震、测绘、农林等12个科学数据共享中心的数据量达到20TB以上，开展了创新方法的研究应用和试点工作完善，制定了一批科技资源整合共享的标准规范和规章制度。

第四节　人才队伍情况

截至2010年6月7日，我国已有中科院院士714名，其中信息技术科学部83名，占中科院院士总人数的11.6%。我国现有中国工程院院士755名，其中信息与电子工程学部108名，占工程院院士总人数的14.3%。基金委信息科学部已经批准资助的国家杰出青年科学基金项目200余项，创新研究群体项目50项左右，二者占基金委总项目数的比例为11%～12%。

表3-1是科技人力资源在各行业学科间的分布（中国科学技术协会调研宣传部，中国科学技术协会发展研究中心，2008）。可以看出信息领域产业专业科技人力资源在第三产业中约占5%。比例虽然不是非常高，但是在自然科学领域（数学物理、化学、生命、地球、工程与材料、信息、管理）是唯一单独进入科技人力资源数据统计的学科，显示出信息科学学科在产业中的重要地位，它已成为经济持续增长的主导力量。

表3-1　各行业的科技人力资源数据　　（单位：万人）

	有大专以上学历或具有专业技术职称的人员数	符合科技人力资源定义的人数	剥离的人数（相减）
总计	5185.65	4144.73	
第一产业合计			
农、林、牧、渔业	16.98	68.00	+51
第二产业合计	1433.02	1433.02	
采矿业	84.51	84.51	

续表

	有大专以上学历或具有专业技术职称的人员数	符合科技人力资源定义的人数	剥离的人数（相减）
制造业	910.52	910.52	
电力、燃气及水的生产和供应业	99.48	99.48	
建筑业	338.51	338.51	
第三产业合计	3735.61	2643.71	1091.90
交通运输、仓储和邮政业	107.30	106.98	0.32
信息传输、计算机服务和软件业	134.31	133.96	0.35
批发和零售业	370.47	181.10	189.37
住宿和餐饮业	55.53	31.21	24.32
金融业	210.80	157.02	53.78
房地产业	125.84	93.57	32.27
租赁和商务服务业	181.24	81.32	99.92
科学研究、技术服务和地质勘察业	192.33	166.32	26.01
水利、环境和公共设施管理业	40.22	28.99	11.23
居民服务和其他服务业	26.25	15.88	10.37
教育	1043.87	1043.67	0.20
卫生、社会保障和社会福利业	226.19	225.72	0.47
文化、体育和娱乐业	68.46	50.67	17.79
公共管理和社会组织	952.80	327.30	625.50

注："+"表增加。

第五节　举措与存在的问题

（一）团队建设方面

"侧重基础，侧重人才"是有长远眼光的战略举措，但在目前已有的科研体制下，如何构建大团队并突破"利益"瓶颈的限制，使得人才、团队、基地深度融合与和谐发展尚需探讨有效的机制。

（二）品牌建设方面

基金委的国家杰出青年科学基金项目是社会上公认的好品牌，取得了突出的人才培养效果。创新研究群体项目总体也不错，但在落实"定位"，以及如何体现对"通过长期研究自然形成，并在未来有整体突破趋势"的紧密型研究团队进行持续支持方面应继续完善。

（三）课题研究方面

基金委的面上项目在自由探索方面起到了很好的支撑作用。随着形势的发展，建议加大融合交叉“课题群”的立项支持。

（四）青年基金方面

建议加大青年科学基金项目的支持力度，尤其是重点支持有“奇思妙想”的基础研究或每年安排有一定的“非共识”项目。特别是对刚刚取得博士学位的优秀年轻人，应该加大资助面，使他们能够脱颖而出，避免多年的培养成果付之东流。

（五）科研环境方面

目前几乎所有的项目都是“竞争性项目”，以达到公开、公平、公正之目的。但对于研究者来说，需要不断的聚合、申请、答辩、结题、再聚合、再申请等。建议在一定范围内，设立“非竞争性项目”，重点看“人或团队”，实现稳定持续的支持，鼓励潜心研究。而“保障”方面，则设立领域的首席科学家，并委托其全面负责和顶层设计（“责、权、利”同时到位，以及必要的“问责制”）。

（六）平台建设方面

与信息科学领域相关的仪器设备价格昂贵、成套性强，很难在基层研究单位建立高水平的研究平台。在国家已经投资建设的平台基础上，需要继续持续投入，同时加大仪器设备的运转维护费用。同时，进一步研究平台运行机制的创新，加大对已有平台开放力度的检查和监督，不能将国家花巨资投入建立起来的平台变成某些单位的“私有”资产，更不允许收取高额运行机时费用，变成盈利工具。

第四章

信息科学学科发展布局

第一节　2005～2009 年国家自然科学基金项目申请和资助格局

2005～2009 年重大研究计划、重大项目、重点项目、面上项目的资助经费与总经费的比例如图 4-1 所示。

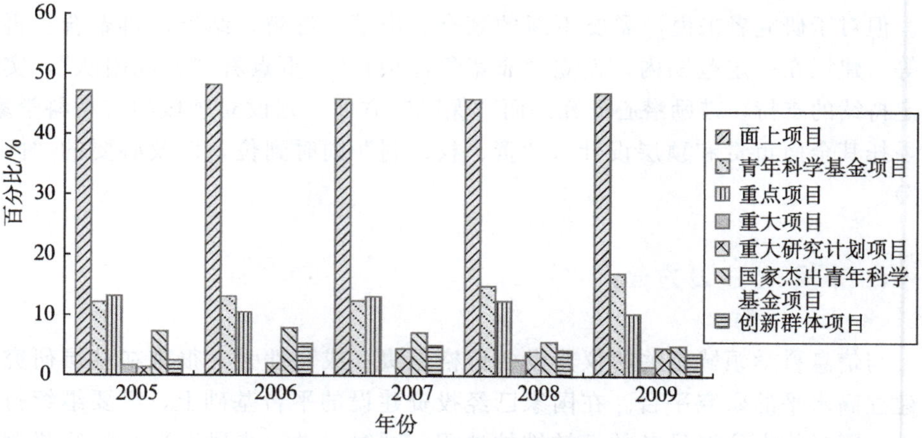

图 4-1　2005～2009 年各类项目资助经费与总经费的比例

2005～2009 年获得资助前 10 名的省、直辖市如图 4-2 所示。

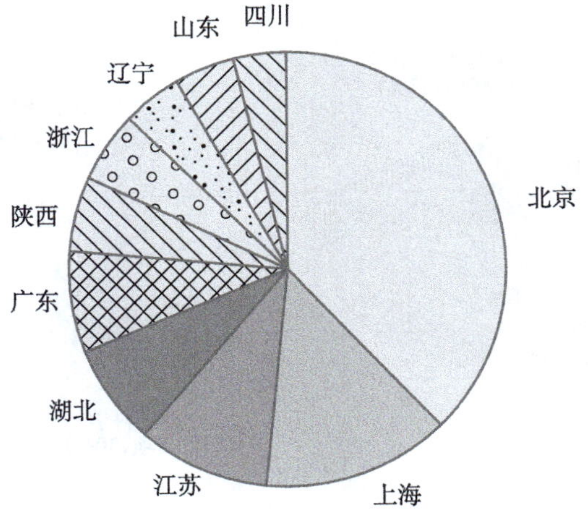

图 4-2　2005～2009 年获得资助前 10 名的省、直辖市

2005～2009 年国家不同部门的申请和资助状况如图 4-3 和图 4-4 所示。

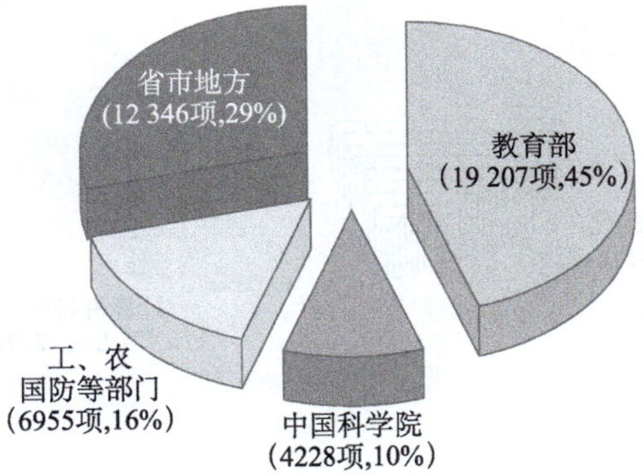

图 4-3　申请项数

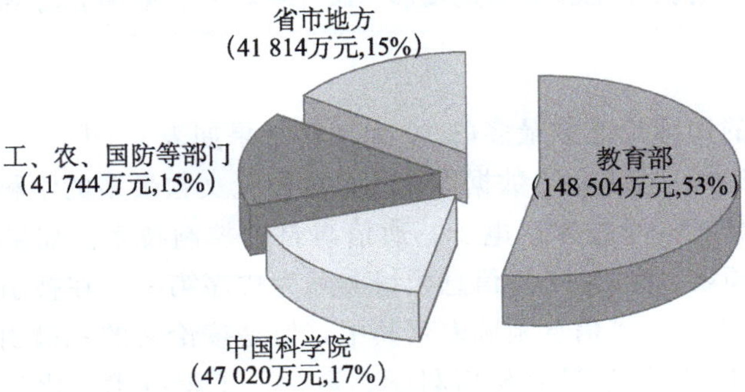

图 4-4　资助金额

2005～2009 年基金委 5 个管理学科的项目申请和资助情况如图 4-5 和图 4-6 所示。

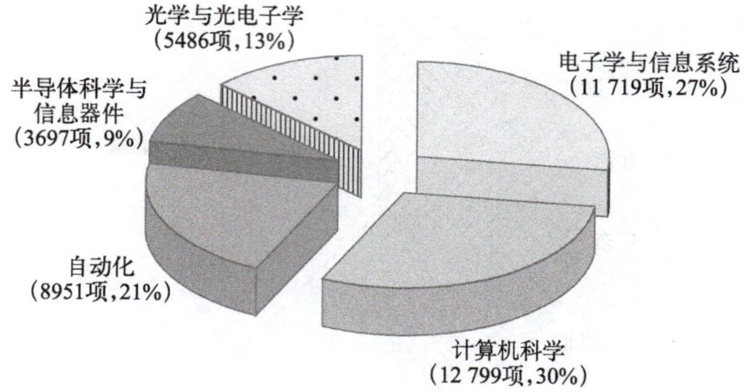

图 4-5　申请项数

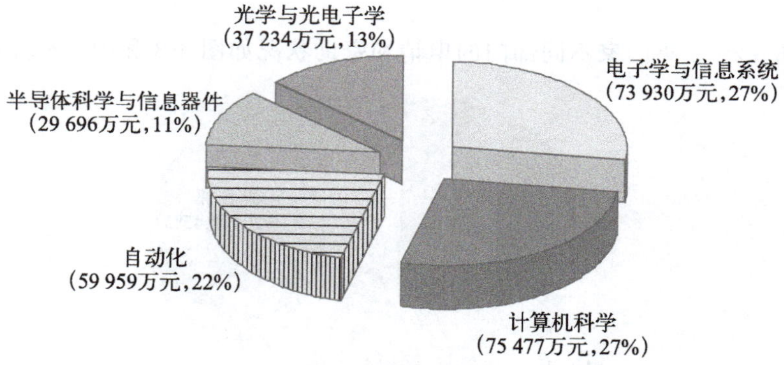

图 4-6　资助金额

第二节　信息领域论文发表和专利申请的基本状况

我国发表的国际论文数最多的 10 个学科结果如表 4-1 所示（中国科学技术信息研究所，2008）。以 SCI 数据库统计，国际论文数最多的学科中信息领域实际上包括了计算机科学技术、电子、通信与自动控制技术。如果以信息科学学科作为总学科领域，则 2007 年信息领域实际为排序第一。在被引用论文篇数最多的 10 个学科中，尽管信息领域未列其中，但是按论文的总被引次数排名，我国进入世界前 10 位的学科有材料科学、数学、工程技术、化学、综合类、地学、计算机科学、物理学、社会科学。计算机科学作为信息领域重要的分支，排序第八。

表 4-1　国际论文数最多的 10 个学科

排序	学科	论文数/篇
1	化学	28 115
2	计算机科学技术	23 892
3	物理学	20 181
4	材料科学	18 399
5	电子、通信与自动控制技术	16 533
6	生物学	13 107
7	动力与电气	8 240
8	数学	7 836
9	土木建筑	6 859
10	地学	6 410

2007 年国内论文数最多的 10 个学科如表 4-2 所示，2007 年国内论文被引用次数最多的 10 个学科如表 4-3 所示。可以看出，论文发表数量信息领域稳居第二，引用次数信息领域（合并电子、通信与自动控制技术和计算机科学技术）位居第三，均处于学科前列。

表 4-2　2007 年国内论文数最多的 10 个学科

排序	学科	论文数/篇
1	临床医学	124 277
2	电子、通信与自动控制技术	31 332
3	计算机科学技术	28 173
4	基础医学	22 264
5	农学	21 145
6	药学	16 389
7	生物学	15 974
8	预防医学与卫生学	15 453
9	中医学	15 164
10	化学	13 769

表 4-3　2007 年国内论文被引用次数最多的 10 个学科

排序	学科	被引用次数
1	临床医学	218 434
2	地学	81 305
3	农学	76 696
4	生物学	70 507
5	电子、通信与自动控制技术	45 867
6	基础医学	44 231
7	化学	43 226
8	环境科学	43 219
9	计算机科学技术	34 902
10	动力与电气	33 349

《德温特世界专利索引数据库》(DWPI)是权威的深加工专利数据库,覆盖全球41个国家和地区的专利。利用DWPI进行统计,可以获得中国机构在国内和国际申请的专利情况。2007年专利申请情况如表4-4所示。2007年专利授权情况如表4-5所示。可以看出,信息领域在专利申请中排序第一,在专利授权中排序第二,可见信息领域在研究成果转化中的表现非常突出。

表4-4　2007年申请专利较多的类别

排序	分类	专利申请数/件
1	数字计算机	9934
2	天然产品和聚合物	9746
3	电话与数据传输系统	5682
4	医疗、牙科、兽医、化妆类产品	2473
5	他处未特别标明的杂类物品,包括造纸、唱片、洗涤剂、食品和油井应用	2024
6	其他食品及食品处理,包括食品保存、奶及奶制品、食用油和脂肪、非酒精饮料、人造甜味素	1843
7	导体、电阻、磁体、电容器和开关、放电灯具、半导体和其他材料、电池的电学特性、无机化学特性和有机化学特性	1819
8	工程仪器	1593
9	道路、建筑、建筑地板地砖	1394
10	光学	1324

表4-5　2007年获得专利授权较多的类别

排序	分类	专利授权数/件
1	天然产品和聚合物	3607
2	数字计算机	1753
3	电话与数据传输系统	1051
4	导体、电阻、磁体、电容器和开关、放电灯具、半导体和其他材料、电池的电学特性、无机化学特性和有机化学特性	684
5	其他食品及食品处理,包括食品保存、奶及奶制品、食用油和脂肪、非酒精饮料、人造甜味素	657
6	水、工业废弃物和污水的化学处理与生物学处理	547
7	耐火材料、陶瓷、水泥(包括制造)	516
8	光学	422
9	工程仪器	404
10	含可取代单基烯烃的其他聚合物	340

第三节　与信息领域相关的国家实验室和国家重点实验室分布

国家实验室和国家重点实验室是我国信息科学学科主体的研究力量。截至

2006 年底，共有 19 个国家实验室（包括筹建中的），信息领域的国家实验室有 9 个，如表 4-6 所示。目前，我国共有 220 个国家重点实验室（固定人员 1 万余人，仪器设备总值 80 多亿元）[①]。其中，信息领域的国家重点实验室有 30 个，如表 4-7所示。

表 4-6　信息领域国家实验室

实验室名称	组建单位	主管部门	地区
北京凝聚态物理国家实验室	中国科学院物理研究所	中国科学院	北京
清华信息科学与技术国家实验室	清华大学	教育部	北京
沈阳材料科学国家（联合）实验室	中国科学院金属研究所	中国科学院	沈阳
合肥微尺度物质科学国家实验室	中国科学技术大学	中国科学院	合肥
国家同步辐射实验室	中国科学技术大学	科学技术部	合肥
武汉光电国家实验室	华中科技大学等	教育部	武汉
航空科学与技术国家实验室（航空航天）	北京航空航天大学	教育部	北京
船舶与海洋工程国家实验室（先进制造）	上海交通大学	教育部	上海
微结构国家实验室（量子调控）	南京大学	教育部	南京

表 4-7　信息领域国家重点实验室

实验室名称	主管部门	地区
传感技术联合国家重点实验室	中国科学院	上海
电子薄膜与集成器件国家重点实验室	教育部	四川
工业控制技术国家重点实验室	教育部	浙江
毫米波国家重点实验室	教育部	江苏
红外物理国家重点实验室	中国科学院	上海
机器人学国家重点实验室	中国科学院	辽宁
激光技术国家重点实验室	教育部	湖北
集成光电子学国家重点联合实验室	教育部	吉林
计算机辅助设计与图形学国家重点实验室	教育部	浙江
计算机科学国家重点实验室	中国科学院	北京
计算机软件新技术国家重点实验室	教育部	江苏
精密测试技术及仪器国家重点实验室	教育部	天津
量子光学与光量子器件国家重点实验室	山西省科学技术厅	山西
模式识别国家重点实验室	中国科学院	北京
区域光纤通信网与新型光通信系统国家重点实验室	教育部	上海
软件工程国家重点实验室	教育部	湖北
软件开发环境国家重点实验室	国防科学技术工业委员会	北京
生物电子学国家重点实验室	教育部	江苏
瞬态光学与光子技术国家重点实验室	中国科学院	陕西
网络与交换技术国家重点实验室	教育部	北京
微波与数字通信技术国家重点实验室	教育部	北京
微细加工光学技术国家重点实验室	中国科学院	四川
现代光学仪器国家重点实验室	教育部	浙江
信息安全国家重点实验室	中国科学院	北京

① 资料来源：2009 年 11 月 10 日国家重点实验室工作会议纪要（北京）。

续表

实验室名称	主管部门	地区
虚拟现实技术与系统国家重点实验室	国防科学技术工业委员会	北京
移动通信国家重点实验室	教育部	江苏
应用光学国家重点实验室	中国科学院	吉林
智能技术与系统国家重点实验室	教育部	北京
专用集成电路与系统国家重点实验室	教育部	上海
综合业务网理论及关键技术国家重点实验室	教育部	陕西

第四节　学科发展的总体指导思想和布局

《纲要》指出，信息科学和技术发展方兴未艾，依然是经济持续增长的主导力量；生命科学和生物技术迅猛发展，将为改善和提高人类生活质量发挥关键作用；能源科学和技术重新升温，为解决世界性的能源与环境问题开辟新的途径；纳米科学和技术新突破接踵而至，将带来深刻的技术革命。

基金委关于信息科学学科发展的总体指导思想是建立独立完整的基础研究体系，使学科均衡、协调、可持续发展，为自主完整的国家安全体系、工业体系和经济体系提供稳固的基础和支撑，为未来更加广泛的全球竞争提供源头上的保障。基金委将更加侧重基础、前瞻、人才和学科融合。

一、电子学与信息系统

电子学与信息系统是一个内容非常广泛的学科。它包含信息采集与信息处理、通信系统理论、电路技术、电磁波理论及应用等多方面内容。随着人类对信息服务需求的日益增长，信息的多样性与实时性对电子信息技术提出了更高的要求。该学科的飞速发展加速了通信、广播电视、雷达等领域的信息数字化进程。目前，我国在信息系统，特别是民用信息系统与信息网络方面已取得巨大的发展，在国际竞争中占据重要地位。CNGI、TD-SCDMA 网络在国际信息领域影响广泛，跻身技术前列。

以国家自然科学基金、“973”计划项目和总装预研项目为代表的国家级科技项目对电子学领域给予了很大支持，特别是对电磁辐射、散射、新型电磁材料、电波传播、逆散射与成像、计算电磁学等方面的应用基础研究给予了强有力的资助。国内从事电子学研究的科技力量已形成相当规模，主要集中在国防科研院所和一些重点院校。在上述各主要研究领域的学术水平日益接近国际水平，在部分研究领域内已具有和当前国际水平相当的研究基础和研究实力。但是，仍以跟踪研究居多，创新研究还远远不够，这是今后应努力解决的问题。

随着电子学与信息系统，特别是信息网络向社会各个领域的渗透，人们的要求越来越高。这就促使未来从追求更高更快的传输能力转为追求效率，从追求技术能力转为追求应用能力。实现电子学与信息系统的智能化、绿色化、服务化，需要在以下几个方面进行重点布局。

（1）多尺度拓展的电子学

以电磁场与电磁波为代表的电子学研究正进入一个新的充满机遇的发展阶段。面向各类现代无线信息（网络）系统的电磁辐射和传播的研究、面向毫米波及亚毫米波集成电路和片上系统分析与设计的全波模拟方法、各种新型材料的电磁特性及其量子电磁学原理、面向新一代无线信息系统应用的电小天线、多天线、宽带天线和与人体集成的天线技术、各类无线探测系统的电磁辐射、散射、传播、成像与识别新机理等，都为新技术提供了广阔的发展空间。研究布局集中体现在频域上的展宽——宽带（从低频到亚毫米波及太赫兹的频谱应用，调制和传输带宽的提高等）技术、空域上的展宽——阵列和多天线空间复用（如阵列天线及其成像方法、MIMO 等）技术、尺度域的展宽——宏观及微观电磁学（如空间电磁学和量子电磁学）。

（2）面向网络的信息论与通信技术

对于多约束、大规模、自组织、高动态通信系统及异构通信网络，传统点到点信道容量的概念已不足以全面刻画系统的性能。在无线通信系统中，多径干扰、协作与竞争、反馈及信道的时变和衰落特性等因素使得研究日趋复杂。因此，现代通信网络的发展迫切要求突破经典信息论的研究框架，拓展研究手段，创新研究视角，将复杂网络理论、认知理论、控制理论与信息理论有机融合，建立现代网络信息论体系。互联网、光传输网络和无线移动通信是现代通信网络设施的核心组成部分，需要研究可信的互联网架构，突破超高速和超长传输光通信，解决无线通信“大容量和无缝覆盖需求”与“受限的频谱资源和复杂的电磁环境”之间的矛盾，并发展网络协同理论，催进多网协同工作。另外，传感网是未来物联网和环境感知的重要基础，应该与传感技术结合发展。

（3）广谱高分辨率探测成像

提高二维甚至三维宽谱域范围内精确、高分辨率，发展更为有效的目标数据获取理论与方法是本领域的一个主要研究方向。同时，探测成像具有很强的应用目的并受到应用条件的制约，所获取的目标多维度谱域数据通常是不完备的，发展探测成像处理的理论与方法以准确获取目标几何和电磁参数、重建（反演）目标的物理参数（特征），是当前本领域的另一个主要研究方向。

我国拥有世界上规模最大的通信网络，网络发展中必然会遇到世界性的技术和理论难题。可以说，我国的通信、电子产业需要在网络科学、信息论等基础理论研究方面有所突破。研究布局中应突出网络技术，解决我国社会发展在物流、金融、医疗、教育、文化、政务等方面的重大需要，力争在网络体系、服务机制研究方面有所创新，改变以跟踪为主的格局，实现跨越式发展。

二、计算机科学

以中国经济社会发展的需求为出发点，结合国际发展趋势、国家科技发展需求和人才队伍建设需求，凝练出前瞻跨度较大的计算机科学技术难题和研究目标，从基础理论、器件与系统、应用及服务几个方面开展系统的基础研究工作。2010～2020年，我国经济社会发展对计算机科学技术学科的需求可归纳为五个特点：全民普及需求、绿色计算需求、两化融合需求、内生增长需求和“前沿距离”缩短。这也提出了新的需求：2010～2020年，我国计算机科学技术学术界必须从跟踪者向创新者转变，尤其需要强调前瞻跨度较大的原创性基础研究成果。“十二五”的指导思想是在科学发展观指引下，更加注重基础、更加注重前瞻、更加注重人才，使学科均衡、协调、可持续发展。计算机科学技术学科具体体现为以下几个方面。

1）普惠计算要求计算机界必须满足新的需求：服务大众的设备与服务；显著降低信息系统和设备的复杂性；易用、低成本、低能耗的使用环境；支持海量用户的可扩展计算；研究通用计算账号、高效率的网络计算平台、三元世界计算模型、国民信息核算体系的基础理论。

2）计算机理论的关键科学问题有量子计算与生物计算的计算模型和光电混合计算机的体系结构，研究方向有量子计算机体系结构与程序设计语言、生物计算机体系结构与程序设计语言、光计算机体系结构、超导计算机体系结构、赛博空间密码学。

3）计算机体系结构中的一个重要方向是绿色计算体系结构技术研究。全球变暖已成为国际性的政治、社会、经济与技术问题，对人类社会的可持续发展具有重要影响。在计算机的生产、使用、回收过程中排放的温室气体，也是促使全球变暖的重要因素之一。因此，研究绿色计算技术和绿色软件，降低计算所需的能量，具有重要的社会与经济意义。现有低功耗研究主要基于服务器聚合与能量有效系统软件，动态电压调节或处理器休眠技术。对处理器的功耗关键科学问题包括定制处理器的低功耗理论、系统功耗与系统的平衡性关系问题、异步处理器的功耗理论，研究方向包括专用或多用芯片的快速定制技术、软硬件协同的低功耗技术、低功耗内存与存储技术。

4）计算机软件中，计算是人类智能在社会各领域体现的方式，而计算机是计算得以进行的母体，计算机软件是构成这一母体的核心要素。因为是计算机软件实现、运行和管理应用的算法和数据，调度、管理和控制计算机资源及其行为。今天，在应用与算法、计算机资源同时在深度和广度无限扩展的挑战下，计算机软件自身的发展也到了一个重大的转折时刻。为此，有必要研究如下的内容：

①编程墙问题与执行效能墙的挑战。程序＝算法＋数据结构，这里异构的算法和数据结构的设计必须考虑其下的计算平台和环境的异构、并发、扩展性、可用性、可移植性等特征，从而导致软件生产的高效性与分布式计算环境的异构与并发性之间的矛盾。研究目标是在千百万并行计算单元上处理千百万级并发操作，建议的研究内容有算法的并发性/异构性与执行的并发性/异构性相融合的编程语言，异构算法的并发性与并行性的机制与原理，异构并发算法的并行执行的机制与原理。

②无限扩展性的挑战。算法在设计的时候必须考虑其要求解问题的规模，必须考虑求解问题的计算规模和复杂度，必须考虑计算对应的数据空间的无限性，从而导致软件自身在可信性、可靠性、扩展性、动态性、演化性、分布性、并发性、并行性等方面的矛盾。建议的研究目标有无限可扩展软件的复杂度下降 1 个数量级；建议的内容有可无限扩展软件的体系结构、运行机制、原理与设计方法学、无限数据空间与无限计算空间在多尺度下交互的机制、原理与方法、多特征（如可信性、可靠性、扩展性、动态性、演化性、分布性、并发性、并行性）软件的运行机制、原理与设计方法学。

③能量有效性的挑战。物质资源、能量资源、信息资源之间具有很强的互相影响力。其中的许多影响需要深入研究。IT 的能耗在全球能耗中的比重正在持续上升。从能耗角度研究 IT 技术是一个十分重要的、全球化的技术、经济和政治问题。软件将在其中扮演十分重要的角色。从能量转换计算的内涵看：

a. 能量的转化循环模型：风能、水能、太阳能等转换为电能，电能驱动芯片转换为热能，加剧地球的温室效应，形成能量的循环。

b. 硬件（处理器、硬盘、网卡等）是能量的直接而被动的使用者，硬件仅提供了能量消耗的理论最小下界，遵循硬件摩尔定律推动下的发展。

c. 软件（操作系统、中间件、应用等）是硬件行为的规范与指导者，是能量的真正消费者，软件决定了能量消耗的最大上界。目前而言，软件阻碍了硬件摩尔定律效能的发挥，建议的研究目标是围绕软件能够降低数据中心能耗 100 倍。研究内容有复杂计算问题的高效计算模型、算法设计与编程方法，绿色计算模型，绿色计算基础软件架构。

④软体系结构的挑战。软体系结构（如当前的云计算）具有无限的可扩展性、无限的灵活性、任意的可重构性、无限的计算能力、无限的可达性、无限

的抽象性（如不同层次的编程与计算模型、语言）等。所以，未来的计算机体系结构将呈现出“软体系结构”的特征，研究内容有软体系结构（如云计算）的计算模式、动力学方程、计算模型、软体系结构的形态、运行机制、原理与设计方法学、软体系结构与无限可扩展并行的异构计算能力的并发性交互行为的机制与规律。

5）面向网络计算的软件方法与技术。面对新型网络化基础平台、新型泛在化与网络化应用模式，以及大规模和融合化的应用系统对软件方法与技术带来的挑战与机遇，在软件模型、编程语言、系统软件、使用模式、开发方法、支撑工具等方面取得突破与进展，应该采取创新的思路来实现核心模型的网构化与非经典、软件形态的大规模与聚合式、基本属性的高可信与适应性、使用模式的服务化与自然化、基础方法的主体化与协同化、开发模型的自治性与成长式、开发方式的复用化与自动化、质量保障的综合化与定量化、支持工具的中间件化与智能化，从而建立一套新型的面向网络计算的软件方法与技术体系。

6）面向领域的程序设计语言与编译技术的关键科学问题包括领域特征的建模与程序语言设计、面向领域语言的编译优化理论与运行时支持。研究方向包括面向军事指挥的语言与编译技术、自然语言编程技术研究、高效并行程序设计语言与编译技术研究。

7）可信软件技术中的关键科学问题包括可扩展的软件可信性验证理论与方法、基于在线监控与演化的可信性保障技术。研究方向包括大规模软件系统的可信性验证技术、人-机-物共生的可信软件技术、虚拟社区中的可信软件技术和云计算中的可信软件技术。

8）计算机网络的两个基本方向大致可以概括为设计有利于完善和丰富的信息网络基础设施，符合国家战略需求的新型网络技术，构建适应网络化计算模式的基础平台，展开的研究包括网络基础设施延展技术、网络化计算中数据中心网络体系结构及关键技术。

9）计算机应用技术在不同研究方向上具体体现为对虚拟现实、计算机图形学、人工智能、人机交互、多媒体技术、计算机辅助技术等重要学科方向的理论发展和技术提高的需求。根据国内外研究现状和趋势分析可以发现，各学科的交叉与融合越来越多，计算机应用学科将聚焦在对共性和重要的科学问题进行研究，其重大科学问题和优先资助领域可以总结为面向互联网环境的媒体信息计算理论与架构、虚拟现实环境的建模、呈现及交互理论、面向产品创新设计的新理论和复杂产品虚拟样机、机器学习与智能计算理论、自然和谐的人机交互新理论和普适计算。

10）自然语言处理的关键科学问题包括群体智能理论、基于统计的语言模型与基于分析的语言模型的融合问题。研究方向包括基于网络的自然语言问答技术研究、基于网络的高精确度搜索引擎技术研究、基于网络的少数民族语言研究和基于网络的突发事件预警技术研究。

三、自动化

自动化技术是推动社会生产力发展，带动国家工业化、信息化、智能化的一个关键因素。自动化程度是一个国家工业化与国防水平的重要标志。经过多年的改革开放和经济的高速发展，我国的工业自动化和国防及农业的现代化都达到了相当高的水平。但在高科技含量产品（尤其是在网络化社会的复杂系统建模与控制、智能控制、智能信息处理、智能机器人等方面）、工业生产和流通效率及能源消耗等方面与先进国家相比仍有较大差距。在未来的 5～10 年，特别是金融风暴后，国际科技和经济竞争将更加激烈。自动化程度，特别是控制技术的精确性，快速、有效性及产品设计和信息处理的智能化将是竞争的关键因素。因此，以精准化和智能化为导向的控制理论与控制技术、信息处理技术的发展，将是自动化学科领域发展的一个主要方向。

实现自动化技术的精确快速、有效性及智能化，需要在以下几个方面进行重点布局。

1）传感器设计与制造技术。传感是控制系统和信息处理系统的基础。实时、高灵敏度、低噪声的环境信号获取是快速有效获取信息和知识、实现有效控制和知识利用的关键。工业控制、环境感知、导航制导、机器人等系统都依赖传感技术，但是，目前我国高速高精度的传感器件主要依赖进口。

2）复杂系统建模和智能控制。工业生产、管理和流通涉及许多关系复杂的环节。对复杂系统进行快速准确的建模和故障诊断是提高生产和管理效率的关键。复杂系统的建模与控制要用到大量的数据和知识，智能化趋势越来越明显。

3）复杂环境感知信息和网络信息理解。自动控制系统和智能机器离不开环境感知信息和知识。计算机对环境感知信息，如视觉和听觉信息的理解能力远远落后于人类。互联网是一个极复杂的人、机器和社会交互系统，研究互联网上用户和信息的发展规律，有效地搜索和利用网上的信息和知识，对国民经济和社会发展、国家安全等具有重要意义。

4）智能机器人。智能机器人是多种自动化技术和智能技术的集成平台，在资源探测、国防安全、经济发展、日常生活、人类健康等领域具有广阔的应用前景。我国的研究水平和先进国家相比，在基础理论和应用技术方面差距较大，特别在产业化相关领域，如航空航天、汽车制造等。而在部分新兴领域，如医疗机器人、仿生机器人、服务机器人等，我国与先进国家基本处于相当水平。

鉴于我国在基础理论和产业化技术上整体落后于西方发达国家，而在新兴领域差距不大或水平基本相当的情况，在自动化学科总体发展布局上，可以采用以点带面、重点突破的方式。在新兴领域，紧跟国际前沿发展水平，重视创新；在传统领域，借鉴国外先进水平，在部分领域重点突破，带动相关基础工业的发展，在整体水平上逐步缩小与发达国家的差距。

四、半导体科学与信息器件

半导体科学与技术是20世纪50年代随着新技术的发展而逐步形成的一门新兴学科。它是信息科学的基础、电子科学的先导，它的发展促进了第三次科学技术革命，特别是推动了计算机、通信、自动化的发展和太阳能的利用。目前它已形成为一个重要的产业，仍然处于非常有生命力的蓬勃发展时期。

近年来，半导体科学技术与物理、化学、材料和生命学科的交叉渗透日趋广泛深入，新的研究方向不断涌现。在半导体科学与信息器件各主要分支领域中，半导体晶体与薄膜材料、集成电路设计与测试、半导体光电子器件等研究形成了一定的规模优势。半导体电子器件、半导体物理、集成电路制造与封装尚有进一步发展的空间。而半导体微纳机电器件与系统、新型信息器件等领域还需要进一步培育和扶植。

“十一五”期间，基金委优先资助了太阳电池材料与器件、太赫兹器件、纳米器件与技术、宽禁带半导体材料与器件、SoC等方面的研究。

根据近几年自然科学基金的申请态势，射频与数模混合集成电路设计、微纳光机电器件与技术、片上网络芯片设计、低维量子结构材料与器件、宽禁带半导体材料与器件、自旋电子学、薄膜电子学、光伏器件和半导体固态照明将会成为今后几年的研究热点。特别是刚刚兴起的物联网概念，呼唤着面向物联网的专用芯片研究，涉及射频芯片、传感器芯片、低功耗技术、嵌入式处理器芯片及相应的SoC与片上网络（NoC）和封装系统（SiP）技术等。这些领域在今后5～10年应该考虑重点布局。

五、光学与光电子学

光学是物理学的一个分支，光电子学是光学与电子学相结合的产物，它将电子学使用的电磁波频率提高到光频，产生了电子学不能实现的许多新功能，形成信息科学的一个重要方向。

在光学与光电子学各主要分支领域中，光学信息处理、光子与光电子器件、传输与交换光子学、激光等分支领域申请项目数比较集中，形成了一定的规模优势。红外物理与技术、非线性光学与量子光学、应用光学、光学和光电子材料、生物医学光子学申请项目数尚有进一步发展的空间。而光谱技术、空间光学、大气与海洋光学、交叉学科中的光学问题等领域还需要进一步培育和扶植。

“十一五”期间，基金委优先资助了量子信息与量子器件、光信息处理与显示技术、先进光子学技术等方面的研究。

根据近几年申请态势，高速光通信技术与器件、高密度信息存储、显示材料与器件、红外探测与太赫兹技术、光谱技术、空间光学、大气与海洋光学、交叉学科中的光学问题等，以及面向健康和生命科学研究的光学和光子学技术将会成为今后几年的研究热点。特别是随着高性能计算机的发展，片上光互连技术呼之欲出；人们对分组交换的全光网络的追求呼唤着大容量、低能耗的高速光电子集成芯片；随着量子通信的不断发展，人们开始将注意力转向量子计算；微制造技术（micro-fabrication）在过去的 20 年里取得了突飞猛进的发展，不仅直接导致了微电子技术的快速发展，也推动微纳米光学、器件以及系统的发展，光存储、光通信、光显示、激光器、激光材料等多个光电子产业的发展都进入到微纳光学领域，并且影响到整个光学以及其他学科的发展。微纳米光学不仅成为目前科学与技术的前沿，而且由于微纳光学对于光电子产业发展的巨大推动作用，它也成为各国政府、科学界及企业界高度重视的领域。这些领域在今后 5～10 年应该考虑重点布局。

第五节　交叉学科发展布局与重点发展方向

交叉学科是基金委未来重点加强的方向，也是最有可能产生原始创新的地域。根据《纲要》的总体部署及我国信息科学发展的具体现状和特点，信息领域将与数学、物理学、生命科学、材料科学、地球科学、空间科学，人类行为学、心理学、经济学等学科进行大跨度交叉研究，将优先资助以下 5 方面的跨学科研究。

（1）生命信息检测与解读

生命信息检测与解读研究内容包括生物芯片、可植入式微型电子生理装置、生物医学光子学检测、分子成像与癌症等重大疾病的早期诊断、生物电磁环境效应、生命信息解读与系统分析。

（2）量子计算与量子调控

量子计算与量子调控研究内容包括基于量子点，超导、微腔和离子阱等的计算部件和原理样机；固态物理体系量子处理器的制备、操控和信息读出等基本过程的物理问题；微腔和冷原子体系用于研制量子仿真实验平台的相关问题；量子编码、量子算法等基础理论问题；消相干过程和容错量子计算的基础问题等。

（3）基于光电子的精密测量

基于光电子的精密测量研究内容包括探索精密测量的物理限制与突破现有极限的新概念与新方法；实现单分子与单量子器件的超灵敏、超精密调控；探索单光子探测技术向量子极限跨代发展的科学基础和量子调控新技术；发展时频域高精度与亚波长空间高分辨相结合的光电信息探测与调控技术；精密测量凝聚态物质中原子尺度的超快过程；实现分子中电子波包的操控与成像的新原理和新技术等。

（4）空天信息网络基础

空天信息网络基础包括探索集多元空间信息感知、大尺度时空基准、广域通信网络与信息分发、星际远程控制等功能为一体的综合信息网络，有效支撑载人航天与嫦娥计划、高分辨率对地观测等重大需求，为远海、空间、乃至深空应用奠定科学基础。其研究内容包括空天地网络体系结构；高速高动态信息传输方法；空天地网络时空基准；空天地网络协同协议与空间互联网；临近空间网络、分布式协同空管演示示范。

（5）面向社会发展的群智计算

面向社会发展的群智计算研究内容包括算法网络理论，以计算思维刻画并解释人-机-物交互；人类行为学计算模型、机理与技术，如群智计算、万维学；机-物社会的计算模型、机理与技术，如车载交换网、物联网；国民信息核算体系的基础理论，包括核心概念、基本度量、计算过程、场景模拟预测，科学地评价信息化进程。

第六节　优势学科与薄弱学科的平衡问题

目前，电子学与信息技术学科中电子学的发展较为滞后，而信息技术属于优势学科。今后的指导原则是支持优势学科与扶持薄弱学科并重，推进学科自身纵深发展和以学科交叉促进新兴学科发展并重，瞄准学科发展前沿与满足社会经济发展需求并重，努力实现我国基础研究学科体系的全面协调发展。

第五章

信息科学学科优先发展领域与重大交叉领域

第一节　遴选优先发展领域与重大交叉领域的基本原则

遴选优先发展领域与重大交叉领域的基本原则是自主创新，重点跨越，支撑发展，引领未来。自主创新，就是从增强国家创新能力出发，加强原始创新、集成创新和引进消化吸收再创新；重点跨越，就是坚持有所为、有所不为，选择具有一定基础和优势、关系国计民生和国家安全的关键领域，集中力量，重点突破，实现跨越式发展；支撑发展，就是从现实的紧迫需求出发，着力突破重大关键、共性技术，支撑经济社会的持续协调发展；引领未来，就是着眼长远，超前部署前沿技术和基础研究，创造新的市场需求，培育新兴产业，引领未来经济社会的发展。这一方针是我国半个多世纪科技发展实践经验的概括总结，是面向未来、实现中华民族伟大复兴的重要抉择。

根据我国社会发展对信息技术的需求，我国信息科学发展的现状和特点及信息科学学科自身的发展规律，基金委信息科学学科在未来 5～10 年内，将聚焦在以下 16 个优先发展领域（表 5-1）和 5 个重大交叉领域开展系统性研究（表 5-2）。

表 5-1　16 个优先发展领域

序号	16 个优先发展领域
1	新型信息材料与器件
2	纳米级集成电路
3	微纳光子器件与光电子集成
4	太赫兹与新型红外、毫米波器件
5	高分辨率探测成像
6	强场与超强场激光技术
7	传感网络与仿生感知基础
8	未来无线通信理论与技术
9	低功耗艾级超级计算、新型计算系统

续表

序号	16个优先发展领域
10	网络计算
11	软件技术基础
12	网络数据挖掘与理解
13	网络与信息空间安全
14	多机器人协调与仿生机器人
15	复杂控制理论与技术
16	复杂系统与复杂网络

表 5-2　5个重大交叉领域

序号	5个重大交叉领域
1	生命信息检测与分析
2	量子计算与量子调控
3	基于光学与光电子的精密测量
4	空天信息网络基础
5	面向社会发展的智能计算

第二节　优先发展领域

一、新型信息材料与器件

（一）背景与意义

以硅基CMOS集成电路为基础的微纳电子技术科学，近50年来一直沿着摩尔定律高速发展。然而，随着集成电路的核心元器件尺寸及制造工艺进入纳米尺度，硅基CMOS技术面临着功耗控制、性能提升、可制造性保证等众多严峻的挑战。因此，经济和科技的双重因素已使微纳电子科学技术逐渐步入后摩尔时代。

器件是集成电路的核心元件，因此，新型信息器件的研究是保障微纳电子在后摩尔时代持续发展的重要支撑。目前，各国都开始加大在后摩尔时代技术的新型信息材料和器件研究的投入力度，在国际上有多个业界联盟或科研规划团体在关注后摩尔时代的新型信息器件的研究。新型信息器件的研究包括两方面：一是基于新型结构和新型工作原理的非经典硅基器件，二是基于新材料新原理的非硅基新型信息器件。

进入后摩尔时代后，集成电路技术受限的两个主要瓶颈是功耗和可制造性。功耗过大的一个主要因素是器件泄漏引起静态功耗的急剧增加。可制造性难度增加使得集成电路制造成本上升，技术发展受到的经济限制日益显著。新型围栅器件是重要的解决途径，如硅基纳米线器件在拥有更容易和现有 CMOS 技术兼容的加工工艺的同时，能够有效减小泄漏电流，而且其高密度的制造能力可以为 more Moore 应用的其他器件和模块的融合提供更为强大的支撑。另外，基于传统金属氧化物半导体场效应晶体管（MOSFET）开关原理的器件的亚阈斜率在室温下极限值为 60mV/dec，这是造成纳米尺度器件动态功耗和泄漏功耗增大的重要因素。因此，研究亚阈值斜率低于 60mV/dec 极限的新机制器件（如隧穿器件，悬栅器件等）是突破后摩尔时代功耗限制的重要途径，已引起广泛的关注。与此同时，未来 10 年在集成电路技术逐渐步入后摩尔时代的同时，信息系统发展也将由先前的计算密集型向以云计算为代表的存储密集型转移。这种转移使得现有存储器难于满足后摩尔时代存储技术对大容量、多样性、高速高宽带以及低存储能耗等更高的要求，因此研究替代现有静态随机存取存储器（SRAM）、DRAM 和 Flash 等技术的新型存储器件（如 RRAM、PCRAM、磁性随机存储器（MRAM）、单电子存储器件等）是后摩尔时代新型器件研究的核心内容之一。

从长远发展来看，发展新型材料器件是突破现有硅基 CMOS 技术面临严峻的挑战，从而开创全新的后摩尔时代的必然途径。如采用具有较高本征迁移率的非硅基材料（如 Ge 和 III-V 族材料、碳基沟道材料）的新型器件是后摩尔时代控制功耗、增强性能的主要手段。与此同时，more Moore 发展趋势所决定的功能多样化目标通常需要同时集成光电转换和探测的模块、高频大功率应用模块、新原理信息处理模块、气体和生物传感器模块等。硅基器件很难满足这类模块的特殊技术要求，因此，开展针对上述模块应用的非硅基半导体器件（如 SiC、GaN 器件等）的研究是实现后摩尔时代集成电路功能和价值提升的重要基础之一。近年来，基于纳米结构材料、无机或有机分子的纳电子器件逐渐被各国科学家所关注，并期望其通过自下而上途径与自上而下技术结合，解决硅基器件所面临的问题。这些新材料信息器件有望成为硅基 CMOS 的重要替代技术，包括：①碳纳米管和石墨烯作为新型电子材料，具有独特的电子结构和电学特性，可成为构筑纳电子器件的基础材料，在纳电子学领域具有重要的应用前景，甚至有可能实现全碳的碳基电子器件和电路；②有机电子器件（包括有机逻辑器件和有机存储器件），具有低成本、柔性、超薄轻质等特点，表现出巨大的应用潜力。进入后摩尔时代，有机电子器件的应用将远远超出显示设备的领域，将广泛地应用在信息显示、光源和照明、太阳能等众多领域。

与此同时，基于全新逻辑计算和存储原理的新型信息器件也将在后摩尔时代得到快速发展，针对它们的研究将突破器件概念和理论、产生全新功能的器件和集成电路，为后摩尔时代集成电路技术开辟新的发展道路。极具应用潜力的新原理信息器件主要包括：①自旋电子器件，它是通过控制电子自旋而非传统的电子电荷实现载流子输运的全新器件。利用半导体电子的自旋方向作为信息传输的 0 和 1，只需要很小的电流即可实现 0 和 1 之间的转换，从而实现高密度的存储和超高速的运算。与传统器件相比，它们具有更快的数据处理速度与小得多的功耗，从而解决目前微电子学进一步发展面临的难题。②单电子器件，其运行机制主要是库仑阻塞和电子隧穿。由于单电子晶体管的尺寸小，实现开关转换仅需一个电子，因而具有高速、低功耗等优点。③激子光学器件，它利用光子替代电子作为信息传递的载体。由于光束可以互不干扰的互相穿越，因此避开了摩尔定律的困扰。而且由于光子携带和传递信息的能力也远远强于电子，可望实现互连密度高、运算速度快、信息存储容量大、能量消耗小，散发热量低的芯片。因而利用光子作为信息的载体是解决目前以电子传输作为信息载体的集成电路存在的发热严重、加工困难、电磁干扰等问题的有效途径。

（二）研究目标与科学任务

新型信息材料与器件这一领域的研究目标是探索后摩尔时代的关键器件，研究相关材料、物理特性和集成工艺。这一领域的主要科学任务是研究在后摩尔时代适于功耗控制及大规模制造要求的硅基纳米线器件、突破功耗瓶颈的超陡亚阈斜率器件、应对信息社会存储技术新需求的新型存储器件、满足后摩尔时代高性能或者功能多样化需求的高迁移率材料及宽禁带材料非硅基半导体器件、适合平面工艺和未来大规模集成的碳基材料与器件、有机/聚合物器件，有机太阳能电池、基于新型原理的自旋电子材料和器件、单电子器件及激子基光电子器件等。

（三）关键科学问题

1）硅纳米线器件工艺制备与集成技术，物理问题分析，涨落与寄生量控制技术。

2）超陡亚阈斜率器件工作机理和工艺制备技术，工作电压降低和开态电流增强技术。

3）RRAM、PCRAM、MRAM 等新型存储器件的材料、工作机理和工艺制备技术，与 CMOS 兼容的集成，可靠性增强技术等。

4）高迁移率材料及宽禁带材料等非硅基半导体材料的特性、制备技术、工作机理、物理效应、器件设计和工艺集成技术。

5）碳基纳米材料的生长机理及大规模的可控制备及表征技术，碳基纳米材料器件及工作机制、关键性能表征、碳基器件集成及可靠性问题。

6）可工作于室温的激子型发光器件、激光器件、光逻辑器件及光电探测器件的材料研究和器件实现。

7）自旋电子器件、单电子器件等材料、器件制备工艺，工作机理及可控性技术，器件集成及可靠性问题。

8）有机/聚合物器件、有机太阳能电池等器件理论、器件设计和工艺制备技术、可靠性及性能提高技术。

（四）研究方向

1. 多栅硅纳米线器件

这一研究方向包括：

1）纳米尺度下硅纳米线的物理特性的理论和实验研究，以及其模型和模拟。

2）和 CMOS 兼容及与其他新技术融合的集成技术。

3）硅纳米线的可靠性和电路应用。

2. 超陡亚阈斜率器件

这一研究方向包括：

1）超低功耗新工作机制器件设计与研究。

2）基于新工作机制的器件的可靠性及电路应用。

3. 新型存储器材料和器件

RRAM、PCRAM、无电容式 DRAM、MRAM 等新型存储器材料和器件的研究主要包括：

1）材料的特性和制备技术，包括存储机理、制备工艺、表征方法、CMOS 兼容集成工艺等。

2）器件结构和阵列架构，包括器件结构设计、操作机制和阵列架构设计、串扰抑制等。

3）器件特性和可靠性，包括表征测试方法、退化机理、寿命预测和可靠性提升等。

4. 非硅基半导体材料和器件

Ge 和Ⅲ-V 族沟道材料器件及其栅叠层材料研究主要包括：

1）高 K 栅介质与 Ge、Ⅲ-V 族沟道材料的界面特性及其对费米能级钉扎和载流子迁移率的影响和机理。

2）适于Ge器件和Ⅲ-V族沟道材料MOS器件的高K栅介质材料及其集成工艺技术，并分析其电学性能及可靠性问题。

3）Ge和Ⅲ-V族沟道材料器件的新型源漏结构及其工艺技术。

4）高性能Ge和Ⅲ-V族沟道材料器件与CMOS工艺异质集成技术。

5. 宽带隙材料和器件

这一研究方向主要包括：

1）SiC及GaN等化合物半导体材料特性与生长技术。

2）器件设计和集成工艺研究，主要包括器件原理研究与实验设计，材料特性（如极化、逆极化等）对器件的特性影响。

3）与CMOS工艺异质集成技术，包括基于硅衬底的材料生长技术、与CMOS器件的串扰和隔离技术、器件测试与表征技术、可靠性等。

6. 室温激子基光电子材料与器件

这一研究方向主要包括：

1）能够实现室温激子型器件的半导体材料。

2）激子型发光、激光及光逻辑与运算器件光电探测器件的原理与实验设计。

3）光子与激子的相互转化过程与机理。

7. 有机/聚合物电子、光子器件、有机半导体激光、有机太阳能电池等

（1）有机/聚合物电子器件研究方向

1）有机材料的特性和制备技术，包括高性能N型有机材料制备、载流子电输运特性、材料有序性制备和分子极性控制技术等。

2）迁移率增强技术，包括器件设计、材料杂质和缺陷控制研究、晶界效应及有机分子取向影响等。

3）低工作电压低功耗，包括有机半导体的导电机制、微结构以及有机电子与电极接触机理和工艺等。

（2）有机/聚合物光子器件研究方向

1）有机半导体电学掺杂物理。

2）表面等离子体基元（SPP）能量转移物理及在有机光伏材料（OPV）中的应用。

3）有机自旋注入和传输物理。

（3）电泵浦有机半导体激光器研究方向

1）有机薄膜的载流子迁移率。

2）高性能的有机激光材料。

3）有机激光器件的光损耗及光束质量。

4）有机激光器件的微观物理过程。

（4）有机太阳能电池研究方向

1）高迁移率、宽光谱吸收窄带隙有机半导体材料的设计与合成。

2）电荷分离与传输的物理机制。

3）影响电荷提取的因素及其改善方法。

4）大面积化加工方法。

5）薄膜封装技术。

8. 碳基纳米材料器件

这一研究方向主要包括：

1）碳基纳米材料可控的、大规模制备及表征技术。

2）基于碳基纳米材料的新型器件和机理。

3）碳基纳米材料器件集成的关键问题及可靠性。

4）碳基器件可靠性。

9. 自旋电子器件

这一研究方向主要包括：

1）自旋材料及加工技术。

2）自旋器件的关键技术：研究自旋器件中自旋极化产生、注入、输运、放大和检测的方法，研究如何有效控制自旋状态及其变化。

3）自旋器件及机理。

10. 单电子器件

这一研究方向主要包括：

1）单电子器件的材料特性及加工技术。

2）大规模、可控制备单电子器件的关键技术。

3）室温单电子器件集成和应用。

二、纳米级集成电路

（一）背景与意义

随着高性能计算、移动通信、卫星导航、物联网、生物医疗等前沿技术的蓬勃发展，对作为其基石的集成电路技术提出了更低功耗、更高集成度、功能更多样性的要求。进入后摩尔时代的纳米级集成电路与系统的发展趋势是面向应用系统要求、发展多功能集成和异质集成的 SoC 或 SiP 技术，注重技术融合和创新，实现系统的高性能/功耗比、低成本及功能的多样性。近年来，纳米级集成电路研究的领域不断扩展，它的一些研究热点和进展叙述如下。

1）使用硅通孔技术（TSV）实现 3D 集成。通过使用 TSV 可以实现较短的互连，使芯片上的信息传递距离大大缩短，同时，增加大量信息传递通道，并为多功能异质集成奠定了制备基础。

2）微纳机电系统（MEMS/NEMS）技术。它可以将处理热、光、磁、化学、生物信息的结构和器件通过微纳加工技术制作在芯片上，并通过与电路乃至相互之间的集成来构筑的微型系统，形成复杂的广义 SoC。微纳机电系统技术具有广泛的交叉性和渗透性，可以与多种学科进行融合。它和基于 TSV 的三维集成技术一样，是异质系统集成的支撑性技术。

3）面向后摩尔时代的新型器件层出不穷，集成电路研究需要和器件研究进行更深层次的交叉融合，探索新型的集成电路与系统。例如，新型忆阻器件，惠普公司在 *Nature* 上撰文报道了利用新型忆阻器建造类似人脑计算机的概念，如果成为现实，无疑是微电子技术领域的重大进展。另外，忆阻器技术还是实现高密度存储器、现场可编程门阵列（FPGA）是最具希望的技术之一。

4）毫米波和太赫兹技术在无线通信、无源成像和探测、生物医疗检测、遥感、反恐和雷达等众多领域有着广泛应用，但是受限于传统化合物半导体工艺的限制，很难实现低成本、大规模的应用。硅基毫米波和太赫兹技术是传统微波技术和微电子技术的交叉和融合，低成本、低功耗的硅基毫米波和太赫兹技术开启了毫米波和太赫兹技术大规模应用的大门。

5）集成传感技术是后摩尔时代集成电路与系统技术交叉和融合的一个典型代表，在一个传感系统中可以包括传感器、嵌入式 CPU、存储器、无线收发机、能量获取和转换芯片等，利用三维集成技术，可以实现传感系统的异质集成，降低成本和功耗。传感技术正经历着一个从传统传感器→智能传感器→嵌入式网络传感器的内涵不断丰富的发展过程。

6）面对低碳经济的要求，新的能量获取技术和高效节能技术方兴未艾。一方面，未来无所不在的传感器网络不仅需要低功耗技术，而且更需要发展新型的能量获取技术，以获得“自我供电”（self-powered）的能力，从而为传感器网络的大规模应用奠定基础；另一方面，面向生物医疗应用的可植入人体内的生物芯片，必须具备将生物/化学能转换为电能的能力，从而开启生物芯片的实用化大门。此外，对于传统能源系统，还需要通过包括新型智能传感技术在内的多种新技术融合手段，实现对能源的使用、调节和调度的智能化、自适应化管理，从而升级改造传统能源系统，对“节能减排”和“低碳经济”提供技术层面的有利支持。

7）物联网概念是站在生产方式、生活方式和经济发展方式变革的高度，推动互联网、传感器网络和物流网技术的融合和发展。集成电路与系统作为物联网概念的硬件载体，应当围绕物联网推动的技术融合开展研究，探索研究物联网物理节点的基本构成。

总而言之，集成电路与系统仍是一个充满活力的研究方向，在整个 21 世纪都将是研究的热点。因此，需要国家在集成电路与系统的基础研究和应用基础研究方面投入更多支持，以促进我国集成电路产业的高速发展。

（二）研究目标与科学任务

1. 研究目标

该领域的研究目标是面向应用系统要求、发展多功能集成和异质集成的 SoC 或 SiP 技术，注重技术融合和创新，实现纳米级集成电路系统的高性能/功耗比、低成本以及功能多样性。

2. 科学任务

该领域的科学任务包括发展二维、三维集成技术，实现集成度更高、功能更加多样性的集成电路系统；基于后摩尔时代的工艺、器件及集成技术，发展集成电路设计方法、验证与测试方法；面向传感器和毫米波/太赫兹、物联网等技术的应用背景，探索集成电路与其他的技术融合；基于新型的纳米级功能器件，提出创新的集成电路与系统；以强大的前沿应用为前导，解决集成电路应用面临的关键技术问题；发展低能耗技术和新型的能量转换技术。

（三）关键科学问题

纳米级集成电路领域的关键科学问题包括：

1）异质系统集成技术新原理和新工艺。

2）纳米级集成电路与系统设计方法、验证与测试方法。

3）微纳尺度下信息获取中的噪声起源及其抑制。

4）纳米级信息处理和存储技术新原理和新方法。

5）新型传感原理和极低功耗设计技术。

6）低能耗新原理和高能量转换效率机理。

1. 纳米级集成电路系统集成技术与设计方法

该研究方向包括：

1）纳米级集成电路系统集成技术。

2）三维多功能微纳系统集成技术。

3）微纳复合加工与集成技术。

4）纳米级集成电路设计方法。

5）纳米级集成电路测试与验证方法。

2. 新型信息处理和存储技术集成研究

该研究方向包括：

1）新型CPU/数字信号处理器（DSP）技术。

2）下一代FPGA技术，基于纳米级先进器和工艺研究高密度的FPGA。

3）新型存储器及阵列集成技术。

4）基于新型功能器件的信息处理集成电路技术。

3. 嵌入式传感技术研究

该研究方向包括：

1）新型传感器研究，包括与硅基工艺相兼容的MEMS/NEMS传感器技术、基于纳米级器件的新型传感器技术等。

2）基于MENS/NEMS的高性能生化微纳机电系统，以及网络化微纳传感器节点技术。

3）面向生物/医疗等应用的新型传感器电路与系统等。

4）面向物联网应用的网络节点芯片技术。

5）硅基毫米波/太赫兹图像传感器技术。

6）智能化、双向互动的人机界面电路与系统。

4. 新一代有线/无线通信芯片关键技术研究

该研究方向包括：

1）新一代无线通信射频集成电路关键技术。

2）新一代高速串行接口芯片关键电路技术。

3）硅基毫米波无线通信芯片关键技术。

4）采用MEMS/NEMS技术的高性能RF关键器件。

5. 新型能量获取技术和高效节能技术

该研究方向包括：

1）高效太阳能获取、存储及转换技术。

2）高效生物能和化学能获取技术，如利用人体体液中 ATP 的能量转换电路，从而为植入人体内的生物芯片的应用奠定基础。

3）MEMS/NEMS 片上微能源技术，如基于异质集成系统的实现对微弱机械能转换成电能的技术等。

4）高效 LED 照明技术，以及高效纳米级驱动电路等。

5）能源改造技术。

三、微纳光子器件与光电子集成

（一）背景与意义

随着现代社会信息化和科学技术的高度发展，超大容量信息的高速加载、处理、传输和存储是目前世界各国普遍高度关注的研究热点之一。以微电子技术为基础的计算机技术和以通信技术为代表的电子信息技术引发了一场改变人类生活和工作的信息化革命。但受到传输延迟瓶颈效应的限制，其速率已开始受到制约。与微电子技术发展并行的另一门高新技术——光电子技术，在大容量信息的高速传输，实时、高速并行处理与交换上正显现出巨大的潜力和优势，将成为 21 世纪信息技术的重要支柱之一，推进人类社会信息化和光电子高新技术产业化更快地向更高的水平发展。

21 世纪全面进入信息时代，其量化标志为三"T"，即：信息传输速度将达到每秒万亿比特（Tbit/s），计算机的数据处理速度达到每秒万亿次（T/s），单片存储器的存储容量将达到每平方厘米万亿字节（TB/cm^2）。三"T"模式将成为人类数字化活动的最显著标志。这一切都离不开光电子技术的运用。

与微电子技术发展类似，光电子技术也同样走过分立器件、集成器件和功能芯片之路。21 世纪，激光理论、光波导理论、非线性光学理论的发展，先进光电子材料微加工技术的突破为微纳光子器件与光电子集成开启了通向大规模光电子集成的大门。

微纳光子器件及光电子集成，是当前光学乃至现代科学技术发展中具有重大科学意义和应用前景的前沿研究领域。微纳光子学直接引发了光物理学与微尺度技术的融合，呈现出层出不穷的新现象和功能，极大地促进了微纳光物理学、器件及系统的发展。目前光存储、光通信、光显示、激光器及其相关器件与材料等多个光电子产业都已经进入到微纳光子学范畴。微纳光子学已经成为诸多光学问题的优先解决方案。例如，微纳光子结构可以提高光能利用率，为目前大力提倡的“节能减排”作贡献；微纳光子学器件具有丰富的色彩控制能力，可以广泛应用于从娱乐产业到高端显示、防伪、印刷等工业应用领域；微纳光子学新原理，可催生新一代光盘技术，突破当前光信息存储的密度限制等。微纳光物理学的影响已经波及整个光学及其他学科和技术领域。微纳光子学近期已成为*Nature*或*Science*等国际学术刊物的热点报道内容，其对于光电子产业发展的巨大推动作用已被各国政府、科技界以及产业界高度重视。美国、日本及欧盟等发达国家和地区不仅在微纳光子学的基础研究领域力量雄厚，投入巨大，而且其研究成果产业化体系已经完备，在微纳光子学领域处于领先地位。

实现真正微纳光电子集成，尚有很多关键科学问题和关键技术亟待突破。光电子集成器件中的各种组件如光源、放大器、微透镜、分光器、波长转换器、隔离器、滤波器、光波导、耦合器、调制器、探测器、传感器等都需要在微纳尺度上对其原理、材料、器件、集成技术等进行深入研究，为大规模光电子集成奠定基础，从而实现人们像操控电子那样操控光子的梦想。

（二）研究目标与科学任务

1. 研究目标

该领域的研究目标包括研究微纳光子器件与光电子集成物理与理论，研制新型微纳光子器件，发展兼容性强的微纳光电子集成技术，尤其是面向超高速光网络，研究光源、传输、交换、传感等核心器件与集成技术。

2. 科学任务

该领域的主要科学任务包括：

1）微纳光子器件理论和编码技术，微纳光学结构和光电子集成技术。

2）表面等离子体光学（plasmonics）及其微纳光刻应用。

3）光-光相互作用的超快非线性动力学问题和微波与光波的相互作用，低成本光生微波技术和射频光发送与光调制的新机理、新方法。

4）研究超高速电-光/全光采样技术、超高速光数据复用技术、超高速数据检测和校准技术和高重复频率（>100 吉赫兹）高稳定（包括波形和光谱稳定）低抖动（低相位噪声，RMS 抖动<100 飞秒）采样脉冲源产生技术，形成超宽带超高速电-光/全光采样系统及关键技术。

5）光纤传感新机理、大规模光纤传感网络理论与实现技术、恶劣环境下光纤传感技术和监测网络结构设计，以及时分波分复用组网技术。

（三）关键科学问题

微纳光子器件与光电子集成技术发展面临的关键科学问题包括：

1）微纳结构半导体激光光源及集成技术。

2）微纳光子器件理论、数字编码技术及微纳器件加工技术。

3）表面等离子体光学及其微纳光刻应用技术。

4）基于新型功能材料的超高速光通信系统中全光交换器件及集成技术。

5）低成本光生微波技术和射频光发送与光调制的新机理、新方法。

6）新一代光纤传感关键器件技术及应用。

（四）研究方向

1. 基于微纳结构的半导体相干和非相干激光光源及集成技术

该研究方向主要包括：

1）研究介质及半导体微纳结构与半导体激光器等相干和非相干光源的集成技术。

2）研究相干垂直腔面发射光源阵列技术。

3）研究实现亚波长限制结构的半导体激光器的新机理和方法，研究多种微纳结构的理论仿真、制备技术、操控光子的光场相干控制技术、高速调制及测试技术。

4）研究纳腔激光器的能量传输机理、腔Q值与腔结构参数的关系及实现低阈值工作的纳腔结构的设计，研究控制纳腔激光的调制速率的方法，研究耦合纳腔阵列与输出功率的关系及实现纳腔激光的电泵浦室温工作。

2. 微纳光子器件理论、数字编码技术及微纳器件加工技术

基于模式理论的编码技术，建立新型微纳光学编码理论，解决诸如偏振透镜的编码问题，实现对单一偏振光透镜成像功能等。微纳光子器件的核心就是编码技术，编码技术本质上就是将数字化编码技术引入到微纳光学科学中，将纳米结构进行数字化编码，通过微纳结构的数字编码，实现光场的数字化控制，发展出新的微纳光学技术路线。这种控制可以是振幅型的，也可以位相型；可以是宽度的调制，也可以是深度的调制；可以针对单波长调制，也可以针对宽谱多波长；调制材料可以是介电的，也可以是金属的，或者其他材料。微纳结构的数字化控制可以采取多种多样的方式，实现丰富多彩的微纳光学功能，包括偏振分束器件、高效率衍射、分束器件、减反微纳光学结构等。就像数字电

路是模拟电路的发展方向一样，数字微纳光子学也将是微纳光子学的发展方向。其科学问题包括数字纳光子学的基本编码科学问题；数字纳光子学的光栅编码方案；开发出新型的数字微纳光电子器件，如偏振透镜等，并取得实际应用。

3. 突破光学衍射极限及其纳米光刻应用技术

突破光学衍射极限需要大力发展超分辨技术。超分辨技术是指突破瑞利衍射极限的技术，一直是光学领域的主要研究课题。目前已经发展出多种超分辨技术，如远场超分辨和近场超分辨技术等。近场超分辨技术主要包括表面等离子体激元技术、近场光学显微镜技术、超分辨近场结构技术、固体浸没透镜技术等，远场超分辨技术主要包括超分辨位相板技术、径向偏振光技术、多光子吸收技术等。但各项技术目前都存在各自的局限性，需要深入研究突破衍射极限的光学行为和物理机制，发展新型超分辨技术，特别是不依赖于高数值孔径（NA）系统（如浸没式系统，NA＞1）和极短波长（如极紫外线）的近场超分辨技术，突破远场和近场分辨率极限。这其中包括几个重要研究方向：①表面等离子体光学；②远场与近场超分辨技术的结合；③利用材料特性来获得超分辨效果。

4. 基于新型功能材料的超高速光通信系统中全光交换器件及集成技术

该研究方向主要包括：

1）探索用于光电子器件的新型功能材料的研究和制备，实现满足高性能光电子器件的新型高电光性能光功能材料的组分结构优化，并对其相关的特性进行测试和表征。

2）设计超高速光通信系统中全光交换器件结构，实现满足下一代全光网络光交换要求的新型光电子器件技术，探索光电子器件技术中高速光交换的原理等前沿科学问题。

3）研究器件封装和集成化技术，解决器件抗温度和外界的扰动等影响的固化工艺和标准化封装集成关键技术，适应下一代高速光通信网络的大规模应用的需求。

5. 低成本光生微波技术和射频光发送与光调制的新机理、新方法

该研究方向主要包括：

1）研究探索光子协助的低成本的光生微波/毫米波技术的新机理和新方法，研究各种调制形式（包括脉冲和连续）的光生微波/毫米波技术的产生，构建高性能、多频段的光生微波/毫米波技术模块。

2）基于无源光网络结构的光载无线通信（ROF）系统技术，包括副载波/波分复用多址接入技术、光拍频噪声抑制技术、射频的光发送技术和组网技术。

3）基于ROF的无线接入演示平台，对有关的单元技术和功能模块进行系统验证和性能测试，并进行业务高速传送的验证和演示。

6. 新一代光纤传感关键器件技术及应用

该研究方向主要包括：

1）针对新一代光纤传感系统的应用需求和激光技术的发展现状，开展激光新机理、新方法、新技术等的新一代光纤传感器件应用基础研究，运用如新型有源介质、线宽压缩、非机械调谐、吸收光谱稳频等核心原理和措施，解决高功率单频光纤激光和高速宽带可调谐激光的核心科学问题——单频窄线宽、高频率稳定性、高功率、高速波长调谐，突破高功率单频光纤激光和高速宽带可调谐激光的发展瓶颈。

2）围绕新一代光纤传感的超高精度、超长距离传感检测需求，开展传感网络中需要的如大功率单频光纤激光器等相关关键器件的原理方案、器件工艺、关键技术等方面的基础研究。

3）围绕新一代光纤传感网络的超大规模组网需求，开展宽光谱高速波长解调器的技术方案、器件工艺、关键技术等方面的基础研究，运用如粗波分超宽光谱分解、快速MEMS可调谐滤波等核心原理和技术措施，解决大规模复用组网光纤传感器信号解调的核心科学问题——超宽光谱范围的快速高精度波长测量。

四、太赫兹与新型红外、毫米波器件

（一）背景与意义

红外、毫米波与太赫兹都是电磁波谱的一部分。红外波长范围从0.75～1000微米，频率范围为0.3～400太赫兹；毫米波波长范围为1～100毫米，频率为30～300吉赫兹，即0.03～0.3太赫兹；太赫兹，是指频率在0.1～10太赫兹范围内的电磁波。它在长波段与毫米波重合，而在短波段与红外线重合。红外（尤其是中远红外）激光在军事、科学研究、环境和医学等相关战略高科技领域有着广泛和重要的应用。例如：3～5微米波段及8～10微米波段正是目前激光制导或探测等具有重要军事应用价值的激光工作波段；红外和毫米波的复合制导也已成为实现“超精确打击”的主要制导方式。太赫兹波是介于毫米波与红外光之间的电磁波，也被称为T射线。从物理学看，太赫兹波处于电子学向光子学的过渡区；从频域上看，太赫兹波覆盖半导体及等离子体的各特征能量、有机和生物大分子（如蛋白质和毒品）等的转动和振动能量等；从应用角度看，太赫兹波的频带宽、测量信噪比高、适合于信息领域的高空间和时间分辨率成像与信号处理、大容量与高保密的数据传输、射电天文探测、大气与环境监测、实时与安全的生物与医学诊断等。因而，太赫兹波在国民经济以及国家安全等方面有重大的应用价值。

国际上太赫兹科学技术研究及其应用最新进展可从2009年在韩国召开的国际红外与毫米波-太赫兹会议（IRMMW-THz）上看出。此次会议共有52个分会，其中，真空电子器件（回旋管等）13个，太赫兹辐射源6个，太赫兹检测3个，太赫兹成像和波谱11个，人工超材料（metamaterial）4个，太赫兹应用6个，太赫兹生物4个。大会共有10个大会特邀报告（plenary talk），其中，有关生物的报告有3个，有关太赫兹纳米技术的有2个。

近年来，随着太赫兹辐射源、太赫兹检测等相关技术的长足进步与发展，极大地推动了太赫兹科学技术在科学研究中的广泛应用。通过对太赫兹波的研究，能突破现有电子学和光子学的限制，产生新的理论、新的方法和新的技术，使人们对电磁波的认识上一个台阶，并加深对物质世界的认识。目前，太赫兹的应用已使生物、天文及材料科学等领域的研究工作取得重大进展和突破。

（二）研究目标与科学任务

1. 研究目标

该领域的研究目标是探索太赫兹与新型微波、毫米波和红外的辐射源、检测及相关器件，探索电路与系统的设计方法、建模、系统仿真和基片集成技术，为实现该领域器件、电路与系统的微型化、片式化、高性能、低成本奠定基础。

2. 科学任务

该领域的主要科学任务包括太赫兹理论与技术研究；太赫兹辐射源研究；太赫兹通信、成像和雷达技术研究；太赫兹与中远红外探测技术研究；中远红外激光与光电子新材料与新器件研究；异质材料毫米波集成电路及化合物半导体综合应用技术研究；器件设计方法、仿真方法及测试测量研究。

（三）关键科学问题

太赫兹与新型红外、毫米波器件发展面临的关键科学问题包括：

1）真空电子学太赫兹辐射源，新型光学和光子学太赫兹辐射源。

2）太赫兹辐射与探测新概念与新技术。

3）高功率太赫兹辐射源与雷达技术。

4）太赫兹量子级联激光器。

5）高灵敏度太赫兹与中远红外探测技术。

6）异质材料毫米波集成电路及化合物半导体综合应用技术。

7）中远红外激光与光电子新材料与新器件。

8）工作频率为太赫兹的芯片的研究。

这些关键科学问题攻关与技术创新直接瞄准国家战略高新技术发展的迫切需要，将带动太赫兹与新型红外、毫米波器件技术方面一系列原创性研究的突破。

（四）研究方向

该领域的研究方向包括：

1）真空电子学太赫兹辐射源。研究基于电子回旋受激辐射的太赫兹辐射源（太赫兹回旋管，该类太赫兹辐射源是目前唯一可实现千瓦级功率连续或脉冲输出的并具有10%～30%高转换效率的辐射源）；探索新型同轴双电子注太赫兹回旋管辐射机理；研究电子注在周期结构中的返波振荡和衍射辐射机理；研究电子注在扩展互作用腔中的辐射机理。

2）中小功率器件及基于微加工技术器件。

3）基于光学和光子学太赫兹源，研究进一步提高效率和频率可调的光学和光子学辐射源，探索新机理。

4）探索生长适合于太赫兹波段使用的（将毫米波倍频到太赫兹，或将光波转换到太赫兹的高效率的）新型晶体和晶体材料。

5）高功率太赫兹辐射源与雷达技术的研究。研究可调谐的kW级以上的太赫兹辐射源；研究太赫兹频段天线、雷达发射和接收的关键技术；研究太赫兹雷达成像的关键技术。

6）太赫兹辐射与探测新概念与新技术。探索研究电子学与光子学相结合产生太赫兹辐射的机理；研究电子束在亚波长孔阵列中互作用及衍射辐射现象。建立研究太赫兹电磁辐照下低维半导体和纳米量子体系的理论方法，研究太赫兹电磁波与半导体相互作用；研究半导体负有效质量太赫兹辐射源机理；研究半导体系统的太赫兹效应；研究石墨烯太赫兹物理；研究电磁辐照引起磁阻振荡和零电阻态现象；研究太赫兹辐射在介质中的传播规律。

7）太赫兹量子级联激光器。研究太赫兹量子级联激光器载流子—杂质、载流子—声子及载流子—载流子散射过程；生长太赫兹量子级联激光器外延材料；研究太赫兹量子级联激光器的器件工艺与测试表征方法。

8）高灵敏度太赫兹与中远红外探测技术。研究基于半导体多量子阱结构的红外和太赫兹辐射探测技术；研究石墨烯纳米带太赫兹探测新技术；研究基于超导结技术的高灵敏度太赫兹探测技术；探索常温下工作的高灵敏度太赫兹辐射探测技术。

9）异质材料毫米波集成电路及化合物半导体综合应用技术。生长化合物半导体异质结构材料；研究化合物半导体毫米波集成电路；研究毫米波和太赫兹波超高频器件；研究太赫兹三端电子器件。

10）中远红外激光与光电子新材料与新器件。研究中远红外波段激光产生的新机制与新效应；中远红外波段激光与光电子新材料与新器件；高平均功率中远红外波段激光的放大及高效率频率变换和高灵敏度探测；高能量超快中红外波段激光的产生与放大；中远红外波段超短脉冲强激光的高效率宽带可调谐技术；中远红外波段激光超短脉冲的脉宽压缩技术；中远红外波段激光载波包络相位稳定等参数的测量和控制技术等。

11）太赫兹在通信、成像和雷达等应用中的各种关键技术和各种关键功能器件，研究如各种调制器、传输系统等。

五、高分辨率探测成像

（一）背景与意义

探测成像主要以声、光、电、磁等作为探测手段，综合利用各种传感器、计算机、航空航天、导航定位等先进技术，获取目标的图像数据和信息。对地观测、空间（深空）探测、工业探测、军事侦察、社会安全、医学等领域不断增长的巨大应用需求对探测成像信息获取与处理理论、方法与技术提出了更高的要求。以美国和德国为代表发达国家在探测成像研究开发领域走在世界的前列，其研究成果对于其保持国防和基础工业的国际竞争力发挥着举足轻重的作用。我国探测成像的学术研究与应用开发水平日益接近国际水平，在对地观测、月球表面探测、医学成像等方面取得了重要进展，但在基础性理论和技术的研究方面仍处于被动跟踪研发状态。

一方面，探测成像是通过建立目标像空间与谱空间之间的密切联系而实现的，提高二维甚至三维宽谱域范围内精确、高分辨率，发展更为有效的目标数据获取理论与方法，是本领域的主要研究方向。另一方面，探测成像具有很强的应用目的并受到应用条件的制约，所获取的目标多维度谱域数据通常是不完备的，发展探测成像处理的理论与方法以准确获取目标几何和电磁参数、重建（反演）目标的物理参数（特征），是该领域当前的另一个主要研究方向。

近年来，应用数学和信号处理等相关学科和领域的新理论和新方法不断涌现。多学科交叉融合，发展了多维联合探测成像、智能探测成像以及低系统复杂度的探测成像新概念、新理论、新机制和新方法，突破了探测成像物理信息及其特征转换的高分辨率多维度探测成像的数据获取理论和探测成像信号处理方法，发展了智能（认知）探测成像的概念模型；在应用基础研究方面，发展了低可观测目标信息获取理论与方法和基于不同平台的探测成像新机制和新系统；在实验验证方面，构建了探测成像原理验证系统并完成相应的实验验证和应用示范。近年来，我国国家重大科技基础设施（如航空遥感系统）建设取得的显著进展，也为本领域开展前沿基础研究奠定了良好的基础。

（二）研究目标与科学任务

该领域的主要研究目标与科学任务包括：

1）利用声、光、电、磁及通过激励或物理特征变换反映被研究对象等信息，发展和提高在二维甚至三维宽谱域范围内精确、有效获取目标数据的探测成像数据获取理论与方法。

2）探索提高探测空间目标分辨率的探测成像新机制和新系统，解决复杂环境下低可观测目标精细高效信息获取能力不足的问题，重点研究低可观测目标特性、多维高分辨率目标探测成像的理论与方法，进一步提高在复杂环境下对于低可观测目标探测与成像能力。

3）探索基于不同平台的提高目标分辨率的新成像机制，发展各种先进的成像系统，充分考虑探测与识别的主动与被动探测信息融合的新机制和新系统，研究降低系统复杂度的探测成像机制与方法。

4）利用目标的空域、时域、谱域数据和变换域数据以及特定条件下的多维度不完备数据准确获取目标几何信息和物理信息、重建（反演）目标的物理参数（特征）的探测成像处理理论与方法。

5）利用探测成像系统和观测场景（目标）特性，发展智能雷达探测成像的概念、理论和方法，提升探测成像系统的智能感知能力，为智能雷达探测成像系统的发展和应用提供概念性基础。

（三）关键科学问题

1. 探测成像手段与目标相互作用机理

探测成像需要借助声、光、电、磁等一种或多种作为其获取观测对象信息的手段，探测成像手段与目标的相互作用的复杂性和对其认知的困难性，始终是限制探测成像领域发展的难点和挑战。

2. 探测成像数据获取机制

结合新的应用需求和技术的进一步发展，需要精确、有效、低成本地获取探测成像数据，需要研究和发展探测成像的数据获取机制，发展和提高在二维甚至三维宽谱域范围内精确、有效获取目标数据的探测成像数据获取理论与方法，这是探测成像系统发展并进一步应用所要解决的核心问题。

3. 探测成像目标参数（特征）重建（提取）

探测成像手段与目标相互作用机理的复杂性和探测成像数据获取机制的限制使得获取的目标探测成像数据多为多维度不完备谱域数据，探测成像目标参数（特征）重建（提取）主要解决如何充分利用多维度不完备谱域数据准确获取目标几何和电磁参数、重建（反演）目标的物理参数（特征）的问题。

（四）研究方向

1. 雷达探测成像

雷达探测成像是以信号与系统理论、信息理论、电磁理论为基础，以电磁波为探测手段，综合利用雷达、计算机、航空航天、导航定位等先进技术，高分辨率（空间、时间、辐射）地获取地表、海洋、地下及空间目标图像数据和信息的技术科学。它是电子与信息系统学科当前的重要研究内容之一，主要研究内容包括电磁波与复杂目标互作用理论、雷达多维探测数据获取理论与方法、雷达探测成像理论与方法、目标参数（特征）重建（提取）理论与方法等。雷达探测成像属于多学科交叉的前沿技术科学领域，其研究成果对国民经济建设、科学研究及国家安全具有重要意义。

早期的雷达成像系统是真实孔径成像雷达，其缺点是空间分辨率较低。20世纪50年代发明的合成孔径雷达，利用目标与雷达的相对运动，通过单阵元来完成空间采样。以单阵元在不同相对空间位置上所接收到的回波时间采样序列去取代由阵列天线所获取的波前空间采样集合，利用合成孔径原理、脉冲压缩技术和信号处理方法，以真实的小孔径天线获得距离向和方位向双向高分辨率遥感成像的雷达系统，是雷达成像技术的一个飞跃，已经成为雷达成像技术的主流方向。它在军事侦察、地形测绘、植被分析、海洋及水文观测、环境及灾害监视、资源勘探及地壳微变检测等领域发挥了越来越重要的作用。

雷达探测成像是通过目标像空间与谱空间的密切联系而实现的，因此，不断发展和提高在二维甚至三维宽谱域范围内精确、有效获取目标数据的理论、方法和能力，是该领域的一个主要研究方向，也是该领域的一条发展主线。

雷达探测成像具有很强的应用目的并受到应用条件的制约，因此，围绕着不断发展和充分利用目标的多维度不完备谱域数据，准确获取目标几何和电磁参数，进一步重建（反演）目标的物理参数（特征），是该领域当前的另一个主要研究方向。

毫米波在电磁谱上位于微波与红外之间，比较而言，微波和红外技术发展至今已经较为成熟，而毫米波技术则相对落后。因为毫米波波长介于微波和红外之间，因而它的特性也在一定程度上介于两者之间，例如，具有适中的分辨率及良好的烟尘穿透性。因此，在某些情况下，毫米波可以完成微波和红外均无法完成的任务。从工作方式来看，探测系统还可分为主动和被动两种方式，虽然主动工作方式可以获得关于目标的更多信息，但是被动工作方式也有其不可替代的特性。例如，不受闪烁效应的影响；由于本身不发射电磁波，因而没有电磁污染及工作比较隐秘；对覆盖吸波材料的目标探测能力很强等。总体而言，不同波段不同工作方式的探测系统各具优势，均有其不可替代性。

雷达探测成像主要研究方向包括：

1）高分辨率宽幅成像的雷达探测成像新机制与新方法。

2）低可观测目标信息获取的雷达探测成像理论与方法。

3）生态、环境监测的雷达探测成像机制与方法。

4）目标三维散射特性获取的雷达探测成像新理论与新方法。

5）运动目标一体化探测和成像的雷达探测成像理论与方法。

6）多维度雷达探测成像的新机制、理论与方法。

7）降低系统复杂度的雷达探测成像机制与方法。

8）毫米波被动探测和成像机理与方法。

9）智能雷达探测成像的概念、理论与方法。

2. 空间探测成像

随着人类空间活动的日益频繁和深入，在地球的近地空间（300～40 000 千米）轨道上存在着大量的各种航天器和空间碎片。人类在征服太空、开拓新的生存空间的过程中迫切需要了解地球近地空间的详细状况，而目前拥有的探测手段主要是对空间目标的点探测并给出其运行轨道的描述。但是，空间目标的成像探测对于故障卫星的判断与修复、载人航天器的安全与规避等起着越来越重要的作用。

空间目标由于尺寸小距离远，采用传统的探测方法已经很难达到目标识别所需的分辨率。光学探测的分辨率高，采用大口径光学望远镜是提高分辨率的有效途径；但其制造的困难与费用、大气湍流和气凝胶对大口径光学探测的影响等都使得在地面采用传统的增大口径提高分辨率的方法遇到极大的困难。电磁波探测手段可以全天候的探测目标，但是其分辨率低，而通常提高目标空间分辨率的方法在空间目标探测中都很难达到预期的效果。因此，探索提高探测空间目标分辨率的新方法和新系统对于提高我国信息科学技术领域的发展水平有着重大意义。

空间探测成像主要研究方向包括：

1）大气环境对大口径光学系统成像分辨率的影响机理。

2）对大气环境变化不敏感的强度关联成像探测新机理。

3）基于卫星平台的合成孔径光学成像探测新方法。

4）提高合成孔径雷达探测空间目标分辨率的新原理。

5）基于强度关联的微波高分辨率探测空间目标新方法。

6）提高空间目标探测与识别的主动与被动探测信息融合的新机理。

3. 工业探测成像

工业探测成像利用物理信息媒体成像的理论、技术与方法，利用成像和可视化方法研究工业生产及其工程中涉及对象内在静动态规律、结构状态、形态及其变换规律。

可利用的物理信息包括声、光、电、磁及通过激励或物理特征变换反映被研究对象等信息，包括次声波成像，音频成像，超声成像，静磁、动磁、微波成像（毫米波、太赫兹），光（红外线（近、中、远）、可见光、紫外线、射线）成像，粒子成像，辐射成像等。成像模式包括主动成像、半被动、被动成像等。成像信息获取方法包括扫描成像和阵列成像，成像方法包括直接成像和信息重建成像。

长期以来，在工业领域研究的有水声成像、声发射成像、工业B超、超声C扫描、超声CT光扫描成像、红外成像、荧光成像、X射线数字成像、射线（幅度、相位）成像、工业CT、涡流成像、核磁共振成像、单光动态涡流成像、毫米波成像、电容层析成像、阻抗层析成像等。

工业探测成像主要研究方向包括：

1）物理信息及其特征转换的成像理论与方法。

2）多维信息重建理论与方法。

3）非规则阵列的重建理论与方法。

4）基于各种媒体及其传播特性的虚拟成像理论与方法。

5）复合媒体融合成像理论与方法。

6）动态（过程）成像理论与方法。

7）探测成像与测量理论与方法。

六、强场与超强场激光技术

（一）背景与意义

强场与超强场激光技术是国际上正在形成并发展的具有重大科学意义与广阔应用前景的全新前沿科学技术领域，具有很强的前瞻性与带动性。强场与超强场激光技术的迅猛发展使得过去还只有在核爆中心、恒星内部或黑洞边缘才能找到的极端物理条件，在实验室就可能创造。这不仅可能引发科学技术前沿领域的重要原始性创新，实现重大科技突破，而且也能够开拓新技术、新方法，形成重大实验或技术平台，强有力地推动有关国家安全与提升综合国力的相关重要战略高技术领域的创新发展，将在国家安全、基础科学、能源、医疗健康等领域有广泛而重要的应用，研究意义重大。

超强超短激光技术的迅猛发展使强光场甚至超强光场可以在实验室内产生，从而能为人类提供前所未有的全新实验手段与极端物理条件。在强甚至超强光场（10^{22}瓦/平方厘米）条件下，激光与各种形态物质间的相互作用进入到一个前所未有的高度非线性与相对论性的新范畴。激光聚焦强度进一步提高（$10^{23\sim24}$瓦/平方厘米，乃至更高量级），可将强场科学进一步推进到超强场的全新范畴，开拓一系列强场超快科学的新前沿新方向，特别是强场高能量密度物理、探索小型化超高梯度粒子加速新原理、台式化高亮度X射线，以及X射线波段的超快非线性光学、分子和电子成像等超强激光场与物质相互作用的相关战略高技术领域涉及的若干基础科学问题。

目前，国际上各个国家正在积极部署，大力投资各个著名实验室和公司，竞相开展强场乃至超强场激光技术和相关前沿科学探索和战略高技术应用的研究。

美国能源部（DOE）牵头，除了发展国家点火装置（NIF）以外，瞄准10^{23}瓦/平方厘米的场强目标，集中全国各实验室和公司的技术力量，大力投资进行高平均能量的高重复频率拍瓦乃至更高量级激光系统的研究，并对激光产生高能量密度实验室等离子体（HEDLP）物理等前沿新方向和相关牵引的前沿战略高技术领域进行开拓和应用性探索研究。

日本则在世界上率先建立、应用并发展拍瓦量级超强超快激光装置，以惯性约束聚变（ICF）快点火和强场乃至超强场激光驱动加速，产生高能量粒子等为主要研究方向，瞄准人类未来能源、临床医学、癌症治疗和生命健康等领域，大力进行强场和超强场激光条件的建设。

在欧洲，法国、德国和其他欧盟国家则联合起来，除了与美国竞争，提出并正在执行的MJ计划和高功率激光能量研究计划（HiPER）计划外，还大力投资并已立项开展极强激光基础设施（ELI）计划。其研究目标就是建立$10^{23\sim24}$瓦/平方厘米乃至更高量级的超强场条件，以此与美国和日本开展竞争，在相关强场激光物理、技术和前沿应用研究中取得领先。

我国近年来在国家和中科院的大力支持下，迅速开展了以中科院上海光学精密机械研究所强场激光物理国家重点实验室建立的创国际同类研究最高水平的拍瓦量级超强超快激光装置为代表的强场乃至超强场激光技术研究，并以此为基础迅速部署开展了前沿强场激光物理和相关国家战略高技术研究，取得了系列创新成果，在世界相关竞争中取得了领先地位。

利用已建立的强场乃至超强场激光条件，国际各研究组织已经迅速部署开展了一系列重要前沿应用研究，取得了一系列重要的研究成果，并开辟了系列强场激光物理的新的研究方向，层出不穷的创建了系列学科新领域。例如，在超短脉冲研究方面，我国开辟了阿秒物理研究与应用的新方向，已经获得短于100阿秒的激光脉冲，同时也将阿秒脉冲推进至具有重要应用前景的水窗波段；通过基于高对比度的相对论乃至超相对论激光场强，近年在电子与质子加速为代表的强场粒子加速方面也取得了系列突出的开创性进展；在强度、单色性和亮度等方面都取得了重大的开拓性突破。

该领域在我国已有较好基础并可望取得重大突破，是立足于自主创新的重要战略高技术发展方向，能为激光科学技术的持续创新发展带来又一次革命性的推动，同时可以推动相关重要战略高技术领域的发展。该研究领域符合国家中长期科技发展规划，并在基础研究与战略高技术专题中均有对应的内容，能为相关国家重大专项的实施提供科学技术基础。

为了保持中国在目前激烈竞争的强场乃至超强场激光技术研究中取得的地位，满足进一步相关前沿物理研究和战略高技术领域发展的要求，亟须建立并提升更高量级的优质强场乃至超强场激光环境。目前，相关研究重点和发展趋势主要是更高能量的激光脉冲输出、更短的激光脉冲输出、更好的激光聚焦能力、更高的激光脉冲对比度和更高的工作频率。

（二）研究目标与科学任务

1. 研究目标

该领域主要是研究产生强光场甚至超强光场的超短脉冲高功率激光及其在强场超快科学和相关战略高技术等前沿研究中的应用。

2. 科学任务

该领域的主要科学任务包括：

1）光强超过 10^{23} 瓦/平方厘米，信噪比超过 10^{12} 的超强光场的产生。

2）脉冲宽度小于 10^{-17} 秒的极端超快强光场的产生。

3）（超）强光场超短脉冲高功率激光前沿应用研究，如光子能量大于1千电子伏的强相干辐射产生的新机制与新效应；基于激光加速的超高相位空间密度高能电子与离子束的产生；极端超快电子动力学探测及强场量子相干控制；X射线波段的超快非线性光学；分子和电子的四维成像关键科学问题等。

（三）关键科学问题

强场乃至超强场激光技术发展的关键科学技术问题主要包括：

1）重复频率PW（10^{15} 瓦）乃至艾瓦（EW）（10^{18} 瓦）量级超强超快激光装置研究，包括PW乃至EW量级超强超快激光装置研究；高重复频率高量级泵浦源技术和高量级啁啾脉冲放大技术研究；超强超快激光脉冲放大新材料、新原理、新方法的研究等。

2）单光周期量级激光脉冲宽度的极端超快强光场的产生和测量技术研究，包括高效率的大能量、单光周期量级激光脉冲光谱展宽和脉宽压缩技术研究；单光周期量级激光脉冲测量技术研究；单光周期量级激光脉冲的高效率宽带定标放大技术的研究等。

3）高激光脉冲信噪比超强超快激光研究，包括超强超短激光系统中预脉冲产生和放大等物理机理研究；高量级条件下可定标放大的超短激光脉冲净化技术研究；高量级激光脉冲和较低重复频率条件下激光脉冲信噪比测量技术研究；高信噪比激光脉冲宽度压缩研究；应用于PW乃至EW量级超强超快激光装置等。

4）超强超快激光脉冲可聚焦性能的提升研究，包括基于PW乃至EW量级大口径、大能量激光光束主动波前校准技术研究；大能量激光脉冲组束技术研究；短焦距的大口径聚焦元件的研究等。

（四）研究方向

为了可持续发展强场乃至超强场激光技术，需要开展相关先进科学技术问题前沿研究，主要包括：

1）可调谐、新波段、载波包络相位（CEP）稳定的超强超短激光研究：中红外（1～2微米乃至3～5微米波段）可调谐、CEP稳定的超短超强激光脉冲产生以及传输研究；高量级条件下相应波段的超短激光脉冲可定标放大研究；相应波段的超短激光脉冲光谱展宽和压缩研究等。

2）强场超快激光装置相关的支撑技术研究，包括激光晶体、非线性晶体、光栅、镀膜、光学加工、机械加工等。

七、传感网络与仿生感知基础

（一）背景与意义

传感网是指随机分布的集传感器、数据处理单元和通信单元于一体的若干个智能节点通过自组织的方式构成的无线网络。传感网借助节点内置的传感器测量周边环境中的热、力、声、光、电、振动、速度等信号，获取温度、湿度、噪声、光强度、压力、土壤成分、移动物体的大小、速度和方向等多种信息。

物联网这一概念于1999年诞生于MIT Auto-ID中心，其核心思想在于通过射频识别、传感器、嵌入式智能（embedded intelligence）、纳米技术、无线网络等一系列技术，随时实现人与人、人与物、物与物之间的相互作用以满足需要。物联网可认为是无线传感网（WSN）概念的拓展，是微电子技术、无线通信技术、网络技术和智能处理技术的结晶，并将极大地拓展互联网的覆盖和应用范围。借助物联网，人们能够对世间万物实现更透彻的感知和度量、更全面的互联互通和更深入的智能决策，让世界更加智能，提高资源利用率和生产力水平，改善人与自然的关系。

物联网诞生以来，已成为继计算机、互联网和移动通信之后的信息产业浪潮新动力，有望成为后金融危机时代经济增长的引擎之一。美、欧、日、韩等发达国家和地区都在加紧制订物联网的发展规划，希望抓住这个战略机遇，占领经济和国防的制高点。2009年1月，在美国总统奥巴马和工商领袖举行的一个圆桌会议上，IBM公司提出了“智慧地球”（smart planet）的概念，即利用物联网把美国建设成为智慧型基础设施，迅速引起美国政府高度重视，并获得积极回应。自此，物联网被确立为美国振兴经济、确立竞争优势的关键战略。

物联网的应用领域极为广阔，目前已经较为成熟的应用包括环境监测系统、物流信息化系统、智能交通系统、基础设施安全系统、海底定位与入侵检测系统、战场感知与智能攻击系统等。颇具代表性的案例有巴西政府的亚马逊监测系统（SIVAM）、全球邮政特快专递（EMS）、物流管理系统、沃尔玛物流配送体系、北京奥运路线交通流信息实时检测系统等。鉴于3G业务及潜在的智能设备互联带来新的产业增长，电信运营商对物联网也表现出极大的热情。在2009中国国际信息通信展览会上，三大电信运营商纷纷祭出物联网的大旗，用新颖的应用来吸引客户，包括中国移动推出的手机钱包、手机购电业务，中国电信的“平安e家”业务，中国联通的无线环保监测平台等。另外，物联网在医疗、军事、农业等领域有广阔的应用前景。未来，物联网将进一步渗透到人们的生活、工作、交通等各个方面。

物联网位于前沿的交叉学科领域，涉及传感器、集成电路、嵌入式智能计算、无线网络等多种技术。物联网在自身发展的同时，必将带动相关领域迅速成长。自2006年进入高速增长期以来，截至2009年末，无线传感器网络节点的布设数量已超过了1000万。权威调查机构进一步预测指出：到2012年，传感器网络的总市场将达53亿美元，而传感器节点芯片的市场将达到12亿美元。

鉴于传感网在环境监测、医疗卫生、公共安全、智能交通、石油化工、自动控制、航空航天、农业、国防等诸多领域具有广阔的应用前景，物联网对互联网的极大拓展，美国、日本等国家纷纷把传感器及传感器网络技术列为国家重点发展领域。在我国，《纲要》也将新型传感器作为优先发展的前沿和重点方向。

传感网络及物联网属于典型的交叉学科研究领域，其科学与技术研究涉及传感、集成电路、通信、网络、信息处理、信息服务、分布式协作等领域。传感器科学技术研究涉及敏感机理、敏感材料、敏感结构、信号转换、微弱信号检测、加工与封装等诸多方面。传感器微型化是促进传感网络广泛应用的重要条件。微纳传感器技术与微电子技术的结合，促进了敏感单元微弱信号检测、放大及处理技术的发展，有效地提高了传感器抗干扰能力。近年来，生物技术的进步使得仿生智能传感器的发展备受关注。无线通信、网络技术是传感网络的核心，随着3G、LTE、WLAN、RFID等技术发展，商业运营无线网络的覆盖范围和可用带宽得到了极大地拓展，智能设备网络化成为发展趋势。传感网是以数据为中心的网络，信息的处理与融合是提高监测精度与可靠性，提高信息传输效率的重要手段。各种类型设备构成的庞大物联网，如何通过互联网实现分布式协作、设备的识别和信息的服务，是迫切需要解决的问题。

（二）研究目标与科学任务

1. 研究目标

该领域的研究目标是结合传感网络特点及该领域相关学科国际研究现状与发展趋势，建立传感器网络、物联网基础研究、应用基础研究理论及技术体系；重点在微传感器与微执行器、网络组织与维护、网络信息处理、网络信息服务与分布式协作等关键基础研究方向开展研究工作，争取在理论和实验的源头创新上有所突破；提高我国在物联网研究领域的整体创新能力，为该领域的技术标准化、产业化和广泛应用服务。

2. 科学任务

该领域的科学任务是建立传感器网络、物联网基础研究、应用基础研究理论及技术体系，在传感网络信息论、网络架构与协议体系、认知传感网、网络信息处理、网络信息服务与分布式协作等关键研究方向，解决基础理论和关键技术问题，促进学科发展、人才培养与技术应用。

（三）关键科学问题

1. 低功耗高精度的传感机理和设计方法

传感器是传感网中的核心部件之一，针对不同应用领域，在保持高精度采集数据的同时保持低功耗是传感网络的关键所在。因此，研究低功耗高精度的传感机理及其设计实现方法是传感网络的关键科学问题。

2. 无线传感网信息论与优化设计原理

信息论是无线通信的理论基础和创新源泉，经典信息论奠定了点到点通信的理论基础，目前已趋于成熟。20 世纪 90 年代以来，经典信息论被拓展到 MIMO 场景，成为提高无线资源利用率的多天线无线通信系统的理论基础。无线传感网的应用领域和现有的无线通信网应用领域存在较大差异，超低功耗、高稳定性、高可靠性及低成本是无线传感网的主要特点。因此，有必要针对传感网络研究无线传感网信息论与优化设计原理，这是本领域的关键科学问题之一。

3. 传感网络架构与协议体系

网络自组织与维护是传感网络的核心，建立局部的传感器网络，面向互联网的物联网需要解决网络架构问题和满足应用需要的协议体系，是传感网络的核心。同时，随着传感网应用领域的拓宽，对于传感节点移动性和信息广域传输的应用需求凸现。以 TD-SCDMA、IMT-Advanced、WiMax、WLAN、MESH 和 LTE 等技术为代表的无线网络具有覆盖区域广、吞吐量高、接入灵活便捷的优势。将传感网与其他无线网络融合，可更好地满足应用的需求，也是构建基于移动网络的传感网的基础。因此，传感网与其他无线网络的融合组网机理，也是需要解决的关键问题。

4. 传感网络信息处理理论与分布式实现方法

传感网是以数据为中心的网络，能提供覆盖一定监测范围的现场监测数据，并可提供多点监测。因此，利用多传感器信息融合可提高现场监测精度和可靠性。由于传感网络是无基础的网络，一般没有连续的电源供给，通常采用电池供电，部分节点会出现休眠、失效等现象。除信息融合外，利用一定分布范围的多点监测数据对物理参数进行估计、预测也是传感网络的优势之一。另外，在传感网络定位、通信参数测试中，利用分布式处理结果可提高网络节点的能力。因此，针对传感网络的特点，研究其信息处理技术和分布式实现是非常必要的。利用分布式信息处理必将降低对网络节点的处理性能要求，减少网络冗余数据传输，从而提高网络的传输效率、实时性、可靠性和寿命。

（四）研究方向

传感网络将在以下几个方面展开研究：建立传感网中节点物品属性和状态信息的获取方法；结合传感网发展要求和微电子学科国际研究现状与发展趋势，研究适用于物联网节点的微传感器与微执行器技术、能量获取与转换电路、SiP中的电磁兼容与信号完整性、多传感系统和三维集成等4个关键的基础研究方向；开展符合中国国情、有中国特色的基础研究，争取在理论和实验的源头创新上有所突破，提高我国在物联网前端信息获取研究领域的整体创新能力。

传感器信号需要经过模数转换为数字信号。在功耗的限制下，选择合适的数模转换器对于功耗控制显得格外重要。传感器处理模块主要用于误差消除和信号分析。误差消除主要指消除电路中的非理想因素，如直流失调、电路元件不匹配等引起的误差。通常采用的方法有斩波、动态匹配、差值检测等技术。信号分析指从传感器信号中提取关心的信息，经常用到的操作有信号的幅度检测、峰值检测、比较等。在一些传感节点中，傅里叶变换等比较复杂的信号处理技术也是需要的。为了降低这些操作所消耗的能量，进行算法强度的化简和实现的优化来是必要的。同时，低功耗技术，如亚阈值电路、异步电路等，也被用来实现信号分析模块。

芯片是构成物联网的基础，其发展主要面临的挑战包括低成本信息感知、多核计算与存储、低功耗传输及系统设计支持。物联网应用大都要求网络节点具备低功耗、低成本、小体积、布设方便、工作可靠，这些构成了对节点核心技术的最大挑战。由于物联网芯片的设计和实现是影响整个网络系统的功能、性能及总体成本的最主要因素，因此，设计满足上述条件的物联网芯片，在物联网研究领域具有非常重要的意义。

与其他的微传感器相比，作为传感网节点的信息获取单元的微传感器有下列特殊要求：①体积小，具有可嵌入性；②低功耗；③与信息处理、无线收发和能量获取模块集成；④在户外、工业现场等环境下具有鲁棒性。这些需求对微传感器研究领域提出了新的挑战。

由于物联网应用广泛、实现复杂，包括文字、图像、语音、视频等多种类型的信息采集、分析与处理，单核结构或者单一功能的SoC由于自身处理能力的各种限制，已经不能满足物联网的巨大需求。多核片上系统（MPSoC）可以在单一芯片上集成适合不同应用的多种处理器核，在性能、功耗和可靠性等方面具有极大优势，是一种满足物联网应用的有效计算平台。

传感网络与仿生感知基础领域的主要研究方向包括：

1）智能敏感材料及高性能微纳传感器。

2）传感器微弱信号检测。

3）低功耗可重新配置的传感节点软硬件平台。

4）多核传感系统结构。

5）异构传感网络拓扑与网络协议。

6）传感网络数据管理及无线动态传感器传输协议。

7）无线传感器网络可靠性、安全性及预测模型。

8）设备动态发现与互联网服务。

9）分布式控制与协作。

八、未来无线通信理论与技术

（一）背景与意义

通信与信息系统是构建现代信息社会的重要基石，而无线通信是实现在任何时间、地点与任何人进行任何方式的通信这一终极理想的必要途径。自1897年马可尼实现了固定站与相距18海里的拖船之间的无线通信以来，无线通信已走向了全面实用的阶段。

现代无线通信系统已形成了以蜂窝移动通信、宽带无线接入、地面数字广播为核心，以短波通信、卫星通信、微波中继通信、无绳电话、集群通信为补充的完整通信体系。蜂窝移动通信系统已进入3G时代，数据业务越来越成为主导；地面数字广播业务正全面普及；短波通信广泛应用于军事指挥、控制、通信及情报（C3I）系统中，正朝着自适应、数字化、网络化的方向发展；卫星通信中的电视直播到户服务方兴未艾，移动卫星通信市场正不断扩大；微波中继通信、无绳电话和集群通信分别在干线备份、家庭网络和指挥调度应用中发挥着重要的作用。此外，电气和电子工程师协会（IEEE）802.11体系和高性能无线局域网通信标准（HiperLAN）、IEEE802.16体系的无线城域网等多种标准体系也在蓬勃发展。

无线通信的发展主要有六大特征：移动化、宽带化、多媒体化、IP化、异构化、智能化。

（二）研究目标与科学任务

未来无线通信是“智慧的无线通信”，以实现“在合理时间、合理地点以一种合理的方式，进行一种合理媒体的通信”。为了实现这一目标，未来无线通信将有四大属性：网络泛在化、系统智能化、通信绿色化和应用驱动化。为了顺应这四大发展趋势，掌握未来无线通信发展的战略制高点，更好地利用先进的无线通信推动国家经济的发展，提高人民的生活水平，实现社会和谐进步，需要以未来需求为导向，面对业务驱动与技术支撑并举的无线通信飞速发展和所暴露出来的新问题，研究并推动无线通信新理论、无线通信网络新构架在实际中的应用，探索新的无线通信研究与发展模式，提升国际核心竞争力，提高人民生活水平，满足国家战略发展的需要。

信息通信技术产业已经成为全球第五大耗能产业。对于无线通信网络而言，基站能量效率低下以及多种无线网络共存是浪费能源和资源的主要因素。未来无线通信网络必将面临严重的能耗和资源约束。降低无线通信能耗是绿色环保的必然要求。因此，以网络信息理论为指导，建立以能量效率优先和资源优化为目标的新的通信模式，是我国移动无线通信的重大战略需求。突破香农的点对点传输理论，探索多点传输理论与超高速、低功耗网络传输，支持每秒吉比特以上的传输速率和超大容量多用户并发接入。

（三）关键科学问题

1. 无线通信网络信息论

信息论是无线通信的理论基础和创新源泉，经典信息论奠定了点到点通信的理论基础，目前已趋于成熟，20世纪90年代以来经典信息论被拓展到MIMO场景，成为提高无线资源利用率的多天线无线通信系统的理论基础。为了突破香农的点对点传输理论，必须掌握无线网络MIMO传输系统的容量随用户数、网络形式、信道变化等的变化规律和极限，这是设计和实现超高速、低功耗网络传输的基础。

2. 节点协作与共享的无线网络机理与设计原理

在现有的无线通信系统中，在网络建成后，各个基站独立工作，并无实质的资源协作和共享，用户间也无通信的协作与共享。初步研究成果表明，在基于多节点资源协作与共享技术的新型无线通信网络系统中，处于不同位置的网络节点协作完成与多个源节点（或宿节点）的通信，可以提高网络的吞吐量、均衡网络资源和提高网络资源利用率，并保障服务质量。各节点间不同的结构特点（对等结构或分层结构）和不同的连接方式（强连接或弱连接），形成不同层次的协作模式，影响着网络系统的行为和效能，存在深层的基础理论问题和基本模型问题需要研究。

3. 网络通信与自主优化原理及设计方法

对于以经典信息论为基础的点到点通信系统，现有技术已经能够实现逼近信息容量限的最优传输。针对网络通信链路，如何优化设计联合发送信号、多节点联合传输处理以及联合接收处理，实现逼近其信息容量限的网络通信，并在各种复杂多变的通信环境下，通过实时感知各种环境条件的变化寻求自适应的网络通信理论方法，形成逼近信息容量限的广义编码传输理论体系，成为下一代通信无线网络系统优化设计的重要问题。与此同时，为有效支持多点协作网络通信，需要在控制层实施网络环境的动态感知和网络资源的动态调配，基于感知的网络自主优化理论方法成为不可或缺的重要研究课题。

（四）研究方向

目前，国际上对无线通信的研究已经如火如荼地展开，但还没有形成较为完整的体系，因此具有很好的发展机遇。无线通信基础理论与方法的研究将在传统信息论的基础上交叉运用认知科学、计算科学、智能控制等多学科，有望形成新的基础理论，解决“大容量和无缝覆盖需求”与“受限的频谱资源和复杂的电磁环境”之间的矛盾，推动无线通信发展，促进通信与信息的快速发展。新的无线系统设计原则已经需要从能源效率优先、资源优化和“端到端效能”的角度深思无线通信的新理论和相应的科学问题。

未来无线通信理论与技术领域的主要研究方向包括：

1）面向无线通信的认知理论与方法。

2）复杂传播环境下无线网络电波的探测和模拟原理与方法。

3）面向端到端效能的无线网络重构机理研究。

4）异构网络环境下跨层设计与优化理论与方法。

5）无线网络资源与能耗测度与优化理论及方法。

6）短距毫米波超高速无线通信理论与设计方法。

7）无线网络海量状态数据采集与精确分析方法。

8）协作通信理论与资源优化配置方法。

9）高能效宽带无线传输理论及设计方法。

10）基于网络信息论的分布式无线传输理论及方法。

11）高速移动下的无线通信理论与方法。

12）无线通信网络中的信息安全。

九、低功耗艾级超级计算和新型计算系统

（一）背景与意义

超级计算在传统意义上是指科学工程超级计算。超级计算在推动科学研究、提升工业装备和产品的设计仿真水平、发展金融等服务业信息化等方面都发挥了重要作用。在新经济时代，计算机已经在网络、互联网、Web和移动终端等技术的推动下隐形于云中，整个社会所需要的计算机呈现出集中化、共享化、隐形化的倾向。为适应这一趋势，超级计算机已经跨越到超级服务器的时代，表现为面向全社会各领域服务的绿色超级计算中心，同时也是海量数据中心。超级服务以高性能企业计算服务和支持大规模用户的互联网服务为代表，应用面更广。超级计算/服务系统简称为超级服务器，是同时支持科学工程超级计算、大规模数据处理和网络服务的高性能计算机，目前正成为普惠计算的发动机。众多的超级服务器将在普惠信息网络中接受数亿人的服务请求，运行网络服务负载，是实现增值普及的重要基础设施。

到2020年，超级服务器的发展需要支持各种各样的个性化应用负载，突破低能耗、海量并行、高可靠性、低成本的技术障碍。其中，功耗已经成为最大的瓶颈之一。按照现有路线发展，有可能在2020年前实现艾级（每秒10^{18}次运算）高性能计算机，但其功耗可能高达1亿瓦、研制成本高达10亿美元，是不可接受的。而低有效利用率这一现象在目前的超级服务器，无论是“百度”还是“天河一号”，都非常普遍，也与计算机提供计算智能创造可持续发展的低碳经济的初衷相悖。

因此，从社会化全球能量有效利用与转换的角度，在“后摩尔时代”与“后计算时代”，要求新的计算机体系结构的重大变革，计算机体系结构必须从系统、软件、计算理论和算法4个层面同时推进，才能创造出满足低碳经济时代的艾级甚至无限可扩展的超级服务器。

此外，还可进一步探索量子计算和生物计算等其他低能耗的新型计算模式。

（二）研究目标与科学任务

1. 研究目标

该领域的研究目标是克服超级服务器中无限独立并行处理单元（如多核等）的无限并发度与海量并发应用复合算法的无限并发度之间最优映射与匹配的矛盾，突破低功耗超级服务器的设计完全由硬件主导的旧观点，认识到算法和软件是决定了硬件可能的最佳能量的有效行为，重新思考图灵机理论、冯诺依曼计算机模型、松耦合体系结构、计算模型、算法、编程语言、系统软件，探索艾级超级计算在实现、发展、演化与使用中的重大理论问题，提升中国在新计算技术中原始创新的理论基础与能力。

2. 科学任务

该领域的科学任务是为构建同时支持科学计算和互联网服务计算的绿色计算艾级超级数据中心（能够平顺自由扩展到满足中国日益增长的多尺度空间计算需求），提供具有变革性的关键技术与原理，研究艾级超级计算机的功耗分析与最优降耗方法、云计算环境的核心基础设施与支撑技术，研发无限可扩展的松耦合超级服务器技术原理样机，发展面向超级数据中心的能量高效系统软件和能量高效编程模型，实现在计算机体系结构创新（机制与原理）上的突破，在千百万并行异构计算单元上处理千百万级并发操作，以及在网络化操作系统等核心软件（包括设计方法学）上的突破。

（三）关键科学问题

1. 突破低能耗、海量并行、可靠性、低成本的挑战

传统计算机以性能为第一设计目标。今天的高性能计算机性能已超过每秒千万亿次，其能耗＞2 兆瓦、并行度＞40 万、为用户保障的平均无故障时间＜1 周、成本＞1 亿美元。现在的技术路线不可持续，尤其在摩尔定律放缓的现实情况下，我们需要计算机系统结构、系统软件、应用软件与服务的创新，使得能耗、可靠性、成本得到控制。

2. 化解计算机方法与网络方法的矛盾

随着计算机和网络融合的进一步加深，我们需要化解计算机方法与网络方法两大流派的矛盾。计算机方法的本质特征是通过虚拟化技术支持高级接口，

同时，通过体系结构技术支持虚拟化应用直接执行。这是计算机提供高效通用的关键。网络方法的特征则是基于包的多层协议。目前，计算机硬件体系结构对网络的支持还很初步，仅将网络看成一种普通外部设备。网络应用和网络服务的运行效率很低，能耗很大。

3. 云计算环境的核心基础设施与支撑技术

云计算改变了用户对数据中心的主要需求，云计算所依赖的核心计算设备也将从传统高性能计算提供浮点计算能力转变为响应用户服务请求的能力。云计算的发展和信息服务的广泛普及驱使我们必须发展高通量计算系统作为核心的基础设施。要实现高通量计算，需要重点解决如下三个关键科学问题：①效能问题：海量并发处理单元的结构、执行模型，支持高通量的计算系统数据通道和存储模型，从芯片到系统和应用的功耗控制方法；②可靠性问题：从芯片到系统和应用的故障自我管理原理和方法，在故障为常态情况下，提供有质量保证的高通量服务；③可适性问题：支持高并发和超大量级（excess brust，EB）数据的编程模型，云资源的管理模型和应用服务模型。

4. 绿色无限可扩展软计算机体系结构

软体系结构（如当前的云计算）具有无限的可扩展性、无限的灵活性、任意的可重构性、无限的计算能力、无限的可达性、无限的抽象性（如不同层次的编程与计算模型、语言等）等。未来的计算机体系结构将呈现出“软体系结构”的特征，软件与硬件的形态、体系结构、功能、性能、设计方法等都将发生重大的历史变化。需要探究软体系结构（如云计算）的计算模式、动力学方程、计算模型、软体系结构的形态、运行机制、原理与设计方法学、软体系结构与无限可扩展并行的异构计算能力的并发性交互行为的机制与规律。

（四）研究方向

1. 艾级超级计算机的新型体系结构与基础软件

该研究方向包括：

1）高效能的艾级超级计算机体系结构。

2）面向体系结构的算法与编译技术。

3）能量高效的编程模型。

4）面向超级数据中心的能量高效系统软件。

2. 艾级超级计算机的功耗分析与最优降耗方法

该研究方向包括：

1）能量在处理器、体系结构、系统软件、中间件、应用软件等各层次使用与消费的方式、方法、效能、流动与转换的模式与途径。

2）功耗分析与规模控制方法。

3）系统功耗与系统平衡性关系。

4）定制处理器、异步处理器的低功耗理论。

5）软硬件协同的低功耗技术、低功耗内存与存储技术。

3. 云计算环境的核心基础设施与支撑技术

该研究方向包括：

1）面向云计算环境的可扩展、高效能并行微结构。

2）面向高数据并发处理的新型系统结构设计及评价方法。

3）云计算环境下计算系统中的可靠性设计方法。

4）面向高并发负载的编程模型与支撑环境。

5）云计算环境下计算系统的资源管理与能力提供。

4. 新型计算模型与系统研究

十、网络计算

（一）背景与意义

互联网已经发展成为一个人工制造的非线性复杂系统。无连接的分组交换结构、存储转发的路由机制和尽力而为的服务模式等体系结构的基本属性赋予互联网灵活性、适应性和可扩展性，使其能兼容并蓄异质异构网络，承载功能各异的网络应用。未来 IPv6 的逐渐部署，传感器网络等边缘业务网络的不断融入将进一步扩大互联网的规模，所以，需要设计充分可扩展的低能耗网络体系结构，支持超大规模网络路由技术，减小网络关键设备的能耗，同时提供安全性、移动性和实时性等基础属性，以更好地满足高端应用需求。互联网为人类提供了一个信息共享与交互的通用平台。未来它的末梢需要进一步延伸与拓展，以提供人与人、人与物、物与物之间更为及时便捷的信息交互手段，惠及人民生活。实现这一阶跃变化的关键在于突破当前互联网以主机为端系统的主流形态，将大量的嵌入式设备和传感器纳入互联网，在微观尺度上将其末梢延伸至物理世界，构建信息物理融合系统，为最终形成人-机-物的三元和谐世界奠定物质基础。

无线网络提供的移动性摆脱了有线接入网受地理位置制约的局限性，灵活自由的无线接入方式备受用户青睐，无疑是当前以至未来计算机网络领域的研究热点与焦点。未来以3G/4G为代表的宽带无线移动通信网络的核心业务注定来自移动互联网应用。同时，WiFi、WiMax、WRAN等若干异构无线网络也很有可能以各自独有的技术优势成为接入网的一种形态，可为用户提供灵活便捷的网络接入手段，有效延展互联网的物理半径，但也为网络研究带来新的挑战。

2007年，美国总统信息技术咨询委员会提出网络信息技术研究开发计划(NITRD)，将保持在网络信息技术的领导者作为美国发展信息技术的目标。这个计划提出了8个优先支持的方向。其中，大规模网络系统是最为重要的一个研究方向。欧盟委员会成立了信息社会技术咨询小组（ISTAG)，下属的未来与新兴技术工作组致力于为长期基础研究提供战略建议和方向，以强化和扩展未来ICT的科技基础。2009年4月21日，欧盟委员会发布了《迈向信息技术前沿：欧盟未来与新兴技术研究战略》的提案，提出“到2015年将对ICT领域的未来与新兴技术的变革性基础研究投入增加一倍”的战略目标。

因此，中国有必要把网络计算作为信息技术发展的关键问题来抓，也只有这样，才能在与美国等发达国家的科技与产业竞争中保持不败。

（二）研究目标与科学任务

1. 研究目标

在互联网计算中所作研究有3个角度：①前端普适人机和机机（如传感器网络与物联网）交互模式、方式与设备（它们实现了网络数据与服务请求的收集与服务的消费）；②高带宽、低延迟的网络通信技术、协议与方法（海量网络数据的传输）；③能量有效超级服务器的后端绿色数据中心（海量网络数据的绿色集中化处理与服务的计算）。为此必须着手如下5个研究目标：

1）“后PC时代”：降低功耗是首要目标，端设备向多元化、个性化、轻量化转变。

2）“后IP时代”：突破TCP/IP的局限，实现泛在连接，不仅是传统的三网融合，也必须融合传感器网络和物联网络的五网融合。

3）“后计算时代”：超级计算机的“千倍定律”失效，做不出每秒十万亿亿次（Zettaflops ）级（1021）水平的计算机，从图灵计算转向能量有效的网络计算，其计算能力可由绿色数据中心集群来提供。

4)“后4G时代”：实现无处不在的五网融合的Tbps传输，建立能量有效的带宽与延迟异构的层次化全覆盖网络。

5)“后软件时代”：互联网计算的基本体现方式是网络化服务，因此，必须同时优化互联网计算应用软件的开发效率，也必须在绿色计算的要求下思考互联网应用软件在数据中心的执行效率和能量有效性，突破数据中心系统软件的执行效能墙，发展无限可扩展的软体系结构。

2. 科学任务

面向互联网、物联网、云计算以及绿色信息技术对网络计算环境提出的挑战，研究超大规模网络的动态拓扑控制模型和低能耗路由计算技术，探讨无线异构网络泛在互联与自治管理模型；针对计算融入环境的新需求，研究信息物理融合系统的认知与反馈控制模型和实时计算与通信机制，发展无限量实时流信息处理与定制化服务技术，构建支持认知和知识理解的智能网络计算环境，实现无处不在、真实可信、实时融入的网络计算服务，构建实现软硬件融合的社会化软计算机理论。

（三）关键科学问题

在网络发展领域中的关键科学问题包括以下几个。

1. 绿色互联网计算基础的绿色化机制和理论模型

随着网络末梢的进一步延伸与拓展，接入设备的多样性和异构性增强；人与人、人与物、物与物之间的多种信息交互方式最终汇集到互联网平台之上，TCP/IP等互联网主流协议是否适应或满足传感器网络、泛在网络和信息物理融合系统的技术需要；高端网络应用对服务质量要求愈加强烈；如何实现低碳经济驱使的绿色网络技术革新；实现社会化网络软计算机。这些因素都对新一代互联网体系结构及其上的网络计算设计提出了严峻的挑战。

2. 超大规模网络的动态拓扑控制模型和低能耗路由计算

互联网实现了人与人之间的互联，其规模限于人口规模，而随着传感网、物联网与泛在网技术的发展，未来接入的网络对象将远远超出人口规模所能表达的范围，加上无所不在的感知网络产生的无限量实时信息流，IP网络将承受前所未有的连接和传输压力。分析大规模网络数据流特征及其时间与空间分布模型，并通过大规模分布式仿真技术研究面向无限量实时信息流传输的新的网络拓扑控制方法和互联协议，发展基于对等传输与主动路由等网络技术，将大大提高现有物理网络的资源的利用效率，有效降低网络运营能耗，为越来越丰富的网络应用提供集约的网络通信服务。

3. 无线异构网络的自治互联与协同管理

无线技术使人们摆脱了固定通信设备的空间束缚，实现了任何人在任何时间、地点享受数字通信服务梦想。随着移动通信技术、无线传感网的发展，以及无线数字城市的建设，越来越多的不同制式、不同带宽的无线终端被应用。了解无线技术和无线网络技术的演变过程，研究异构网络的自治互联，可以提高异构网络的融合性，使得多种无线网络技术高效融入同一种应用成为可能。研究移动车载网络等移动自组无线网络、优化无线网络拓扑结构，可以减少网络能耗，可以提高网络容量的利用率，从而容纳更多的无线应用服务。研究异构网络之间的协同管理，可以提高网络系统的运行效率。

4. 信息物理融合系统的融入性网络与计算模型

物理环境的连续模型与信息计算的离散模型之间存在巨大差异，实现对物理世界的融入式感知与计算面临实时性、非确定性、开放性、可控性等一系列挑战。尤其是在有限带宽通信条件下，实时性问题显得尤为突出。研究信息物理融合系统的实时通信与计算模型，构建新的软硬件体系结构，将有助于实现系统中物理环境与计算环境的和谐运行。同时，研究非确定性条件下的融合系统的可控性和可观测性理论，建立物理环境之间、物理环境与计算环境的关系模型，将促进多系统之间的协作与联动，实现系统的智能组合，形成更大规模的自治融合系统。

5. 无限量并发实时流信息处理与定制化服务

传统信息处理的对象往往是离线的静态数据，分布式信息处理技术在处理无限量信息搜索和查询方面已经逐渐成熟。随着监控网络、感知网络的应用，静态信息逐渐过渡为具有时间特征的实时信息，对具有时间特征的无限量信息进行处理，其时间和空间复杂度的增长是指数级的，尤其是在存在信息关联的情况下，复杂度进一步增加。研究无限量实时流信息的分布式处理模型、实时流信息存储与检索、空间关联与特征学习，以及基于特征学习的预报警处理技术，将有效提高实时流的挖掘效率。对网络计算服务的定制化模型将进一步提高用户对信息的访问效率，改善用户的融入体验，从而提升用户对信息计算的需求。

6. 支持认知和知识理解的智能网络计算环境构建

目前的网络计算服务往往通过关键词频度、顺序及词形相关度等知识和认知等来提高命中率，进而提升网络计算的效能和应用范围。而在认知和知识级大多处在初级的研究阶段。尽管这种建立在认知和知识级的计算已经具有一定的可用性，但要求用户具备一定的使用经验，如词义相近的两个关键词将导致完全不同的计算结果。研究认知和知识等网络信息表达、聚类和计算，构建相应的智化能网络计算环境，对于提高系统的智能性进而完成知识与认知的推理和表达、提供更高效的计算服务是关键性一步。

(四) 研究方向

在网络计算领域中，根据上述科学问题将优先发展的若干研究问题总结如下。

1. 绿色互联网计算基础的绿色化机制和理论模型

该研究方向包括：

1）可扩展低功耗的网络体系结构。

2）能量有效的网络计算模型及其分析与设计方法。

3）具有无限扩展性的社会化绿色软计算机机理及其设计、分析与实现技术。

4）绿色互联网计算的基本原理、方法、关键技术和软硬件互动机制。

2. 超大规模网络的动态拓扑控制模型和低能耗路由计算

该研究方向包括：

1）后 IP 网络体系结构。

2）面向主动路由模式的虚拟化可编程网络路由器技术。

3）大规模网络数据流时空分布特征分析与建模。

4）大规模分布式网络仿真技术。

5）面向无限量实时信息流传输的网络拓扑控制方法与互联协议。

6）可控对等网络技术（类似 P4P 技术）。

7）构建网络研究基础设施，包括质量度量等级、试验平台、基准服务、测试数据。

3. 无线异构网络的自治互联与协同管理

该研究方向包括：

1）无线异构网络的泛在接入与互联。

2）无线网络无线环境感知与自治管理。

3）移动车载网络的自治组网和机会传输。

4）多终端协同网络的拓扑控制和能量优化。

5）无线异构网络的融合和协同管理。

4. 信息物理融合系统的融入性网络与计算模型

该研究方向包括：

1）支持实时计算模型的、新的软件，硬件以及网络体系结构。

2）非确定性条件下的融合系统的可控性和可观测性理论。

3）物理环境之间、物理环境与计算环境的关系模型，多系统间的协作与联动。

4）针对信息物理融合系统的开放性，研究多系统的智能组合与重构。

5）信息物理融合系统的可靠与可信技术。

6）面向信息物理融合系统的软硬件生产环境的操作系统。

5. 无限量并发实时流信息处理与定制化服务问题

该研究方向包括：

1）无限量并发实时流的服务质量保障。

2）无限量并发数据流的实时搜索、处理、组织、存储、处理与服务化。

3）实时流的空间与功能等多维度关联模型，多特征描述、分析模型，基于此的动态挖掘和计算模型。

4）基于特征学习的预报警处理。

6. 支持认知和知识理解的智能网络计算环境构建

该研究方向包括：

1）认知和知识的描述语言、开发工具。

2）认知和知识的分析模型及其智能化搜索、组合、推理与计算模型。

3）中文信息认知与知识处理和中文信息资源建设。

4）多语言语义、认知与知识的网络关联与交互模型及其网络计算环境。

5）智能网络与语义网络技术，提升网络服务的效率与易用性。

十一、软件技术基础

（一）背景与意义

软件是一种特殊的人工制品，是人类“智力活动”的产物。在信息化社会，软件正变得无处不在，成为信息时代的重要基础设施。在新经济时代，“服务计算”、“云计算”等新计算模式及“物联网”、“智慧地球”等新概念不断涌现，软件所处的环境呈现了新的特征，需要研究新的软件开发方法与技术以适应这些特征。

软件的计算平台变得日益复杂。例如，计算机核心部件正爆发出令人目眩的异构性：通用图形处理器（GPGPU）、FPGA、multi-core CPU、many-core CPU 等。它们给软件的设计与实现带来了巨大的挑战。目前，计算平台正从传统意义上中等尺度的“计算机”向大、小两个方向扩展。向大的方向，集中体现在各类数据、服务、云等“中心”的发展，它们通过网络、向数目众多的用户提供服务，且基本不受物理空间的限制。向小的方向，集中体现在各种移动设备、传感器网络等的发展，它们具有数目巨大、高度分散、局部资源有限等特点。

近年来，“面向服务”成为计算机科学与技术领域的主流思想之一，“服务计算”逐步发展成为一个新的学科方向。“服务化”已经成为软件乃至信息发展的重要趋势。各种基于服务的软件应用将会给人们的日常生活、金融、医疗、生产、通信、交通等领域带来巨大变化。服务资源变得更加集中。集中的数据、软件与服务不仅降低了总体的服务维护开销，为人们提供了一致的视图，也便于收集人们的使用特征；与此同时，用户访问呈现分散化的趋势，且数目巨大，并对系统的可信性提出了更为严格的要求。

软件技术的发展和变革不仅将会改变人们的日常生活方式，而且也将进一步推动信息化与工业化的融合。企业信息化是将信息技术、自动化技术、现代管理技术与先进生产技术相结合，促进企业研发设计、生产制造、企业管理和市场营销变革，对提升我国企业的市场综合竞争能力和综合效益具有重要意义，而工程软件是推进企业信息化工作的重要技术支撑，目前仍然缺乏可以支持企业设计、制造、管理一体化的工程软件系统，所以急需进一步加强大型工程软件系统架构、开发方法和技术的研究。

（二）研究目标与科学任务

计算机软件研究的总体目标是在新的计算模式和资源模式环境下，面向国家政治、经济、军事发展中的信息服务、安全管理等重大战略需求，研究面向多核体系结构的软件理论和关键技术；面向高度并行分布式计算环境的软件设计方法；面向服务计算的软件设计方法与技术；高可信软件理论与工程方法；以及面向企业信息化的重大工程软件的技术基础。具体而言：

1）面向多核体系结构的软件理论和关键技术的科学任务立足于现代并行硬

件体系结构的本质特征，发展与之匹配的计算模型、编程模型、编程语言以及相关的开发、测试和性能优化工具。最终应用开发人员能够以直观的编程语言高效表达应用中存在的局部性和并行性，而所有底层系统相关的优化工作交由支撑工具完成。

2）面向并行分布式计算环境的软件设计的科学任务是面向云数据中心等大规模数据处理的需求，充分利用 Internet 上已有的计算资源，研究透明的软件并行分布化理论、方法和技术，对软件系统进行优化，并在提高软件执行效率的同时保证其执行的正确性。

3）在服务计算方面，将面向软件的服务模式，研究云计算等新计算环境下软件的设计、开发、部署和演化模式。研究面向服务的软件设计理论和方法、服务运行支撑平台架构、服务质量保障、服务管理优化等各项关键技术，促进面向服务计算的不断成熟和发展。

4）高可信软件理论与工程方法的科学任务是研究软件可信性保障与评价方法，软件开发和演化过程中的软件的可信性增长度量与预测方法、系统的可信工程方法和风险控制方法及支持软件协同开发的软件工程技术体系和服务体系。

5）面向企业信息化的重大工程软件的技术基础的科学任务是在上述研究的基础上进一步研究复杂系统的体系架构设计、异构系统的集成理论与方法、领域驱动的信息模型的构建和验证、计算机辅助产品创新与优化的理论与方法、多领域协同设计过程建模和控制、信息服务和安全管理及复杂系统的验证和确认技术。

（三）关键科学问题

软件技术基础领域的关键科学问题包括：

1）面向多核体系结构的并行程序设计和编译技术。

2）面向并行分布式计算环境的软件性能优化技术。

3）面向服务的大规模编程技术、建模与形式化方法、服务资源的交互技术。

4）异构 Cyber-Physical 系统的开发、部署和服务技术。

5）高可信软件的理论方法和保障技术。

6）大规模复杂软件系统的建模、仿真和演化技术。

（四）研究方向

1. 面向多核体系结构的软件理论和关键技术

该研究方向包括：

1）面向多核体系结构的并发计算模型。

2）高效并发程序编译技术及其运行时环境。

3）结合新型硬件结构特征（带宽、三维存储层次、片上层次化并行性和新型存储系统）的资源管理和优化。

4）并发程序数据竞争检测和bug发现技术。

2. 面向高度并行分布式计算环境的软件设计

该研究方向包括：

1）共性并行分布编程模式及其基本数据结构。

2）易于表达和使用的并行分布式编程语言。

3）应用制导的并行分布式软件性能优化。

4）并行分布式软件的测试理论与方法。

3. 面向服务的软件设计方法与技术

该研究方向包括：

1）服务的开发技术，包括服务需求的获取方法，服务接口及架构设计方法，服务的封装与交付方法，服务的测试方法。

2）基于服务的软件开发方法，包括服务的注册与发现、服务运行资源的管理、服务排序与调度等功能，服务的组合与部署、服务验证与确认等技术和方法。

3）传统软件开发与服务混合的软件系统测试和系统维护方法。

4. 高可信软件理论与工程方法

该研究方向包括：

1）软件高可信保障框架，包括软件正确性验证方法、可信程序设计理论、形式规约、并发理论和模型检测、基于证据的软件可信性保障机制和方法。

2）覆盖软件可信性需求的软件测试理论和技术，包括面向可信软件的软件测试理论，自动化的软件代码静态分析与检查技术，软件自动化测试技术，模型驱动的软件测试技术，软件非功能性需求满足性分析与测试技术。

3）可信软件开发工程管理和方法技术，包括可信软件过程计划与设计规范，可信软件过程风险管理，可信软件过程需求与工作产品管理，可信软件过程执行管理，可信软件过程定量分析，可信软件的度量、评价与预测。

5. 面向企业信息化的重大工程软件的技术基础

该研究方向包括：

1）复杂系统的建模、仿真技术，包括复杂系统的体系架构设计，异构系统的集成理论与方法，多涉众、多价值取向不确定性环境下的风险仿真和控制技术，混合系统建模与验证理论。

2）复杂系统工程（SoSE）的管理技术，包括 SoSE 的估算技术、度量分析技术、过程管理技术和生产线技术。

3）企业信息化系统的演化支撑技术，包括信息服务需求的演化技术，支持持续演化和软件生存的系统设计技术、演化决策技术、知识管理和服务技术。

4）面向产品创新的计算机辅助设计与仿真技术，包括面向领域的统一产品数据模型表示与构建，多领域协同的知识表示和求解方法，流程间数据和知识规则的关联机制和映射机理，多视图的设计信息共享与管理模式。

十二、网络数据挖掘与理解

（一）背景与意义

人类通过视觉信息识别文字、图片和周围的环境，通过听觉信息识别与理解语言。随着传感技术、计算机和网络通信技术的飞速发展，视听觉感知数据和文本数据的规模呈指数级增长，“信息过载”（information overload）已成为日益严重的问题。文本、图像、视频等非结构化数据对人类来说是非常容易理解的，然而当今的数据规模及其快速增长的趋势已远远超出了人所能利用的程度。另外，计算机具有远远超出人类的计算和存储能力，但对感知数据的理解能力却远远落后于人类。解决这个矛盾的出路就是发展模式识别和人工智能技术，使计算机实现人的感知与认知能力，代替人完成海量非结构化数据的自动处理和理解。环境获取与网络传播的信息是两个最大的信息来源，其数据类型包括文本、图像、视频、音频、多媒体等。发展感知和数据理解技术对推动网络语义搜索、网络内容服务、智能感知机器人、无人驾驶机器、视频监控、智能人机交互等应用具有重大意义。同时，应用驱动的理论、方法和技术研究将有力地推动模式识别和人工智能学科的发展。

（二）研究目标

该领域的总体目标是面向复杂环境感知和网络数据理解给机器智能提出的巨大挑战，以及人工智能与模式识别日益广泛的应用需求，发展复杂环境实时感知的理论、方法与关键技术，发展网络数据高效理解与其相关的机器学习理论与方法，推动感知技术在智能机器人、空间探测、无人驾驶、安全监控、人机交互、健康诊断等领域的实际应用。

（三）关键科学问题

在网络数据挖掘与理解优先发展领域中的关键科学问题包括以下几个。

1. 复杂环境的感知机理与高效计算模型

视觉与听觉感知是人类从环境获取信息的最主要来源，其数据形式为图像、视频、语音、文字等。用机器实现人的视觉与听觉的感知能力，自动获取周围环境、目标及其行为信息，对智能机器人、空间探测、无人驾驶、安全监控、人机交互等具有重要意义。然而，目前机器对视听觉数据的理解能力还远远落后于人类，需要从人的感知和认知机理出发，结合计算机的计算能力，研究新的机器感知模型和高效计算方法。

2. 数据表达、特征提取与分类/聚类的新理论与新方法

数据表达、特征提取和分类、聚类的理论与方法是模式识别的基本内容，是实现感觉信息理解的基础。以图像理解为例，图像根据需要和某种准则（如灰度/纹理一致性准则、特征邻接性等）分割成区域后，每个区域表示成一个特征矢量，而整个图像可以表示为一个图结构，并通过特征选择和特征变换获得更为紧凑的表达形式，然后通过分类判断区域的类型和目标的种类。

3. 网络数据挖掘与机器学习新方法

互联网上海量的文本、图像、视频数据，以及数以亿计的互联网用户及其行为增加了互联网的复杂性和信息处理与挖掘的难度。提高互联网本身和互联网数据处理、挖掘和利用的智能，成为新时期人工智能研究的重要任务。从环境和数据获得知识是机器学习的研究内容，是人工智能的核心内容之一，也是提高网络数据理解能力的重要途径。

4. 自然语言理解及网络服务的基础理论与高效算法

人类从物理环境和互联网获得信息的主要部分是语言信息。用机器实现人的语言理解和翻译能力，是实现网络信息提取、大规模文档处理、人机通信、多语言交流的关键。互联网作为一个传播信息的载体，同时也是一个由大量用户和机器相互作用构成的特殊社会。这个特殊社会的安全、管理和高效服务成为新时期的重要课题。

5. 多模态信息协同与人机交互新方法

随着传感器技术与传输技术的发展，越来越多的感觉信息以多模态（如图像、声音与文字并存）的形式出现。多模态信息可以弥补单模态信息的不确定性和非完整性，一方面用来提高人类对环境的感知能力，另一方面用来表达更丰富的信息内容。研究多模态信息的协同机理，并在此基础上提出相应的计算模型是多模态信息处理研究中的关键，也是提高感觉信息处理能力的有效途径。人机交互技术在教育、娱乐、数字产业等领域发挥着越来越大的作用，多模态信息协同是其中的重要部分。

（四）研究方向

在网络数据挖掘与理解优先领域中，以所提出的关键科学问题为导引，总结归纳出本优先发展领域的若干具体研究方向。

（1）针对“复杂环境的感知机理与高效计算模型”

这一关键问题的具体研究方向包括：

1）视觉基本特征提取，复杂背景下的目标和运动检测，大场景自动建模。

2）海量视觉数据的融合，物体表达和识别的理论和方法，基于认知的视觉模型和新型数学方法在视觉处理中的应用。

3）语音听觉的感知模型，语音的清晰度和可懂度评价方法，语音识别、说话人识别与语音场景分析等。

（2）针对“数据表达、特征提取与分类/聚类的新理论与新方法”

这一关键问题的具体研究方向包括：

1）模式的结构表达、结构学习、上下文建模与多粒度建模。

2）特征选择和特征变换，混合生成模型和鉴别模型的学习，弱标记数据学习。

3）非静态数据分类和聚类的模型选择，非矢量数据聚类等。

（3）针对“网络数据挖掘与机器学习新方法”

这一关键问题的具体研究方向包括：

1）互联网知识获取和推理，社会网络建模与计算，网页搜索，多语种、跨媒体内容检索。

2）网络用户模型和行为分析，网络社会关系分析，网络内容情感分析、话题检测和跟踪。

3）非线性学习问题，独立同分布问题，样本标记问题，主动学习，高维海量数据学习等。

(4) 针对“自然语言理解及网络服务的基础理论与高效算法”

这一关键问题的具体研究方向包括：

1) 语言加工的认知机理，语言知识建模及大规模知识库规范组织。

2) 大规模汉语语义计算模型及面向web的中文文本计算。

3) 基于互联网用户产生数据的语言信息处理技术。

4) 基于统计学习和语义理解的机器翻译方法。

5) 网络社会态势、发展趋势分析，网络热点、焦点检测与跟踪，网络内容安全保护技术，基于模式识别的网络有害信息检测和过滤技术。

(5) 针对“多模态信息协同与人机交互新方法”

这一关键问题的具体研究方向包括：

1) 多模态感知信息协同的认知机理，语言与图像信息的协同计算。

2) 多模态人机对话模型和信息融合机制，情感信息处理。

3) 环境感知的新型人机交互模型，和谐人机交互新理论和新方法，人机交互软件体系结构，人机交互中用户模型和用户界面。

十三、网络与信息空间安全

(一) 背景与意义

随着网络与信息技术的广泛应用，其影响涉及社会的多个层面，形成了一种新的人类生产和生活空间，这一空间称为赛博空间。安全需求贯穿于赛博空间从理论、系统到应用的各个层面。我国赛博空间安全形势比较严峻，恶意攻击、有害信息、病毒木马已给广大用户带来很大损失。安全保障是构建和谐赛博空间，惠及全民的必要条件。

赛博空间是微观与宏观、人与社会、自然交融而构建的多尺度计算空间，其处理的是无限的网络化数据，要求通过不同抽象层次的计算获得各层次的信息、知识、理解、推理和理论。因此，在传感器网络和物联网络的融入下，每个人类个体、社会、国家等全部的数据与其后蕴藏的信息都存在于赛博空间中。遗憾的是在这个多尺度空间中，无论宏观层面还是微观层面，其数据都是无限增长的，人类对其挖掘与智能利用的潜能也是无限的。不幸的是信息的产生、获取、存储、显示、处理、传输、利用及其相互关系全生命周期中，无处不存在信息泄露与过程被破坏的危险。这种危险的常态化与不可预见性由于整个信息计算系统缺陷的不可避免性，以及它们相互关系常常表现出的交叉、交织、胶着状态，而更趋恶化。例如，由于当前互联网计算软件状态空间的无限膨胀，没有可接受的时效下的理论与方法能够证明软件系统的可信性，甚至对我们今天常用的开源操作系统 Linux 也无法做到这一点，而 Linux 不过是构成赛博空间计算链条的一个很小的螺丝。而不解决赛博空间的安全性问题这个基础问题，含有高度隐私信息的传感器网络和物联网如何能够介入一个社会化共享的云计算基础设施中？

这个挑战不仅是面向全社会共享的绿色网络化计算的基石，也将我们引入到一个具有无限尺度的安全黑洞中，这就是“后可信计算时代”——可信计算成为庞大而无处不在的复杂系统工程。其中，另外一个更重大的挑战是个人、企业的隐私与国家和社会安全性之间的矛盾，使得问题的复杂性和急迫性更加突出，因为赛博空间是一个开放的自由空间，至少初衷是这样，因此，它未来的发展与演变也同样是一个重大的研究课题。

（二）研究目标

该领域的研究目标是研究在赛博空间中信息的产生、获取、存储、显示、处理、传输、利用及其相互作用的全生命周期和过程中的安全、信任、隐私相关的手段、原理与处理技术，建立赛博空间无限可扩展的绿色可信网络化计算平台，实现平台的监察监管、安全运行、预警预防、应急处理等基础支撑，实时监控信息的流动与操作，保障个人与公司隐私，保障国家与社会的安全与稳定。研究目标之一是研究面向云计算数据中心的绿色可信虚拟化平台系统软件的科学问题和设计方法学。

（三）关键科学问题

赛博空间安全面临几个难点：赛博空间安全属性的度量方法和计算模型欠缺，赛博空间安全刺激-响应的不可逆特性、安全响应的强时效性要求，赛博空间信任体系缺失，赛博空间安全动力学规律难以认知，赛博空间的系统服务效率与安全保障力度之间的平衡难以把握。

这一领域的关键科学问题之一是赛博空间中的共享计算环境的安全性，要求解决系统软件中的任务执行路径与系统软件基于状态的模块化层次架构的矛盾。

1）这里的任务可以理解为用户空间的进程和线程，它们需要向内核空间的进程和线程发送请求，同步或异步地等待内核进程的响应。有必要研究广义的赛博空间应用与算法执行模型，以迎合由 10 万个 hosts 构成，支持 100 000 个并发应用的分布式系统（cluster of data centers），同时它也需要表明在多核芯片内的有效性。因此，有必要研究赛博空间应用和内核结构化与非结构化计算模型（类似加利福尼亚大学伯克利分校的 LogP 模型），从而在芯片、系统、系统软件、应用等各个抽象层次都适用的安全可信的能力计算模型，实现了异构并发应用、异构芯片、异构系统三者间的安全统一，降低了各层次软件的编程墙的危害，最终用户能够直接通过某种语言实现安全可信分布式计算系统的编程，动态构筑其需要的系统。

2）通过 1）的工作，研究无状态程序与系统软件。引入可验证程序的思想，将系统软件中从用户进程到指令流的不断膨胀中操作执行流实现细粒度自治而通过"涌现"方法，通过分布式颗粒（计算、内存、磁盘、通信等）实现系统所期望的宏观特征和功能。从而解决在传统软件验证方法（verified software method）中的空间膨胀问题，实现数据库管理系统（Visual Fox Pro）研究方法的统一，解决 VF 方法在数据中心系统软件设计中的直接在线使用，这是一个重大的突破。因为目前 VF 最大的成果是 8000 行的操作系统，而数据中心的系统软件有其 100 倍的复杂度。更重大的挑战是，在云计算下，数据中心系统软件和应用软件的复杂度是不断增长的。

3）研究基于通用多核芯片的核粒度可信执行环境技术，发展细粒度并发安全执行模型、方式与方法，建立远程可信输入/输出通道，发展对代码的静态和动态验证、隔离、执行技术（基于分布式信任链机制），发展可信的分布式运行时系统，使得攻击者不能通过对程序中间状态的截取而能够基于马尔科夫链等技术推论其过去和未来，希望能够建立没有攻击点的系统软件。

（四）研究方向

网络与信息空间安全领域的主要研究方向包括：

1）国家赛博空间安全基础设施技术，包括安全隐私度量等级、试验平台、基准服务、测试数据，用于研究和检验安全隐私保障。

2）亿级用户可信可管泛在网的结构、协议和服务。

3）赛博空间中信任的度量、信任的生灭与传递规律和信任与安全模型。

4）赛博空间基于互联网络计算环境可验证与无攻击点系统软件设计的机制、原理与方法，应用软件安全执行原理与运行机制和原理。

5）赛博空间安全可信应用软件的执行机制、编程与计算模型。

6）网络社区的快速发现与社区生命期规律研究，和谐社区的特征刻画与构建原理。

7）突发安全事件与有害信息大规模扩散的快速发现、追踪与控制技术。

8）赛博空间系统运行确保体系、模型与方法。

9）赛博空间免疫系统。

10）传感网、物联网的安全隐私保障。

十四、多机器人协调与仿生机器人

（一）背景与意义

机器人是多种信息技术交叉和集成的综合应用，在国家安全、国民经济和社会生活、两化融合（工业化、信息化）、工业制造、航空航天、资源能源、健康医疗、灾害救援等领域有着决定性的作用。机器人在新的仿生、感知、行动、交互、基础体系结构理论方面的研究将带动一大批相关学科的快速发展并催生一批新兴学科。多机器人协调与仿生机器人是机器人领域的最前沿，是国家自动化水平的重要标志。

（二）研究目标与科学任务

机器人研究的总体目标是面向国家安全、抢险救灾、家庭服务与医疗康复等重大需求，发展未知环境下机器人实时感知、多任务多机器人协调规划与智能控制以及高性能仿生机器人的基础理论与实现方法。

机器人研究的基本问题是机器智能的实现和机器人复杂环境感知、智能行为的机理研究。在机器人基础理论研究方面，重点研究多机器人协调、新的仿生、感知、行动、交互和基础体系结构等，注重材料科学、生命科学、信息科学等多学科领域的交叉融合。在机器人系统及关键技术方面，重点研究仿生机器人理论与技术，以仿生机器人、微小机器人和服务机器人等为重点，使机器人在未来的能源与资源开发、抢险救灾、医疗健康、老年化社会服务等领域发挥重要作用。

（三）关键科学问题

在多机器人协调与仿生机器人优先发展领域中的关键科学问题包括以下几个。

1. 多任务多机器人协调规划与控制

多机器人系统具有容错能力强、鲁棒性高等优点，能够在复杂环境下高效、可靠地完成任务，是当前机器人领域的研究热点，目前尚无成熟的理论与框架。复杂环境下的多机器人操作具有高可靠性和高稳定性需求，需要解决高机动性移动载体、能源、远距离通信等本体技术，解决机器人协调与合作、对环境的感知、环境障碍清除、多机器人协作救助等技术，以及防爆、防水、防辐射等恶劣环境适应性技术，实现不同功能机器人之间互相协作，降低单个机器人的工作负载和设计难度，提高机器人的可靠性。

2. 高性能仿生机器人机理与实现方法

仿生机器人已经成为21世纪战略必争的高技术，对国民经济、社会发展与国家安全具有重要意义。仿生机器人兼具机器和生物的优点，既具有机器的多重复性和重复精度，又具有生物适应自然界特有的精巧和隐蔽性，其应用前景非常广阔。开展高性能仿生机器人研究，对推动仿生学、人工智能、先进控制、先进能源、微小型静音动力驱动技术、传感技术、导航技术等一系列共性科学与技术问题的研究发展具有重大价值，不仅可以促进机器人技术的发展和多学科交叉，而且可以开辟未来家庭服务、社会娱乐、危险作业及军事方面的应用新领域。

3. 未知环境下机器人实时感知

未知环境下，特别是在特殊与极端环境下工作，包括近海、深海、临近空间、南北极考察等在国家政治领土、军事战略、能源安全、气候环境等方面具有重要的战略意义，也是机器人研究的原动力。研究机器人自主感知机理及与各种障碍地面的作用机理，根据多传感器信息融合，实现机器人自主智能，提高机器人的可操作性和复杂信息处理能力，具有重要的研究价值。通过研究未知环境下机器人实时感知基础理论与方法及面向极端环境、抢险救灾、生物医疗与健康、助老助残等机器人系统与关键技术，使其在未来国家安全、能源与资源开发、抢险救灾、医疗健康、老年化社会服务等领域发挥重要作用，对提升我国科技和经济竞争力、推进工业化进程和实现产业结构调整、保障人身安全和改善人民生活水平将产生重要影响。

4. 机器人行为规划与智能控制新方法

机器人系统是一个以感知和运动为核心的非线性多体耦合控制系统，机器人的发展对空间精密驱动与控制技术的提高起到巨大的推动和提升作用。机器人运动规划、微纳操作、多机器人协调与合作等理论与方法的研究，对于带动相关学科的发展，带动国家相关基础工业与高新技术的发展，提升机器人的基础技术研究能力有重要作用。

5. 微操作机器人基础理论与关键技术

随着纳米功能器件和微型（微米/亚毫米级）零部件加工与装配逐渐向三维集成结构和实用化发展，利用碳纳米管等纳米结构的纳观特性，通过排列、操纵、互连等过程，经历纳观-微观-宏观不同尺度的制造过程演变，可以制造出具有更高性能的微操作机器人系统。采用多机械手协调控制和立体显微视觉技术，实现微纳零部件的加工、装配和跨尺度连接与封装，是微纳结构实现功能化、器件化和产品化的重要环节和关键技术。

（四）研究方向

在多机器人协调与仿生机器人优先领域中，以所提出的关键科学问题为导引，总结归纳出本优先发展领域的若干具体研究方向。

1. 针对“多任务多机器人协调规划与控制”

这一关键问题的具体研究方向包括：

1）多机器人任务管理和调度、资源竞争和冲突消解等。

2）多机器人行为一致性原理与方法。

3）基于多机器人协调的环境感知和交互。

4）多机器人通信、协作、编队控制等。

5）远程无线网络感知、网络交互和遥操作等。

2. 针对“高性能仿生机器人机理与实现方法”

这一关键问题的具体研究方向包括：

1）仿生机器理论和方法，模块化设计理论与方法。

2）定位导航技术，构建电子地图和组合导航系统。

3）仿人仿生机器人的运动机理、机构与驱动、仿生感知、多刚体动力学等关键技术和功能部件。

4）先进机器人科学实验平台的研制，包括仿生大狗，人工电子眼，仿生水黾，无人机与飞碟，可重构的变形金刚，多仿人足球赛，仿人“宇航员”等。

3. 针对“未知环境下机器人实时感知”

这一关键问题的具体研究方向包括：

1）新型传感器理论与原理。

2）机器仿生机电检测与控制。

3）远程无线网络感知和交互。

4）实时目标物体的探测、处理、决策方法研究。

4. 针对“微操作机器人基础理论与关键技术”

这一关键问题的具体研究方向包括：

1）微纳机器人的基础理论与实现方法。

2）微纳环境下微纳结构交互作用机理、模型与操作方法。

3）微纳米环境信息获取原理与实现方法。

4）微纳跨尺度超精密运动生成原理与多机械手协调控制机制。

5）微纳操作器（末端执行器）原理与实现方法。

十五、复杂控制理论与技术

（一）背景与意义

控制理论和技术是自动化技术的基石。在过去的半个多世纪中，控制理论对自动化技术起到了巨大的指导和促进作用。代表性的成就包括阿波罗登月、飞行器与机器人的控制、电力系统、化工系统，以及机械系统的自动化、网络与交通控制等。随着现代社会经济和技术的发展，自动控制所面临的系统越来越复杂。例如，工业生产过程和管理系统的规模越来越大，生态系统、社会系统、互联网等高度复杂性的系统也成为研究和控制的对象。大量的复杂控制系统都具有高度非线性、时变乃至强时变、强耦合、强不确定性、多层次、异构多模型集成等特点，给复杂系统的建模和控制带来很多新的挑战性科学问题。新型飞行器的制导与控制是一个典型的复杂系统控制问题，具有典型的多学科交叉特点，可以作为复杂系统控制理论与方法研究的实验平台。当前由于传感与通信技术的发展，计算机能力的空前提高，使现今的控制科学的发展具有信息丰富的特征。这就必须以控制工程为背景，以应用数学与计算机技术作为主要研究手段来进行研究，而控制系统分析与控制策略设计的关键在于计算机的算法与软件。

（二）研究目标

该优先发展领域的研究目标是将现有现代控制理论的工具与计算机、数据及人工智能方法相结合，开创一个面向复杂系统的综合建模方法，以综合模型为对象、建立一套新的以量化、动态过程、逻辑演化、数据挖掘、人工智能与经验相结合的新的控制系统分析方法与控制策略的设计与实现方法。

（三）关键科学问题

在复杂控制理论与技术优先发展领域中的关键科学问题包括以下几个。

1. 基于数据的复杂系统建模、分析与控制

对于航空航天、冶金、石油、化工、交通等大型复杂系统，很难建立系统的精确数学模型，但人们通常拥有大量与这类系统相关的历史与在线数据，以及专家经验知识等。在这些前提下，如何实现这类系统的建模、控制、优化与故障诊断成为迫切需要解决的难题。这一科学问题的研究目标是应用现代计算机技术，建立以基于数据的智能库与基于动态规律的数学模型相结合的复杂系统演化模型，并发展出这类模型的优化控制、算法实现，实时进行故障诊断和实现容错控制及对其维护等。

2. 多任务融合的、多异构系统的集成、优化与控制

正在兴起的移动多传感器网络可视为传感器系统、局部通信系统、多智能体控制系统的综合集成系统。大型分布式参数过程控制系统可视为嵌入式集散计算机控制系统、网络化监控系统、数据通信保证系统及复杂物理过程系统的集成系统，成为一类新的控制对象且提出新的控制目标。因此，应考虑集成系统所涌现出的整体特性，面向大规模复杂系统控制以及若干典型信息——物理综合系统控制任务，着重解决交叉融合的智能化综合集成系统的优化与控制问题。

3. 复杂系统的共性研究与控制策略

自20世纪60年代始，现代控制理论的基本发展脉络是还原论导引的，即按系统的动态模型形式分别研究。但在现代工业、国防及社会经济行为中有大量形态迥异的大型复杂系统，它们具有多重典型的复杂共性，如高度非线性、时变乃至强时变、强不确定性、强耦合、多层次、异构多模型集成等。这些都是经典控制理论难以应对的。利用系统论的思维方法，可以针对具有不同的典型共性的复杂特征提出相应的控制策略。例如，研究从模型形式导向到模型特征导向的综合方法，使设计出的控制策略具有很强的鲁棒性与普适性。

4. 复杂运动体协同、制导与控制

具有自主控制功能的运动体（如目标探测识别与跟踪分系统、运动状态反馈分系统、路径规划与控制决策分系统等）通常系统构成复杂，具有快时变、强非线性、强耦合和强不确定性的复杂特性。随着科技的发展和工程需求的提高，其系统的复杂程度在不断地增大。具有自主导航控制功能的运动体往往表现为任务复杂、流程复杂、结构复杂和环境复杂的运动系统。制导与控制理论的研究目标可概括为智能化、高精度、高可靠性和高实时性。因此，必须发展基于智能优化的分布式复杂运动体的协同控制和基于多信息源的导航制导控制一体化理论方法和关键技术。

5. 不确定环境下的高性能导航理论与关键技术

高性能导航是指运载体在不确定复杂环境条件下长时间、远航程的高精度、高可靠导航，包括深空探测器、深海潜器、高空长航时飞行器、高超声速飞行器等航空、航天、航海、地面等领域各类运载体的导航。高性能导航是不确定复杂未知环境下运载体安全可靠运行的关键技术，在国民经济建设和国家安全中具有重要战略意义和广泛用途。其研究目标是建立基于惯性、地球物理场、天文、全球卫星导航系统（GNSS）多信息融合的导航理论与方法、新型滤波方法及多层次信息融合故障诊断与检测方法。

（四）研究方向

在复杂控制理论与技术优先领域中，以所提出的关键科学问题为导引，总结归纳出本优先发展领域的若干具体研究方向。

1. 针对“基于数据的复杂系统建模、分析与控制”

这一关键问题的具体研究方向包括：

1）当存在大量历史与在线数据、专家经验、部分稳态模型的情况下，复杂系统的混合建模问题。

2）复杂过程优化与调度问题。

3）系统在线控制律的算法与控制效果评估。

4）在精确模型缺失的情况下系统的故障诊断、预测、模型重构和容错控制。

2. 针对“多任务融合的、多异构系统的集成、优化与控制”

这一关键问题的具体研究方向包括：

1）智能化综合集成系统的整体特征描述与建模问题。
2）智能化综合集成系统的群组优化、协调与决策问题。
3）智能化综合集成系统的人机交互与动态实时控制问题。
4）大规模智能化综合集成系统的高级控制算法及其性能分析。

3. 针对“复杂系统的共性研究与控制策略”

这一关键问题的具体研究方向包括：
1）针对高度非线性的非线性控制策略。
2）针对强不确定性的鲁棒控制策略。
3）针对多模型的基于逻辑的切换控制策略。
4）高性能、快速反应的在线控制策略。

4. 针对“复杂运动体协同制导与控制”

这一关键问题的具体研究方向包括：
1）多模复合制导技术。
2）高动态运动体在复杂环境下的动力学与控制。
3）多源干扰环境下先进姿态控制方法。
4）新型制导方法和导引规律。
5）多运动体协同制导与控制理论。

5. 针对“不确定环境下的高性能导航理论与关键技术”

这一关键问题的具体研究方向包括：
1）远程、长航时运载体的高精度自主导航理论与方法。
2）基于不确定未知环境感知的精确导航问题。
3）复杂多变环境下多传感器组合导航信息融合理论与方法。

十六、复杂系统与复杂网络

（一）背景与意义

复杂系统的行为或特性，一般不能由其组成部分的行为或特性通过“简单相加”来解释，它往往具有多层次或多尺度性，产生涌现现象，具有演化特征。复杂系统科学重点研究自然、工程和社会经济复杂系统中微观机理与宏观现象之间的关系，复杂系统中结构形成的机理和演变规律，系统结构、环境与行为的关系，复杂系统演化规律及其调控，复杂系统不同尺度间结构与行为的关联性，发展复杂系统的理论与方法等。提高对复杂系统的理解和干预能力对现代科学、工程技术、社会经济与资源环境等方面都将产生深远影响。复杂网络可以刻画复杂系统中个体之间相互作用的拓扑结构，是复杂系统的一种重要描述方式，近年来在此方面开展了一系列有价值的研究，成为复杂系统研究的一个重要方向。

（二）研究目标与科学任务

该优先发展领域的研究目标是面向复杂系统与复杂网络中的不能用还原论方法进行解释与分析的涌现/自组织现象的困难问题，以及大规模工程与经济系统中由于变量众多、边界条件复杂、不确定性大而给复杂系统的分析与计算带来的挑战，探索和建立复杂系统描述、分析、计算与调控的理论与方法，发展面向大规模工程与经济系统的决策分析和优化调度的理论及高效算法。其研究重点包括复杂多个体系统、复杂自适应系统、系统生物学与复杂生物系统分析、社会经济系统的群体行为、复杂网络的基本结构性质及其刻画、网络结构的产生机理，以及结构、动力学和功能之间的关系，复杂系统建模、计算与综合集成理论与应用。

（三）关键科学问题

在复杂系统与复杂网络优先发展领域中的关键科学问题包括以下几个。

1. 复杂系统与复杂网络的演化规律与行为调控

对大量复杂系统中的涌现现象背后的机理和基本规律进行深入研究和总结，如复杂生物系统、社会经济系统等；探索系统演化规律和特点，如多个体系统的集体行为、演化动力学、自组织理论等，以及对演化过程如何进行干预、引导与调控，使得系统涌现出所期望的行为等。

2. 复杂自适应系统

复杂自适应系统是复杂系统研究的重要问题。该系统由大量个体（或称为子系统）组成，个体与个体之间通过相互作用相互适应。通过适应改进和产生新的功能或者结构，从而造就复杂性。现实中的许多系统，比如经济系统、生态系统、细胞等都是典型的复杂自适应系统。复杂自适应系统的研究具有巨大的挑战性，如进化计算、开放的进化模型、相互作用网络的演化、边界和层级的形成和演化，许多复杂现象的起源问题等。另外，它还要注重发展有效的数学工具与方法，建立严格的理论。

3. 复杂系统建模、计算与综合集成

针对具有复杂性特征的真实系统，研究重大工程、自然和社会经济复杂系统中微观机理与宏观现象之间的关系、结构与系统行为的关系；研究复杂系统的演化规律及其调控等。该科学问题需要面向实际问题，更需要研究面向复杂系统的系统分析、建模、仿真、计算、调度和集成等理论与方法，包括复杂系统的建模与仿真理论与方法，复杂系统分析、计算与应用，系统集成理论、方法及应用等。

4. 复杂任务实时决策、规划与调度

提高复杂任务的决策、规划与调度水平对促进国民经济和社会发展、维护国家安全等具有重大意义。

5. 复杂供应链系统理论及应用

近年来，随着全球化的深入，加强供应链管理在我国粮食、钢铁、石化、服装等许多行业显得日益重要，如粮食供应链系统涉及种子、农药、肥料、农机等生产、加工、流通等众多环节，具有高度的复杂性，对其进行高效的管理和控制具有很大难度。供应链系统是一种典型的复杂社会经济系统，研究供应链系统的复杂性建模与分析方法、内在特性与规律、管理控制策略等，对提高我国上述行业企业的运作效率、经济效益和市场竞争力具有十分重要的意义。但由于复杂供应链系统具有大规模和结构复杂、不确定性和动态性强等特征，实现对复杂供应链系统的高效管理和控制已成为许多行业的共性难题。

（四）研究方向

在复杂系统与复杂网络优先领域中，以所提出的关键科学问题为导引，总结归纳出本优先发展领域的若干具体研究方向。

1. 针对“复杂系统与复杂网络的演化规律与行为调控”

这一关键问题的具体研究方向包括：

1）对已知局部规则的多个体系统宏观行为的分析。

2）设计局部规则以实现期望的集体行为，以及对多个体系统的干预和调控。

3）复杂网络的基本结构性质刻画及网络结构的产生机理。

4）网络结构、动力学和功能之间的关系等。

2. 针对“复杂自适应系统”

这一关键问题的具体研究方向包括：

1）复杂自适应系统“学习与决策”基本机理建模。

2）复杂自适应系统的适应性特征，个体之间相互适应的特点与规律。

3）复杂系统个体间相互作用强度与系统整体自适应能力研究分析。

4）个体特性差异与系统结构复杂性对实现复杂系统自适应的影响。

5）复杂系统拓扑结构、组织、边界和层级的自适应演化。

3. 针对“复杂系统建模、计算与综合集成”

这一关键问题的具体研究方向包括：

1）智能化复杂系统建模仿真集成环境的构建和运行的理论与方法，研究具有分布、异构、协同、互操作、共享重用等性能的网络化复杂系统建模仿真集成运行环境体系结构。

2）研究复杂系统优化的软计算方法，把人的知识和经验等定性知识融合到传统的定量计算方法，并应用到实际的复杂系统中。

3）集成系统的体系结构框架和设计，研究体系结构框架的通用性、完备性和科学性，以集成系统互操作性为中心，研究集成体系结构设计方法，以系统间的无缝交互为目的，研究集成体系结构一体化理论模型。

4）体系结构能力构成，研究基于集成体系结构的系统能力形成过程，研究集成系统能力设计与构建、能力关联分析、能力定量与定性分析、系统能力评价方法等。

4. 针对“复杂任务实时决策、规划与调度”

这一关键问题的具体研究方向包括：

1）面向具有大规模、非线性、强耦合、不确定性、动态性、带复杂约束、多目标、分层、递阶、群决策、定性和定量信息共存、半结构化/非结构化、多阶段等特征的复杂任务实时决策问题的建模、分析与优化理论和方法。

2）面向具有大规模、非线性、不确定性、动态性、定性和定量信息共存、多目标、带复杂约束、多阶段等特征的复杂任务实时规划问题的理论和方法。

3）面向具有大规模、带复杂约束、多目标、不确定性、动态性等特征的复杂任务重调度或动态调度问题的理论和方法。

5. 针对“复杂供应链系统理论及应用”

这一关键问题的具体研究方向包括：

1）供应链系统复杂性的有效建模、分析理论与方法。

2）供应链系统的复杂内在特性与规律。

3）复杂供应链系统的协调优化、控制策略、方法及应用。

第三节 重大交叉领域

一、生命信息检测与分析

交叉学科：生物学、医学、材料科学、化学。

（一）背景与意义

生命信息检测与分析是生命科学与信息科学的前沿交叉领域，综合运用通信、计算机、半导体、光电子等技术多层次、全方位地探索生物和医学问题，研究生物体的结构和功能，以及功能与结构之间的相互关系，解释人体及其他生物体的状态、性质和特征。在 21 世纪的后基因时代，生命信息研究重心由描述生命系统结构转向探究生命系统各组成部分之间的相互影响，了解各组成部分协作形成复杂生命系统的机制。在医疗方面，未来的医疗健康保障重心前移，医学模式将以预测干预为主，由单一的生物医学模式向生物-环境-心理-社会的会聚医学模式转变。这种改变要求在组织器官尚未出现形态学的变化之前，高灵敏度地获取多模态、多维信息，特别是功能性信息，系统化地分析处理，达到评估健康状况、预测与早期检测疾病。随着生物学、医学、药学等研究和应用的深入发展与变化，需要从生命信息基础理论开始，实现高的时间与空间分辨率信号采集与检测新方法，提高检测信号的信息量，建立描述复杂生命系统的新模型。

生命信息检测与分析的主要意义表现为：

1）基于信息技术的生命信息检测已经成为基础生物学、临床医学、医药学研究领域的不可或缺的工具，在阐明生命活动的基本规律、认识疾病发生发展规律、药物研制等方面产生重大影响。

2）信息系统学科与生命科学、医学等重要学科领域在研究思维与方法上的交叉、融合和突破，推动了生物信息学、系统生物学等新兴交叉学科的诞生，并迅速成为当今和今后相当长时间内科学探索最活跃的领域之一，对于探索生命的奥秘、维护人类健康既具有深刻的理论意义，又具有重大的实际意义。

（二）研究目标和科学任务

从信息科学角度研究生命过程，了解其运行机理，预测其行为与性能，为医学对生命进行正面干预奠定基础。建立现场即时的信息获取、分析处理的生命检测新模式，及早发现、随时观察、及时调整、及时治疗，使健康人在亚健康状态以及在疾病变得严重之前得到有效的干预，大大节省后期的治疗费用，降低健康成本，提高生命与生活质量。实现高灵敏度快速实时定量检测，探索生物体在自然状态下生物信息的低负荷、连续和动态的数据获取，特别是人体健康信息获取方法，实现微观层面和宏观层面生命信息的精确获取与分析方法、手段和装置，解释分子在组织、细胞、亚细胞水平的生物学行为。

该领域的预期代表性科学任务有：

1）家庭式血液检测：替代医院的血液常规检查，在家庭即可进行。为常见疾病的远程医疗提供技术手段。作为在或靠近患者护理点的诊断测试的一个代表，它将推动测试便利化，患者及时得到结果的可能性增加，可进一步推广至癌症等重大疾病。

2）脑、心、肺自然状态下连续检测：设计低负荷检测装备，连续监测脑、心、肺功能状态，记录测试数据，在危险或不正常状态下进行报警。作为开展移动电子卫生保健（eHealth）的代表，为研究长期条件下的自然监测开辟途径，为及时发现中风、心脏梗死、哮喘等提供手段。

（三）关键科学问题

生命信息检测与分析领域的关键科学问题总结如下。

1）可植入装置的安全性：电子生理装置植入生物体会产生复杂的生命、化学和物理作用，装置本身如何安全可靠地工作，与人体进行物质、能量、信息的交互，以及对其工作状态的检测，在生物体复杂的代谢过程与环境中将成为研究的首要问题。同时，如何安全地获取或存储能源对装置的使用寿命也至关重要。

2）人体电磁效应：电子装置检测生物信息过程中，电磁效应的利用最为普遍。一方面，人体作为一个复杂的高损耗的介质，体内、体表和人体周围的电磁传播与普通的空间传播有很多差异，其传播特性需要有广泛的测量和精确的建模。另一方面，电磁波对人体的效应与影响目前简单地以热吸收衡量，显然还存在不少问题。

3）生物光子辐射机理：生物系统的自发超弱发光，光谱范围颇宽，从紫外延伸至近红外，必须用灵敏的光电探测器才能探测。生物超微弱发光与生物的氧化代谢、细胞的分裂和死亡、光合作用、癌变以及生长的调控等许多基本的生命过程都有着内在的联系，而且正是由于它与活的生物体内发生的生化过程、生物机体的生理和病理状态等有着密切的联系，才使其在医学、生命科学等众多方面都有潜在的诊断价值。但是，目前光子辐射的机理还没有全面掌握，定量关系十分复杂，还需要大量探索。另外，生物系统的超弱光子辐射是否携带信息、是否构成生物系统之间及其内部细胞之间通信联系的一种途径，这些都是引人关注的重要问题。

4）生命信息的系统生物学分析方法：伴随着各种基因组测序计划的展开和分子结构测定技术的突破和Internet的普及，数以百计的生物学数据库如雨后春笋般迅速出现和成长。数以亿计的ACGT序列包含着什么信息？基因组中的这些信息怎样控制有机体的发育完成复杂的生物功能？基因组本身又是怎样进化的？这需要系统生物学的分析方法以便理解它们的运行机理和受控机制。另一个挑战是从蛋白质的氨基酸序列预测蛋白质结构。这个难题已困扰理论生物学家半个多世纪。

（四）研究方向

1. 生物芯片

生物芯片结构和功能更加集成化，从单纯的微阵列芯片的研究和应用，进一步向集样本的捕获、处理、分析为一体的微流体芯片的方向发展。生物芯片中将更多地集成微光电器件、微型生化反应部件，以及各种微型化学分析构件。量子点技术、纳米孔、纳流体等纳米技术将越来越多地应用于生物芯片中。单分子DNA测序芯片、高灵敏度快速核酸实时定量检测芯片等已为热点。同时，生物芯片将从单纯的分析器件向更为复杂的生物功能器件和信息处理器件的方向发展，将会创造出一批新概念生物芯片，有很大的发展空间。生物芯片技术的发展与微弱信号检测装置、信息分析系统和现代微纳加工技术的发展分不开的。微光刻技术、MEMS技术、分子组装技术、微点微喷技术、纳米技术、微弱信号检测、信息处理分析等是各类新型生物芯片研究的重要基础。

2. 可植入式微型电子生理装置

植入式医学电子学应用电子学、微电子技术和相应的工程技术的理论和方法，从工程科学的角度研究生物体、人体的结构和功能，以及功能与结构之间的相互关系，并对生物体和人体进行植入式电子学装置埋植，以实现生命体自然状态下生命体征的监测、疾病的预防、诊断、控制与治疗、心理与精神的控制、组织与器官修复等功能。植入式电子学一方面将电子学用于生物和医学领域，对生物体和人体疾病的预防、诊断、控制、治疗，以及人类的健康和发展均有着非常重要的意义和价值；另一方面生命过程中揭示出的许多规律，特别是经过亿万年进化而形成的生物信息处理的优异特性将会给电子学科以重要的启示。

3. 生物医学光子学检测

生物医学光子学检测研究生物系统以光子形式释放能量和对来自生物系统的光子探测，解读这些光子携带的有关生物系统的结构与功能信息。生物超弱发光的成像利用高灵敏度的光子探测与成像技术，并结合光子统计与光子相关测量技术，在可见或近红外波段获得生物体的超弱发光的二维图像，可用于测量人体的代谢功能与抗氧化、抗衰老的机体防御功能，可望在疾病与临床诊断方面得到重要应用。

4. 分子成像与癌症等重大疾病的早期诊断

这一方向研究特定分子在组织、细胞、亚细胞水平的生物学行为问题。与以前单个、离体行为的研究不同，它是研究在活体状态分子的行为，在体考察活体复杂环境中分子的行为与功能，以便更好地掌握和利用真实环境中生命活动的规律。与结构性成像方法相比，分子影像提供功能性信息，其发展目标是促进了解疾病，更好地区分、诊断，以利于疾病的早期检测，并利用对生物标记物成像客观地监测治疗。

5. 生物电磁环境效应

这一方向深入研究复杂电磁环境与生命体及过程的相互作用，防止电磁辐射对人体的危害和解决电磁污染问题；利用电磁场对生物的有利效应，研究和探索生命的规律和新的治疗手段。

6. 生命信息解读与系统分析

生物信息学以基因组 DNA 序列信息分析作为出发点，破译遗传语言，认识遗传信息的组织规律，辨别隐藏在 DNA 序列中的基因，掌握基因调控信息。现在，需要进一步从基因组分析到系统生物学方法的研究，了解生物系统内部错综复杂的关联之间的运行机理和受控机制，以便从时空上对其行为与性能进行预测；对蛋白质空间结构进行模拟和预测，依据蛋白质结构和功能的关系进行药物分子设计。

二、量子计算与量子调控

交叉学科：数学、物理学。

（一）背景及意义

量子信息是量子物理与信息科学学科交叉融合的新兴学科，为信息科学和技术的持续发展提供了新的原理和方法。量子密码可提供安全的保密通信，量子因特网具有奇特的新功能，量子计算开辟了一种全新的并行运算模式，其运算能力极大提高。经过十多年的努力，量子密码技术已经接近实际应用，量子因特网和量子计算仍然处于基础研究阶段。在少数量子比特物理系统中成功地演示了量子计算的工作原理、量子门操作、量子编码、量子算法等。实验研究的进展进一步表明，量子计算的实现不存在原理性的障碍。

当前量子计算的物理实现遇到两个关键性的困难，一是如何研制大规模量子比特的物理系统，即物理可扩展性问题；二是容错计算的难题，即如何使量子门操作的出错率低于容错阈值，使得门操作的差错可以有效纠正，确保量子计算的可靠性。

此外，量子纠缠和量子关联的研究不断地揭示出新的物理效应，加深了对量子物理性的认识，有望更广泛地开拓量子信息的应用前景。量子算法、量子编码等相关的基本理论问题仍然有待于深入的研究。

（二）研究目标和科学任务

1. 研究目标

该领域的研究目标是探索计算规模可扩展并能容错的量子处理器及量子调控体系，争取研制成功量子计算原理机样机。

2. 科学任务

该领域的主要科学任务包括寻找具有物理可扩展性和容错能力的物理体系；研究量子纠缠和量子关联的特性；研究量子仿真系统，用于实现现有电子计算机难以完成的仿真任务；研究量子编码、量子算法、消相干等基础问题。

（三）关键科学问题

量子计算与量子调控领域的关键科学问题包括：

1）量子计算的基本问题，包括量子物理体系的物理实现，量子门的单比特和双比特操作，信息的编制和有效读出等。

2）量子比特物理扩展的途径。

3）容错量子计算实现的机理和方法。

4）量子信息和量子调控的基本物理问题。

5）全量子网络的实现以及其信息传递和处理问题。

（四）研究方向

该领域的主要研究方向包括：

1）基于量子点、超导、固态微腔、离子阱等的量子处理器。

2）固态量子芯片的研究，特别是新材料的量子处理器的制备、比特操作、信息读出等基本过程的物理问题。

3）基于微腔、光子晶体和冷原子体系的量子仿真实验平台的相关问题。

4）固态量子存储器和量子中继器。

5）全量子网络的相关物理问题。

6）量子纠缠和量子关联的动力学演化。

7）量子消相干和容错量子计算的基础问题。

8）量子编码、量子算法等基础理论问题。

9）拓扑量子计算等新型量子计算途径的探索。

三、基于光学与光电子的精密测量

交叉学科：数学、物理学、生命科学、材料科学。

（一）背景与意义

不断挑战并突破时间高分辨、频率高精度、感知高灵敏度的现有水平是精密测量领域追求的目标，也是重大科学发现的基点。纵观人类发展历史，科学技术的每次飞跃都得益于使用前所未有的测量手段或具有前所未有的精度、分辨率、感知范围或灵敏度的测量手段。21 世纪初，在阿秒（10^{-18}秒）极端超短光脉冲产生的基础上发展起来的阿秒科学与技术，已使人类获得趋近阿秒量级的时间分辨、光场时-频域的同时，精密控制相继引发出一系列新概念和新技术，使得人们可同时在时域和频域实现高分辨的精密测量。光频的测量精度正在向 10^{-18}秒推进，并相继引发出光钟、光频合成等新技术以及光梳精密光谱学等新学科前沿，可望以更精确的时间/频率标准实现秒的新定义。

另外，精密测量的灵敏度达到了可以感知单光子的程度，开拓出了量子极限精密光谱测量技术。这一系列突破提供了其他研究手段与技术平台尚无法达到的时间、空间、频谱的超高精度、超高分辨和超高灵敏度，将引发精密测量原理与技术的重大变革，极大地提高人类探索和揭示微观世界运动规律的能力。使用更高的测量精度和灵敏度，可观测到许多前所未见的新现象，揭示出新的物理规律，这必将成为重大科学发现的新起点，推动基础学科与前沿交叉学科及战略高新技术迅猛发展。当前，与精密测量密切相关的很多科学发现才刚露端倪，正处于取得重大突破和做出重大建树的前夜，它们将为许多重要基础科学问题的研究带来革命性突破，并将诱发新一轮战略高技术的国际竞争，包括精确定位、航天、卫星导航、空间探测、遥控跟踪、现代通信、信息安全等，也将在量子调控、分子成像、生物/纳米科学、量子探测技术与新量子器件等方面有至关重要的应用。

（二）研究目标和科学任务

精密测量将进一步向超高精度与超高灵敏度有机结合的方向发展，形成兼具时域高分辨、频域高精度、单量子灵敏度等精密测量光电子学的新概念与新方法。其科学目标是实现精密测量与灵敏探测的集成，不断获得更高精度与更高灵敏度。这包含精密测量物理的学科前沿开拓，高精度光频标、单光子探测等方面的技术、设备创新，分子振转指纹光谱灵敏检测等高新技术的应用等。

（三）关键科学问题

精密测量光电子学技术发展面临的关键科学问题包括：

1）突破测量精度现有极限的新概念与新技术。

2）超高精度与超高灵敏度的联合测控技术。

3）亚波长尺度下超快光电子学测量技术。

4）基于超快强场激光的精密测量技术。

这些关键科学问题攻关与技术创新直接瞄准国家战略高新技术发展的迫切

需要，将催生精密测量方面一系列原创性研究成果。

（四）研究方向

1. 突破测量精度现有极限的新概念与新技术

这一研究方向主要包括：①研究精密测量的物理限制与光场精密控制精度的物理极限，发展探测阿秒量级动力学过程的新方法，在紫外与极紫外等短波段实现更高精度的测量、实现高精度的冷原子光钟比对与光钟精度下的精密测量；②实现超快强场激光的精密控制及高功率阈，光梳、紫外高功率光梳，探索光场时-频域精密控制在高功率放大、高阶非线性和远程传输等过程中的高精度传递和控制，发展具有更高精度的非线性/紫外光梳精密光谱学等；③采用更高测量精度探测新现象，探索基本科学问题，如验证物理基本常数，促进基本物理研究；揭示物质与反物质的可能不对称性；检验量子电动力学、广义相对论等。

2. 超高精度与超高灵敏度的联合测控技术

单分子或量子材料中的超快信息处理已经成为当前科学技术的重要前沿，迅猛发展的研究包括：①超快精密光谱与量子极限的超灵敏光谱的结合，如时空超高分辨与频谱超高精度单分子信息存储、读取和操作，超高精度测控促进超高灵敏测控的新技术，超灵敏测控为精密控制提供基准；②探索实现单分子与单量子器件的超灵敏、超精密调控的新机理、新方法，如光电耦合调控新机理，掺杂量子点耦合控制及新奇效应探索，基于表面等离子体激元局域增强效应，实现单光子的非线性操控等；③探索单光子探测技术从经典极限向量子极限跨代发展的科学基础和量子调控新技术，如从基于经典的光电转换到直接利用量子效应来探测，从雪崩探测方式到量子态调控和量子材料能带控制方式，基于光子与电子及等离子体激元相互耦合的光子收集方式等。

3. 亚波长尺度下超快光电子学测量技术

这一研究方向主要包括：①发展时-频域高精度与亚波长空间高分辨结合的光电信息测量与调控技术，如实现表面等离子共振光电子技术与超快光子操控技术的有机结合、表面增强分子相干调控和结构解析、表面单分子精密测量与信息的超快读写和处理等；②发展时空超高分辨与频谱超高精度的超快光子信息处理的新原理与新技术，如表面紫外光梳产生和表面吸附单层分子膜技术、兼具时域和频谱高精度的超快表面精密测量技术等；③精密测量凝聚态物质中原子尺度的超快动力学过程，诱导产生新的量子结构和新效应。

4. 基于超快强场激光的精密测量技术

这一研究方向主要包括：①发展基于超快强场与超短波段时-频域精密测量与操控技术，实现阿秒脉冲的产生与测量，实现高功率光学频率梳、紫外和极紫外波段光学频率梳，大幅度提高光场控制精度；以超高时间分辨、超高频谱精度探测微观世界物质内部的能量转移和信息传递过程；②超高时间分辨与超高频谱精度超快强场量子调控，在时域与频域同时实现高精度调控复杂分子体系；实时测控分子振动和异构化等超快过程；③实现分子中电子波包的极端超快操控；④生物大分子结构成像新原理和新技术，精密控制的超快激光与分子的相互作用，剪裁生物大分子；超快强场精密光谱学应用于蛋白质结构分析，测定单个大分子结构。

四、空天信息网络基础

交叉学科：地球学、空间学、物理学、力学。

(一) 背景与意义

嫦娥、神舟、北斗等一系列重大工程的成功实施标志着我国空间与信息技术迈入世界前列，但在空间信息服务于经济、国防等国家需求层面上仍存在很大的差距。

空天信息网络由深空网络、天基网络、临近空间网络、超低空网络以及地面支撑网络组成，包括信息获取、传输、处理、分发和导航、控制等主要功能，涉及信息、物理、天文、力学、地球科学、管理等多个学科。其面向光学、红外、雷达、激光、微波、高光谱等多谱段信息，支持高速宽带大容量信息传输，以及多元、多尺度、多质、多时相信息共享与处理，实现快速高效的信息服务，作为人类拓展科学、文化、生产活动至空间、远海乃至深空的信息基础设施，已成为当今全球范围的研究热点。

空天信息网络是人类进入空间的桥梁。21 世纪，进入空间的模式从单纯将飞行器送入空间执行单项任务方式向网络化系统级进入空间模式发展。欧美的多个星座计划正印证了这一趋势。特别是空间对地观测系统通过网络化可以提高时间分辨率、空间分辨率和频（光）谱分辨率，并实现有效的资源共享和信息融合。空天信息网络也是实现全球一体化快速及时航空信息服务的重要途径。

空天信息网络是人类认识空间的手段。空间是重要的科技资源，也是重要的战略资源。为了更加精细、更加全面地认识空间，当今的空间观测、对地观测已从单一手段向多手段（光学、红外、微波、多光谱）协同方向发展，而空天信息网络则是实现多手段协同的必要前提。

空天信息网络是人类利用空间的基础。大量的研究表明，航天信息直接支持应用有赖于空天信息网络支持；空间宽带 Internet 将形成巨大的空间产业；空天信息网络所具有的独特位置与地域优势带来的特有信息服务能力，带动新兴产业的发展，形成具有巨大潜质的核心竞争力。

该重大交叉领域研究将有效支撑载人航天与探月工程、高分辨率对地观测系统、中国第二代卫星导航系统等重大专项，推动我国乃至与人类生存和发展休戚相关的气候、环境、资源、灾害、可居住性、可持续发展等重大问题的解决。

（二）研究目标和科学任务

空天信息网络基础研究目标是为集大尺度时空基准、广域通信与信息分发、多元宇观信息感知、星际远程控制等功能为一体的立体综合网络奠定理论和技术基础，有效支持天基、空基和地基各种应用，服务于深空探测、空间互联网、协同空管、导航定位、移动通信、远海通勤等国家重大发展需求。

其具体目标是探索构建互联互通、无缝一体的网络系统框架的理论基础，通过系统综合研究先进的通信网络、信息传输、智能处理与高效服务等核心技术，实现全天时、全天候、全方位、近实时地获取各种空间和地域信息，为各类用户提供大范围、高精度的导航定位信息，实现大容量、大范围信息的快速分发。同时，与地面通信系统融合，发展星上处理等核心技术，支持广域无线通信覆盖，形成空天地一体化综合信息系统的中枢和纽带，成为人类进入空间、认识空间、利用空间的空天信息走廊。

该领域的预期代表性科学任务有：

1）全球网络快速接入：以空天飞行器为代表，空天信息网络为其提供全球范围的测控、通信、导航等综合信息支持，完成星座测控、对地观测全球范围实时回传等标志性试验，为我国导航组网、对地观测等重大工程提供理论基础。重点研究星上路由交换、星间链路、空天动态组网等关键技术，发展空间互联国际标准，与欧盟等国际组织共享空间资源，推进国际化空天科技研究与空间利用。

2）国土与深海无缝覆盖：以地面用户和远洋舰船为代表，空天信息网络为其提供导航定位、移动通信、多媒体集群等综合信息支持，完成移动通信天地融合覆盖、深海通勤导航支持等标志性试验，为我国进一步开发国土资源和维护全球经济利益提供技术途径。重点研究星上处理、动态波束、天地协同等关键技术，形成国家利益所达区域信息无缝覆盖和全球重点区域机动覆盖的能力。

3）宽带大容量的信息传输：信息传输的瓶颈成为信息获取和应用的最大障碍，空天地一体化宽带微波通信系统和激光无线通信系统，实现海量数据的星星、星地传输。在传统的微波通信领域中，要重点解决新的编码、解码技术，调制、解调技术和扩谱技术，提高信息传输率、系统可靠性以及抗干扰能力；加强新方法、新技术的研究，特别是激光无线通信技术、量子通信技术、太赫通信技术的研究。

（三）科学问题

空天信息网络基础技术发展面临的科学问题包括：

1）全天时、全天候、大范围信息覆盖：在功率、频率、空间、时间综合资源受限条件下，面向不同应用服务/任务对时变资源、动态网络能力的分配等多种需求，空天信息网络需要利用微波、光学、电子侦察等多种类型传感器，实现多谱段、多角度、多极化、分布式协同探测和信息融合，以提高多维分辨率，拓展探测范围；需要研究空天地分布式、非合作、多感器的新型信息协同获取机理；解决多手段、多网络协同工作等科学问题。

2）引力场作用下的立体网络动态拓扑：空天信息网络节点在引力作用下的高速轨道化/非轨道化运动，网络拓扑时变；节点布局突破地面平面网络结构呈现立体布局，节点间相对高速运动距离变化大；准静态网络组网、路由方法难以适应空天信息网络，基于地面衰落的平面化资源管理优化方法也无法应用；动态网络的保护、自愈也没有成熟的理论。

3）相对论影响下大尺度弯曲时空基准：针对空天信息网络的大立体、高动态的特点，以及观测数据的精确处理要求，在大尺度时空范围缺乏有效的全球物理基准及其与区域物理基准的统一和转换；不同时空参考框架下信息的获取、融合处理和表达需要精密的参考基准以及在此框架下的统一时空表示模型；高速高动态节点及用户引入的狭义与广义相对论效应更是对机械的统一时空框架提出了挑战。

4）空天开放环境远距离信息传送：空间环境受太阳活动影响，深空探测甚至会受到宇宙环境的影响；太阳风暴对电磁波通信和电子元器件工作都有很大危害，空间环境下通信如何保证可靠性成为关键问题之一；远距离信息传送链路损耗大、延时长，常规编码调制技术无法解决极低信噪比和功率受限条件下的可靠通信；高增益天线（阵）面临口径大、多天线相干处理等难题。

5）高动态、大延时下通信、计算、控制融合的网络协同协议：空天信息网络是一个大容量、多层次异构网络，具有通信、计算、控制等多重功能，承载海量、多维、协同信息，适应实时、高动态环境。因此，空天信息网络体系结构中将包含多个异构异质子网络，每个子网络具有相对自治性，网络节点具有高动态性，网络行为表现方式极为复杂；同时传输链路稳定性差、长时延、易中断、节点分布不均匀等特点，对网络动态配置、组织与管理、聚合与重构等网络协议设计提出了挑战。

6）空间海量多维多元多尺度信息的网络承载应用：空天信息网络应用中，大量的空基、天基、地基传感器和网络系统产生的数据在TB至PB级，一方面存在“数据海量、信息不足、知识难觅”的突出问题，另一方面对数据处理提出了极高要求。针对空天信息网络中空间数据的多源异构、非线性、多尺度、多维等特点，目前缺乏以用户需求为驱动的空间数据信息提取搜索方法，更需要知识发现等理论与模型。

（四）研究方向

1. 空天信息网络体系结构

这一方向研究空天立体动态拓扑、网络异构、多层次、可扩展、可控可管、即插即用、安全可靠的互联互通体系结构，提高网络的整体性能；研究临近空间大范围信息高精准覆盖理论与技术，填补我国空间与地面网络之间的空白，发展区域信息优势与机动服务的新途径。

2. 空天高速高动态信息传输理论与方法

这一方向面向未来空间高速高动态飞行器协同组网需求，研究支持高动态的空间宽带空间信息传输的通信模型；提出新型逼近理论极限的高效传输体制方法与理论；攻克超高速调制解调、大多普勒修正、抗噪抗干扰编码等关键技术；探索空间激光通信等新方法。

3. 空天信息网络时空基准

这一方向面向大尺度高动态网络节点，研究时空坐标转换及全球高精度参考框架体系，为空间信息的获取、融合处理和表达提供精密的参考基准以及在此框架下的统一时空表示模型，并为满足对观测数据的认知、空间信息反演、地学知识发现和理解提供精密、连续和统一的基准保障。

4. 空天信息网络协议与空间互联网

这一方向研究支持异质异构网络的简单、高效、开放式、模块化、协同应用的协议理论和模型，提高协议的效率和适应性，实现在复杂空天环境中网络传输的高效性；重点研究网络拓扑、协议等基础问题，共享空间设施，为未来深空、深海探测等任务提供手段。

5. 全天时、全天候、大范围信息获取

这一研究方向利用微波、电子、光学、激光、多光谱等传感器，实现多谱段、多角度、多极化、分布式协同探测和信息获取及融合，提高多维分辨率，拓展探测范围。

6. 分布式协同空管

这一方向重点研究通信、计算与控制融合的网络，提升空域利用效率，捍卫国家空域主权。

五、面向社会发展的智能计算

交叉学科：人类行为学、心理学、地球科学、经济学、社会科学。

（一）背景与意义

人类赖以生存的、原以为资源极其丰富的地球，成为物质和能量有限的“地球村”，通过信息科学和技术，调控物质和能量，提升生产力，使得人与自然可以和谐地、可持续地、科学地发展。通过网络感知世界，让地球成为数字地球、信息地球、智慧地球，推进整个社会信息化。这里的本质是希望能够从社会整体能量效能的角度，在相对独立的个体“人”的各类不同的活动中，如吃、住、行、学习与工作等，优化社会资源的分配与供给，优化自由个体与目标群体间的匹配度，从而在社会生活的各个层面计算所需的“智能”，达到人、机、物三者群体与个体的和谐。这里体现在各个社会层次的“智能”，如交通工具的智能调度等，就是面向社会发展的群智计算。这种计算发生在赛博空间中的绿色互联网计算环境中，主要在能量有效的超级计算数据中心中完成计算。

其实，群智计算还有另外一层含义。群智计算也是一种个体计算能力的聚合，是人类智慧与计算空间（机）融合而生的聚合智慧计算能力，它深刻地刻画了在计算技术高度日益发达的时代，人类“大脑”不可替代的决定性作用与价值：人类思维与计算机或机器思维方式的巨大差异，指明了人类自身进化中对社会发展的独特贡献。另外，群智计算也深刻地说明了社会行为在宏观层面的行为与发展的可预见性与个体行为随机运动的矛盾，揭示了赛博空间中人类社会行为的可计算性和可调度性，或者说“管理”的可计算性与可调度性。

至2020年，数亿中国用户将在人类社会（人）、计算空间（机）、物理世界（物）融合而成的三元世界中工作生活。智能计算需要研究能够科学地刻画这些活动的计算模型及计算理论，甚至突破基于图灵机计算模型的传统算法科学理论。人类必须深刻地刻画人、社会、自然三者互动的规律，自我调节，以实现人、机、物三者的和谐。因此，对相应的算法设计与求解、复杂网络计算、模型理论与方法、问题刻画与描述关键工程技术等提出了变革性的要求。

（二）研究目标与科学任务

1. 研究目标

该领域的研究目标包括研究人这一自然产物的智能、思想、情感、行为、沟通、表达的个体与群体的规律、模型及其求解方法，它们的交互与交融的互动机制与原理；研究社会这一基于人而构造的自然产物的主观性和客观性，人、社会、自然间和谐循环交互发展的规律，构建和谐、可持续发展的人、社会与自然共存共荣的生态环境所需的能力有效的计算技术、手段与机制；基于计算思维研究自然与社会资源高效合理的利用与分配，为人类生存、经济与社会的可持续发展提供科学的决策计算、验证与模型化的手段与方法；重点突破小世界、涌动、螺旋发展等人类社会特有的现象对人类社会与个人行为及其资源效能的影响，从而实现群体与个体、人与自然的融合。

2. 科学任务

该领域的科学任务可以举例说明：以北京或上海等特大城市的群智计算为实例，使北京交通、水电、生活、工作、娱乐等综合社会整体自然资源的消耗下降10倍，人均单位能量的活动有效性提高10倍，平均每人的生活快乐指数提高10倍，空气污染与CO_2排放量下降10倍，使得城市中的每个人与每个独立的功能与能力单元都能够发挥所能，形成社会与城市所需要的群智计算。

（三）关键科学问题

科学地刻画人-机-物三元世界的信息转换过程和交互的机制与原理，总结出多尺度的网络化计算模型，可能需要突破图灵机计算模型的集中式假设、确定起始假设、机械执行假设、精确结果假设等基本公理，在难以做实验的情况下从观察中提取规律，归纳出准确度高的定性和定量度量指标体系，设计能够检验模型与规律假设的基准负载。最后，群智计算也许是人类自身演变与进化的重要推动力，在人类思维能力与计算思维能力日渐激烈的对抗中，有必要研究人类思维模式、方法、工作机制与原理及其未来的发展方向。这里有两个选择：人向机器靠拢（就是所谓计算思维），机器向人靠拢（就是所谓的人工智能）。也许我们能够发现两者之间的某个最佳的平衡点，最终通过基因技术，人类也许能够更快地促进自身大脑的演进。

（四）研究方向

该领域的研究方向包括：

1）算法网络理论，以计算思维刻画并解释人-机-物交互。

2）人-机社会中的计算模型、机理与技术，如群智计算、社会计算。

3）机-物社会的计算模型、机理与技术，如车载交换网、物联网。

4）人-机-物三元自然世界互动的规律与模型，社会与个体活动的观测技术和分析模型，从而为社会各层面计算其管理与调度的智能。

5）国民信息核算体系的基础理论，包括核心概念、基本度量、计算过程和场景模拟预测，科学地评价信息化进程。

第六章

国际合作与交流

国际合作与交流是多数大科学研究计划赖以生存和发展的基础。近年来，我国政府对此高度重视，并将它视为发展经济、增强国际竞争力、提高我国科技地位的重要战略措施。国际社会也对与中国的科技合作给予了高度的重视，中美科技合作成为两国关系的三大支柱之一，中俄科技合作成为中俄战略协作伙伴关系的五大内容之一，中欧科技合作成为中欧战略伙伴关系的重要内容之一。此外，中加、中欧、中日、中韩等一系列科技合作计划的签订为国际合作创造了机会，凸显了中国及国际社会对双边科技合作的高度重视。

基金委自成立以来，一直重视国际（地区）合作与交流，其宗旨是通过合作交流提高我国基础研究的水平，促进科学基金事业的发展。在未来的 10 年中，基金委将进一步加大国际合作的支持力度，努力在合作渠道、资助经费、资助机制等方面创造有助于广大科学家参与国际（地区）合作交流的良好环境。

第一节　信息科学领域国际合作基本情况

经过 20 余年的发展，基金委围绕国际科学前沿，面向经济、社会发展及国防安全等国家战略需求，积极推动国际科技合作，与 30 多个国家和地区的 60 多个科学基金组织、国家级研究机构和国际学术组织签订了合作协议或谅解备忘录，建立起了拥有七大项目类别的资助体系，形成了一个全方位、多层次、多渠道的国际合作与交流格局，为我国科学家开展高水平国际合作搭建了良好的平台。

随着改革开放的不断深入，“以信息化带动工业化，以工业化促进信息化”已确定为中国发展经济的基本战略之一。温家宝总理也多次指出要提高我国的综合科技实力，尤其要关注信息科学领域的发展和建设。鉴于此，基金委在信息领域参与国际合作方面也加大了支持力度，取得了重要进展，使得我国的信息科技实力和国际学术影响力日益提升，我国科学家的实力逐步得到了国际同行的认可，并具备了参与国际大科学合作的能力。在基金委国际合作局的领导下，信息科学部参与了基金委启动的中芬、中法、中丹、中俄、中韩、中英、中美等国际合作项目，并陆续资助了信息科学领域的多个前瞻性和创新性强的研究项目及人才板块项目，取得了一定的效果，提升了国际合作力度，在一些我国具有优势和特色的重点方向取得了重大的创新成果，提高了自主创新能力，为其他重点产业的调整和升级提供了技术支撑。

一、信息科学领域总体资助情况

改革开放以来，我国在世界范围内建立了政府双边和多边、科学家个人和群体等多种国际科技合作形式，逐步确定四种国际合作交流项目类型（合作研究项目、参加国际（地区）学术会议项目、在华举办国际学术会议项目、重大国际（地区）合作研究项目）及三类专项基金（留学人员短期回国工作讲学专项基金（含“两个基地”项目）、自然科学基金会与香港研究资助局联合科研基金、国家重点实验室国际合作与交流专项经费），形成了较为完整的资助体系。

信息科学领域 2003～2009 年共资助各类国际（地区）合作与交流项目 1006 项，累计批准金额 7088 万元，资助力度从 2003 年的 691 万元增长到 2009 年的 1964 万元，总体增长趋势如图 6-1 所示。

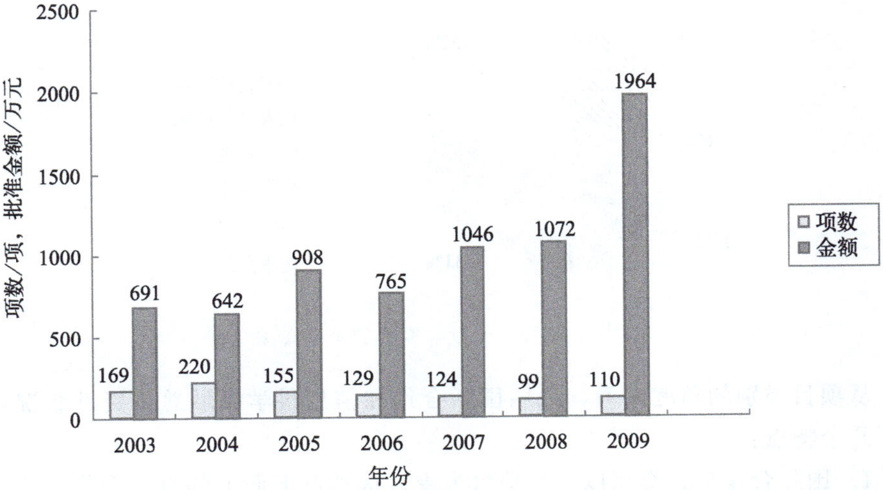

图 6-1　国际合作与交流项目年度分布及总体增长趋势图

（一）按项目类别统计分析

信息科学领域2003～2009年共资助了以下几个类别的国际（地区）合作与交流项目，总金额达7088万元，统计数据如表6-1所示。其中，一般合作研究项目占总批准金额的22%，重大国际（地区）合作研究项目占31%，两个基地/海外项目占7%，合作交流项目占13%，出国会议占6%，在华会议占21%，分布情况如图6-2所示。

表6-1 按项目类别统计2003～2009年国际（地区）合作与交流项目资助情况

		一般合作研究	重大合作研究	两个基地/海外	合作交流	出国会议	在华会议	总计
2003年	项目数/项	4	2	5	40	85	33	169
	批准金额/万元	110	175	118	82.92	82.96	121.9	690.78
2004年	项目数/项	0	1	8	34	132	45	220
	批准金额/万元	0	30	207	82.86	138.6	183.5	641.96
2005年	项目数/项	2	6	2	28	66	51	155
	批准金额/万元	58	480	45	82.25	69.29	172.5	907.84
2006年	项目数/项	4	3	0	34	28	60	129
	批准金额/万元	112	263	0	129.16	20.55	240.1	764.81
2007年	项目数/项	9	3	2	34	21	55	124
	批准金额/万元	303.5	240	50	218.2	15.2	219.5	1046.4
2008年	项目数/项	7	4	0	24	6	58	99
	批准金额/万元	251	320	0	200.3	59	242.3	1072.33
2009年	项目数/项	18	7	5	16	4	60	110
	批准金额/万元	758	700	90	112.9	24	279.5	1964.4

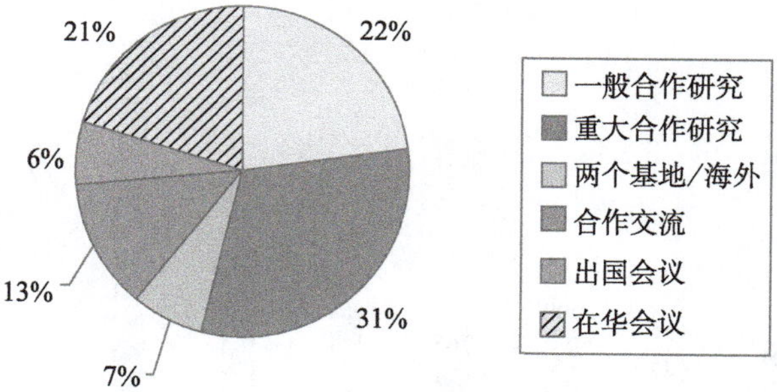

图6-2 资助金额与项目类别分布图

从项目类别的角度来看，我国国际合作在信息科学领域总体资助状况具有以下几个特点：

1）国际合作项目类型以一般项目为主，这种自下而上的自由合作已成为一种普适的、量大面广的模式，对我国科学家走向国际舞台，了解并参与学科前沿研究，提升学术水平起到了积极的推动作用。

2）近年来，重大国际（地区）合作研究项目的资助数量有明显增加趋势，促进了我国科学研究的自主创新能力，增强了我国基础研究的国际竞争能力，并推动了我国基础研究中若干领域进入国际先进行列。

3）支持一批研究团队和科学家群体，筹划和开展双边和多边的国际合作研究，使我国的信息科学领域在世界上占有一席之地，但所支持的大部分国际合作都是外方主导型的，双边、多边合作项目资助比例较小，说明我国科学家处于相对弱势的地位。

（二）按项目种类统计分析

信息科学领域2003～2009年所资助的国际（地区）合作与交流项目共分为三个种类，总金额为7088万元，统计数据如表6-2所示。其中，合作研究项目占总批准金额的60%；合作交流项目占13%，其中的留学人员短期回国工作讲学项目（表中简称其中的留学人员）占2%；双边会议占27%。分布情况如图6-3所示。

表6-2　按项目种类统计2003～2009年国际（地区）合作与交流项目资助情况

		合作研究	合作交流（其中留学人员）	双边会议	总计
2003年	项目数/项	11	40 (7)	118	169
	批准金额/万元	403	82.92 (25.5)	204.86	690.78
2004年	项目数/项	9	34 (6)	177	220
	批准金额/万元	237	82.86 (20.37)	322.1	641.96
2005年	项目数/项	10	28 (3)	117	155
	批准金额/万元	583.8	82.25 (20.5)	241.79	907.84
2006年	项目数/项	7	34 (1)	88	129
	批准金额/万元	375	129.16 (2.3)	260.65	764.81
2007年	项目数/项	14	34 (2)	76	124
	批准金额/万元	593.5	218.2 (23.5)	234.7	1046.4

续表

		合作研究	合作交流 （其中留学人员）	双边会议	总计
2008年	项目数/项	11	24 (1)	64	99
	批准金额/万元	571	200.03 (20)	301.3	1072.33
2009年	项目数/项	30	16 (2)	64	110
	批准金额/万元	1548	112.9 (19)	303.5	1964.4

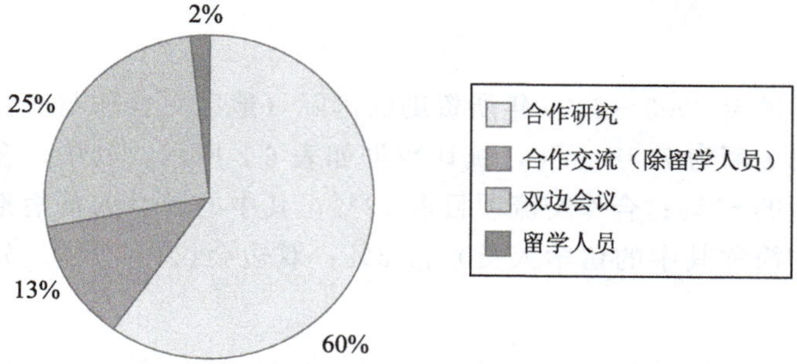

图 6-3　资助金额与项目种类分布图

从项目种类的角度来看，我国国际合作在信息科学领域总体资助状况具有以下几个特点：

1）我国科学家的国际合作和交流越来越频繁和广泛，规模不断增大，合作研究成果（特别是合作发表论文）日益增多，质量明显提高。

2）国际学术会议是了解最新研究进展和发展趋势、扩大研究机构和科研成果的国际影响力、建立广泛合作关系的重要学术交流平台。支持国内科学家参加国际会议，对于促进科技人员的国际合作与交流，了解国际上主要科学研究领域的重要进展和动态，掌握新的学科领域生长点及与国外学者建立联系，开展基金项目的合作研究都具有重要意义。鉴于此，基金委不仅大力支持国内科学家参加与学科密切相关的国际会议，还积极争取更多的、有影响的高水平国际会议在国内召开，为国内科技人员与世界科学界的交流提供更多的机会，以全面提升我国在国际学术界的地位和影响力。

3）为了给海外华人学者积极参加国家自然科学基金项目的研究工作创造条件，发挥他们的聪明才智，为祖国的科学技术事业作贡献，基金委拨专款设立资助海外华人学者短期回国工作讲学专项基金，鼓励他们与国内科学家开展深层次和可持续的合作研究与学术交流。这些海外科学家在其研究领域具有相当的成就和影响，处于各自领域的学术前沿，具有独立性和广泛的国际合作渠道，因此，他们是我国一个巨大的智力宝藏。2000 年以后，这类项目的资助数量逐年上升，说明我国在信息科学领域支持优秀海外科学家回国开展学术交流和为国服务方面取得了一定的效果。

（三）按学科分类统计分析

信息科学领域 5 个学科 2003～2009 年共资助各类国际（地区）合作与交流项目 1006 项，累计批准金额 7088 万元，平均资助强度为 7 万元，统计数据如表 6-3 所示。其中，电子学与信息系统学科（F01）占总批准金额的 28%，计算机科学学科（F02）占 30%，自动化学科（F03）占 21%，半导体学科（F04）占 16%，光学与光电子学科（F05）占 5%，分布情况如图 6-4 所示。

表 6-3　按学科分类统计 2003～2009 年国际（地区）合作与交流项目资助情况

		F01	F02	F03	F04	F05	总计
2003 年	项目数/项	39	43	40	36	11	169
	批准金额/万元	313.96	195.54	63.52	99.82	18.04	690.88
2004 年	项目数/项	66	65	45	40	4	220
	批准金额/万元	195.78	142.54	132.72	165.32	5.6	641.96
2005 年	项目数/项	31	35	54	33	2	155
	批准金额/万元	234.44	149.31	337.6	182.19	4.3	907.84
2006 年	项目数/项	30	38	25	21	15	129
	批准金额/万元	286.25	152.48	135.9	119.78	70.4	764.81
2007 年	项目数/项	26	53	20	10	15	124
	批准金额/万元	202.9	378.1	223.2	168.5	73.7	1046.4
2008 年	项目数/项	22	39	14	13	11	99
	批准金额/万元	258.28	290.35	78.6	351.12	93.98	1072.33
2009 年	项目数/项	25	52	18	5	10	110
	批准金额/万元	474.4	849.4	490.4	61.2	89	1964.4

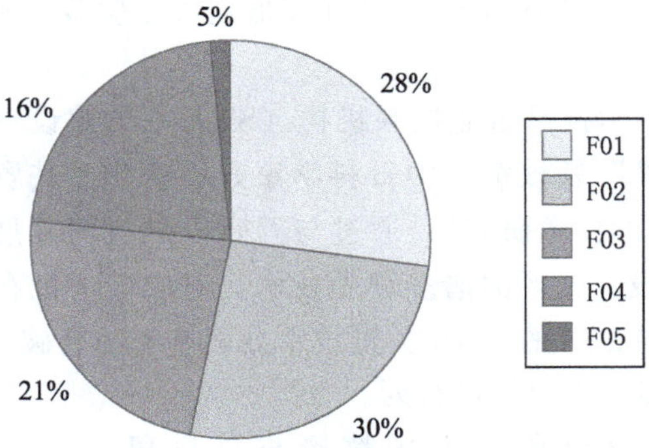

图 6-4　资助金额与学科分布图

二、重要国际合作项目资助和交流活动

目前，在基金委国际合作局的领导下，信息科学部主要参与了基金委启动的中芬、中法、中丹、中俄、中韩、中英、中美等国际合作项目，并陆续资助了信息科学领域的多个前瞻性和创新性强的研究项目，取得了一定效果。下面就主要合作项目做简要总结。

（一）各类芯片设计的国家合作取得实质性成果

“系统芯片的设计方法及其电子设计自动化（EDA）关键技术研究”是经基金委组织专家论证立项的第一个信息领域的重大国际合作项目，为中美双方的国际合作项目，2001年立项，为期4年。项目在同美国国家自然基金国际合作项目共同开展的基础上成立了国际系统芯片研究中心，建立了定期的国际研讨会、重点专题研究及合作交流机制。美方参加的有加利福尼亚大学洛杉矶分校计算机系Jason Cong教授的研究小组和加利福尼亚大学圣巴巴拉分校电机和计算机工程系Tim K. T. Cheng教授的研究小组，中方参加的有清华大学计算机系洪先龙教授的研究小组、北京大学计算机系程旭教授的研究小组和浙江大学电气工程学院严晓浪教授的研究小组。后来美方又邀请了中国台湾新竹清华大学信息学院和交通大学计算机系参加合作研究。随着项目的进展和取得成果的增多，又有多所美国、新加坡、加拿大、日本、中国内地和台湾地区的大学的教授申请参加。项目执行以来共发表论文87篇。其中，在该领域最重要的国际学术刊物上发表16篇，在该领域最重要的国际学术会议上发表17篇，被SCI收录21篇，被EI收录43篇；共申请国家发明专利17项，其中2项已被授权（2004年年底的数据）。该项目于2004年年底通过了验收，验收专家对项目的研究成果给予了高度评价。

基金委与日本科学技术事业振兴机构（ST）在“建设环境保护及环境低负荷型社会的科学技术”领域组织中日科学家开展合作。其资助的“系统芯片设计方法及其EDA关键技术研究”，通过与国际先进机构开展合作研究，全面系统地汲取国际SoC设计方面的诸多领先技术，完成了一批在国际上有影响力的研究成果，使我国在SoC的EDA关键技术方面有新的突破，在集成电路系统设计方法和工具方面步入世界先进行列。

中科院半导体研究所祝宁华教授与慕尼黑工业大学肖特基研究所M. C. Amann教授经过3年的合作研究，研制出高速长波长垂直腔面发射激光器芯片。该芯片具有低阈值、高功率和单纵模的优点，达到10Gbps调制带宽要

求；研制出可以满足 10Gbps 光通信要求的低成本晶体管外形封装（TO）10 吉比特/秒面发射激光器模块。在理论研究方面，发表研究论文 36 篇，撰写专著 1 部；培养博士研究生 6 名；申请发明专利 25 项。课题组注重开展相关课题研究，拓宽研究领域。在研制用于多模光纤通信用的面发射面阵器件方面，双方签署了新的合作协议，争取到科技部重大国际合作专项研究经费 110 万元，同时获得国家留学基金管理委员会 38 万元的生活补助和旅费支持。

中科院半导体研究祝宁华教授与爱尔兰廷德尔国立研究 David Cotter 教授合作研究了半导体光子集成器件设计、研制与封装，探索了单片集成光电子芯片技术，将分布式反馈激光器（DFB）、电吸收调节器（EAM）、半导体光放大器（SOA）、PD 等集成到一个芯片上，实现小型化、低功耗、高可靠新器件，提高光通信系统容量和传输质量。

（二）在纳米科技合作方面取得实质性进展

2001 年资助的“海峡两岸学术研讨会”涉及了纳米科技等领域。基金委建委十五周年系列庆祝活动成为科学基金国际合作与交流的重要舞台。论坛期间，海内外华人科学家纳米科技研讨会邀请了 30 位纳米科技领域海外著名华人学者参会，共商国家纳米科学发展大计，为科研管理部门对该领域研究工作的部署提供了助益。

2002 年，基金委与 NSF 举行了纳米科技合作学术委员会视频会议，确定于 2004 年 5 月在北京召开中美纳米学术研讨会，这使 2002 年中美政府间科技合作联委会、执行秘书会制定的合作大方向（之一）有了实质性进展。

基金委与 ST、韩国科学与工程基金会在 5 月份召开了东北亚纳米科学与技术研讨会，进一步加强了中日韩三方的合作。作为发起单位之一，12 月在上海举办了第二届亚洲研究理事会会议，这是基金委首次组织召开的中、日、韩三国基金会主席会议，也是三个基金会主席第一次在中国集体会面，此次活动对加强高层间的交往和友谊，深化三方的合作关系起到了重要作用。

（三）计算模型、可计算性方面的合作

中科院软件研究所李昂生研究员与英国利兹大学 S. Barry Cooper 教授等合作研究项目“计算的模型、理论和应用中的新方向”，探索计算模型的数学结构、停机问题的作用与图录计算的极限，研究经典计算模型和量子计算模型的关系。该项目由中国、英国、美国、意大利、俄罗斯、新西兰和新加坡 7 个国家的科学家参与，其中，国内专家涉及中科院软件研究所、清华大学、南京大学等 11

个单位。项目执行期间，合作双方合著发表国际期刊论文9篇，中方或外方独立发表国际刊物论文24篇，国际会议论文14篇；出版国际期刊专辑3部。

重大国际合作项目“关于数值计算的可计算性及计算复杂性的算法基础”3年间共发表论文30篇，其中被SCI收录论文7篇，EI收录论文5篇，特别是在国际顶级逻辑杂志*Annals of Pure and Applied Logic*和*Journal of Symbolic Logic*上发表论文3篇。

（四）在电子材料和器件方面

与香港研究资助局（RGC）联合资助的研究项目中，信息科学领域已取得一批有影响的成果，如中科院半导体研究所承担的“蓝色激光器与发光材料的合成与器件制备”项目，某些研究成果优于国际上报道的最好结果。

由吉林大学承担的与美国合作的项目“聚合物纳电子学重大国际合作研究”完成预定研究计划，顺利结题。专家组对该项目进展情况评价为A，认为该项目自2003年以来，在国内外合作者的共同努力下，在导电高分子合成方法、导电高分子/半导体纳米粒子复合材料基于导电高分子的纳电子器件等方面开展了一系列创新性研究工作，成果显著，全面实现了项目计划的目标。

清华大学与佛罗里达中央大学在SiGe应变沟道功率MOSFET器件方面开展合作研究，研制出具有高电子迁移率和空穴迁移率的应变SiGe材料；采用新的高迁移率材料制作器件沟道，降低沟道电阻。其成果可用于笔记本电脑、汽车、手机及各种便携式的视频与音频设备所需的大量低功耗器件，例如，击穿电压在20～30V、具有低导通电阻的双重扩散金属氧化物半导体（DMOS）器件。

南京大学与纽约大学自旋电子学实验室合作进行室温稀释磁性半导体材料和性质的研究，现已研制出新型高性能电子-光电子器件、低功率高速高容量记忆和逻辑器件、自旋量子信息器件。

（五）依托重大研究计划的国际合作

1）“以网络为基础的科学活动环境研究”重大研究计划。东南大学参与了丁肇中教授主持的α磁谱仪（Alpha Magnetic Spectrometer，AMS）实验，在其中承担AMS数据计算环境的研究和实现工作，其研究的目标和主要内容为AMS数据深度处理与物理分析、AMS数据处理平台实现、AMS数据处理理论和方法。现已研制了东南大学网格平台系统（SEUGrid），用于AMS地面数据处理中心SoC的支撑环境，其具有网格节点监控、计算任务提交、任务调度、数据管理等核心功能；SEUGrid 平台集成的资源总量为 132 个 CPU、内存 194GB、峰值速度达 7556 亿次、存储能力达近 20TB；在东南大学和山东大学两个节点进行部署运行。

2）参与了中科院国家天文台的中国虚拟天文台试验系统研究与开发，从事网络化天文研究环境的研究，建立了虚拟天文台这样的 E-Science 信息化研究环境。首个科学成果为发现 5 个银河系伴星系候选体作出了贡献。

3）高能物理示范网格：参与了高能物理示范网格项目，在其中承担应用网格系统的建设工作。现已建立了北京谱仪（BESIII）网格系统、地转海洋实时观测阵（ARGO）网格系统、LHC 上的紧凑型子螺线管（CMS）/回型 LHC 实验装置（ATLAS）网格。其中，①ATLAS 成果与国际合作如下：ATLAS 作业 1.4 万左右，产生了 16 万全模拟和 106 万快模拟事例数据，总数据量约 8 太比特左右。②ttH-WW＊道的研究在欧洲粒子物理研究所（CERN）Higgs 大组里占有一席之地，而且发展了有所创新的事例筛选方法。ttH-WW＊课题先后完成快蒙特卡罗样本物理分析和理想探测器几何全模拟样本的物理分析，基于真实探测器的全模拟样本的物理分析已接近完成。③建立全球大型强子对撞机计算网格（WLCG）二级计算中心计划。2006 年签署了在我国建立 Tier-2 中心的谅解备忘录（MOU），加强了与欧洲粒子物理研究所 IT 组（CERN-IT）和法国国家核物理与粒子物理研究所与天体物理、粒子物理、核物理与仪器设备局计算中心（IN2P3-CC）的合作，组织了中法 LHC 物理与网格计算合作研讨会。④参加欧-中网格（EUChinaGrid）合作。在中国举办了第一届 EUChinaGrid 国际研讨会，举办和协办了 6 次 EUChinaGrid 网格技术培训班。

4）参与了“可信软件基础研究”重大研究计划，进行了基于定理证明的可信嵌入式软件建模与验证平台的研究。其主要研究内容为基于形式化方法的理论基础，以航天发射场嵌入式控制系统为应用背景，研究可信嵌入式软件系统的建模和验证理论，设计和开发具有特色的支持高可信嵌入式软件建模和验证平台。其国际合作情况如下：

①成立“软件理论讲席教授组”，首席教授由法国 Joseph Sifakis 教授担任。他是模型检验（Model-Checking）理论奠基人之一，2007 年图灵奖获得者，现任法国国家科学研究院（CNRS）研究总监，也是以嵌入式系统著称世界的研究中心 Verimag 实验室的创始人。②同法国国家信息与自动化研究所（INRIA）建立了长期合作关系，INRIA 教授 Jean-Pierre Jouannaud、Vania Joloboff 和 Frederic Blanqui 常驻实验室开展为期 2 年的合作研究。

（六）其他科研项目合作

中科院自动化研究所胡卫明研究员与美国伊利诺伊斯大学香槟分校

T. S. Huang 教授、英国伦敦大学伯克贝克学院 S. Maybank 教授的合作项目在人体运动的视觉分析，如多目标跟踪与遮挡处理、基于步态的身份鉴别、异常行为检测与行为预测等方面研究取得进展，发表高质量学术论文 21 篇。其中，4 篇发表在自动化领域重要刊物 *IEEE Trans. on Pattern Analysis and Machine Intelligence*。项目执行期间参加国际学术会议 8 人次，访问交流 19 人次，申请发明专利 3 项，培养博士后、博士、硕士共 11 人。

中国电子信息产业发展研究院袁琦与英国兰卡斯特大学（Lancaster University）的 Paul Rayson 教授在基于语料库和混合策略的汉英双向机器翻译方法开展合作研究。通过国际合作，2004 年第一次在中国召开了语料库语言学暨机器翻译联合学术会议，Lancaster University 计算语言学家 Tony McEnery 教授向国内学者专家作了可比语料库与语料库语言学的专题报告，引入了计算机语料库语言学的新概念和新理论。项目组利用可比语料库研究方法和对齐语块自动提取方法设计的奥运语言资源库在 2007 年 3 月通过竞争，成为 2008 北京奥运会的语言服务供应商之一。该项目是在中英 E-Science 双边研讨会基础上发展起来的。在通信领域，部分科学家参与欧盟 FP7。

北京航空航天大学航空科学与技术国家实验室与英国卢瑟福-阿普尔顿实验室共同组建的“中英空间科学与技术联合实验室”，在空间探测技术、卫星分布式组网技术、飞行器导航制导与控制技术等领域开展重点合作，目前已经举办了 5 届双边研讨会，签订了 8 项合作协议或意向，开辟了中外空间导航制导与传感技术领域合作的新模式。

天津大学与英国曼彻斯特大学在基于电容成像（ECT）/电阻成像（ERT）双模电学成像技术多相流测量方面进行合作。研究多相流中的流型、相浓度分布、流速以及分相流量，掌握多相流的本质规律，建立模型并进行控制，对于生产过程的安全高效运行具有重要意义。其重要研究成果为气/水和油/水两相流流型的检测成像、分析与可视化研究，以及流动成像，即从管道外部，如何看到管道内部介质流动状况。

（七）重大学术交流活动

1. 中美计算机科学高峰论坛

在基金委和 NSF 共同倡导和组织下，中美首届计算机科学高峰论坛在北京航空航天大学举行。此次高峰论坛是中美双方在计算机科学技术领域第一次高层次、大范围的交流活动，主题是“合作、友谊、创新”，旨在促进中美双方的交流与合作，共同探讨计算机科学技术研究与教育的现状、关键问题和发展方向。重点就改进计算机专业博士生培养机制、计算机科学技术的创新机制、中美未来在计算机领域的合作等方面进行了交流探讨。

在成功举办第一届中美计算机科学高峰论坛的基础上，双方组织了第二届中美计算机高峰论坛，该论坛于2008年7月在美国召开，涉及可信软件、计算思维（computational thinking）、可持续信息技术（绿色IT）等。第二届论坛以科技发展为目标，结合创新机制研究和人才培养，探索中美科学家在信息领域的合作研究。值的关注的是，近几年NSF在信息领域陆续资助了一些鼓励中国科学家参与的基金项目或国际会议；双方科学家积极寻求交流与合作渠道。

2. 中美下一代互联网学术交流会议

中美下一代互联网学术交流会议（CANS）是中美轮流举办的互联网领域的重要年度大会（2002年），主要探讨可信网络、真实地址、光网络、无线技术、网格和网络应用等下一代互联网基础理论与关键技术。

由CERNET网络中心与西安交通大学联合承办的第八届CANS于2007年8月25～26日在西安召开，来自中美两国网络技术领域的100多名专家学者参加了本次会议。NSF的GENI项目负责人Kevin Thompson介绍了美国下一代互联网计划全球网络创新环境（GENI）的研究进展，清华大学网络中心李星教授介绍了中国下一代互联网示范工程核心网CNGI-CERNET2项目的进展情况。参会专家就下一代互联网的研究进展，以及可信网络、真实地址、光网络、无线技术、网格和网络应用等下一代互联网的关键技术进行了深入的交流和研讨。

每年一次的CANS成为在中美轮流举办的互联网领域的重要年度大会，为课题组成员积极开展国际交流与合作提供了渠道。

（八）人才培养计划

1. “龙星计划”

“龙星计划”旨在组织一批在信息科学领域作出突出贡献的华裔学者，在中国系统地讲授一门美国研究生基础课程，让国内学生直接感受国际科技前沿趋势，了解国外教学模式、科研工作方法和理念；有益于培养研究生独立科研工作的能力，也为海外华裔学者回国服务搭设了桥梁。

“龙星计划”——计算机科学技术学术交流系列活动，是一个杰出的海外华人教授回国系统讲授研究生课程的计划。由基金委资助，“龙星计划”委员会负责，设在中科院计算技术研究所的龙星计划办公室提供日常服务。从2002年开始，“龙星计划”已运行8年，已开课程70门，平均每年7～10门，开课地分布在全国各地。课程涉及数据挖掘、生物计算、生物信息学、算法、计算机网络、信息安全、计算机视觉、可信系统设计、计算认知与神经发育、机器感知、机器学习、web计算、中间件等。听课人数已超过6000人，龙星网站访问量已超过12万次。该学术交流活动遵循权威性、基础性、公平性。在中国及北美都已有一定影响。

“龙星计划”的积极意义首先体现在国外科学家面对面地向中国研究生传授新观点、新知识、新技术，使之得到真传，而且在非常充实的授课之余，开展富有成效的讨论，为学员提供相互学习、相互交流的平台。其具体课程既有一般性的分组讨论，又有由教授引导的深层次的小组讨论；既解决了学员在学习中的一般性问题，又为部分颇感兴趣的学员提供了大量的线索，引导学员探讨更深层次的问题，进行高起点的研究。老师在课堂上提供了比较多的线索，有的学员准备就其中的问题进行开题，有的准备将其中的方法和技术运用到项目的申报中，有的将其中的方法和技术运用到实际项目中。

其次体现在更新研究生培养模式。中国的传统教育素来以知识传授为主，这对学生创新意识的培养不利。“龙星计划”的教授们注重科研方法和独立思考，对学员极有帮助。一个承办单位在总结中说，比较而言，国内的研究生教育对知识技术的讲解远重于对科研方法和学术思考习惯的教育，我们需要充实丰富我们的教学思路，并建立更加合理完备的研究生培养模式。有的“龙星计划”教授利用晚上和中午休息等业余时间，和每一个学生进行面对面的交谈，交谈的内容既有本领域的学术问题，也有国内外计算机学科发展的对比分析，更有对个人成长道路的指点和鞭策。

从上到下，从国内到北美，从学员到老师，都有了这样的共识，即“龙星计划”将美国研究生的课程搬到中国来上对中国的科学研究和研究生培养很有帮助，应该坚持下去。坚持做若干年，其长远的影响将逐步显现。

2. “二十一世纪的计算”国际研讨会

基金委信息科学部和微软中国研究院在联合资助项目的基础上，合作主办了系列的“二十一世纪的计算”学术研讨会。

第一次会议是2000年4月在北京国际会议中心联合举办“二十一世纪的计算——进入网络时代”大型国际学术研讨会。1998年度图灵奖获得者吉姆·格雷（Jim Gray）博士、激光打印机的发明人盖瑞·斯塔克伟泽（Gary Starkweather）博士、负责微软研究院全球事务的副总裁里克·雷斯特（Rick Rashid）博士，以及来自美国、英国和中国的资深计算机科学家、国内各大科研院校的2000多名研究人员和计算机系师生将共聚一堂，分别从用户界面、多媒体技术、语音技术以及系统和网络等方面探讨网络时代计算技术的最新发展。

在第一次成果合作的基础，该论坛每年举行一次，该系列研讨会演讲者多为图灵奖、诺贝尔奖获得者或IT领域杰出人士。每年为国内数千名学生和研究人员提供了一个了解国际先进技术、掌握计算发展趋势的机会，已经逐渐成为国内外科学家交流知识、探讨未来的平台。

2006年10月，第八届“二十一世纪的计算”大会在清华大学举行，大会的主题为“‘质’取计算未来”。来自国内外计算领域的顶级大师，包括3位计算机界的诺贝尔奖——图灵奖得主，将通过精彩的主题演讲同在场的3000余名中国学生及学者分享他们在软件核心运算方面的研究成果。

2007年的“网络成就炫彩未来”（Weaving the Future Through the Web）主题研讨会，突出了基于网络平台的研究对人类未来的巨大影响，探讨了机器理解（machine understanding）等方面的最新研究成果。2位图灵奖得主、8位世界知名学者通过精彩的主题演讲与2000余名南京高校学生及学者分享了他们在计算机及互联网领域的最新研究成果。

2008年，第十届“二十一世纪的计算”在北京大学百周年纪念讲堂隆重举行。大会以“计算新视界”（New Horizon of Computing）为主题，回顾计算发展的历史，展望未来计算的新天地。3位图灵奖得主、计算领域世界知名学者、微软资深研究院做了精彩演讲。

1999～2008年，“二十一世纪的计算”学术研讨会已经先后成功地举办了10届，邀请了包括图灵奖获得者Butler Lampson博士、Raj Reddy博士、Jim Gray博士、Andrew Yao博士、Manuel Blum博士、激光打印机的发明人Gary Starkweather博士、负责微软研究院全球事务的高级副总裁Rick Rashid博士、微软全球资深副总裁沈向洋博士等一大批中外计算机界的知名学者于大会主题演讲。大会的成功举行成为学术界关注的焦点，被媒体誉为“中国计算机科学研究领域最高水平的学术交流”，参与学术会议的人数已达到20000余人，足迹遍及北京、上海、南京、西安、杭州、成都、香港、广州以及台北等城市。经过十多年的发展，“二十一世纪的计算”大会已经成为目前国内最大、最具影响力的计算机教学与科研盛会，它在提升国内基础研究水平、促进学术交流等方面所取得的积极影响获得了教育界和学术界的一致肯定。

3. 宽禁带半导体物理与器件举办暑期学校

2008年围绕禁带半导体学术研究前沿及产业化生产的关键技术，以及国际上在Ⅲ-族氮化物半导体材料光电器件领域的最新研究成果和发展趋势，特邀10位来自美国、日本的知名教授授课，共安排了17个报告。报告内容涵盖宽禁带半导体量子点和纳米结构，材料特性和外延生长，LED、LD和高电子迁移率晶体管（HEMT）器件设计和应用，以及3D封装等，听课人数约100人。北京大学研究生院将其纳入暑期教学计划，指导和监督教学过程，为完成学习内容并通过考试的在读研究生或本科生共41人提供学分证明。暑期学校建立了专用网站：http：//www.china-led.net/ wspd2008。

三、问题分析与建议

基于上述国际合作项目资助和交流情况，可以看出在信息科学领域的国际合作交流取得了非常大的进展，并取得了阶段性成果，但仍然存在不足，主要可归纳为：

1）目前所支持的大部分国际合作都是外方主导型，我国科学家处于相对弱势的地位。建议全面提升国际合作的质量，由以资助科学家间的交流型合作全面转变为高水平、实质性的重大科学问题的合作研究，并逐渐增加对以我国科学家为主导的国际合作项目的类别和支持力度，以不断扩大我国的国际学术影响力，冲击世界科技的高峰。

2）相对松散的合作模式难以开展一些需要大量资源的重大科学问题的合作研究，这就需要自上而下、有目的地规划设计这些重大合作研究。建议一方面大力支持科学家自发组织、自下而上的实质性国际合作研究；另一方面，设置一些重点、重大国际合作项目，开展以我为主的国际合作研究，特别对一些原来自下而上形成并取得了很好成果而又具有良好发展前景的国际合作项目予以重点支持。

3）尽管教育部、中科院等有关部门实施了多个人才引进计划，取得了很好的效果，但尚有大量高水平的优秀华人科学家仍留在国外工作。在开展国际学术交流与合作的过程中，如何支持优秀海外科学家回国开展学术交流和为国服务是目前国际合作的一大重要任务。除进一步组织实施的国家杰出青年科学基金和留学人员短期回国工作讲学专项基金外，我们将拓宽支持渠道为他们来国内研究机构进行学术交流与科研合作创造条件，特别支持他们参与各种自然科学基金项目的合作研究。同时，遵循“不求归我所有，但求为我所用”的思想，进一步完善有关政策机制，使他们在项目的组织、过程管理、评审/评估等环节发挥重要作用。

4）大部分的国际合作是以国内外学者短期互访为主，这种合作形式在促成机会上比较有限，科学家之间的合作相对松散。因此，要适时在我国建立各种形式的联合科研基地（如国际研究中心、联合实验室和研究团队），营造科学研究的国际合作平台和环境，全面深化我国的国际科技合作，促进我国科技国际合作的实质性进步。

5）增加优先资助领域的双边会议/多边会议学术交流活动，寻求平等互利的实质性合作。从国家需求出发，以国家重点实验室、优秀创新群体等研究队伍为依托，以国家重点、重大项目为支撑，适当加大重大国际（地区）合作研究项目资助数目，扩大资助的研究群体，以期在一些有基础的研究领域取得高水平的实质性国际合作，提升我国的科技创新能力。

6）国际学术会议是了解最新研究进展和发展趋势、扩大研究机构和科研成果的国际影响力、建立广泛合作关系的重要学术交流平台。基金委将积极支持他们创办或主办一批有影响的高水平国际会议，全面提升我国在国际学术界的地位和影响力。具体地，我们还可从三方面予以重点支持：第一，争取有更多的大型国际学术会议在国内召开，为国内科技人员与世界科学界的交往提供更多的机会，扩大我国科技成果在世界上的影响力；第二，优先资助国际科学组织的系列学术会议、优先领域密切相关的国际会议和我国发起组织的有中国研究特色的国际会议；第三，鼓励和支持在学科前沿领域，与国外学术机构筹划和举办高水平小型双边或多边国际学术研讨会，以提高学术交流的质量并将学术交流引向深层次和实质性合作。

7）教育合作方面，“龙星计划”等开了很好的头，但是仍然是讲座类，虽然整个项目是整体的，但是课程培养是短期的。建议加强有针对性的课程建设项目，同时参照国家精品课程和美国开发课程计划，扩大课程合作建设的受益面。从整体上提升我国在信息化领域的本科生、研究生和博士生培养水平。

第二节　国际合作方针与规划

通过合作与交流，取人之长，补己之短，对开阔视野、拓宽思维、培养人才、提高研究水平等发挥了重要作用。国际（地区）合作交流工作将继续围绕科学基金中心任务，以推动源头创新为主题，配合发展和完善“项目”和“人才”资助板块以及实施“营造有利于中国科学家参与国际（地区）合作与竞争的良好环境”的战略部署，与时俱进，开展积极而富有成效的国际（地区）合作与交流。

近年来，围绕国际科学前沿，面向经济、社会发展及国防安全等领域对信息技术的战略需求，基金委积极推动国际科技合作，与许多科学基金组织、国家级研究机构和国际学术组织建立起合作关系，形成一个全方位、多层次、多渠道的国际合作与交流格局，有力地资助了我国科学家开展高水平国际合作。

到 2020 年，基金委信息学部将围绕信息领域的前沿重大科学问题，完善资助格局，开展以我为主的合作；围绕信息领域的前沿重大科学问题，积极开展与本领域国际著名学者（特别是优秀华人学者）的合作，全面提升国际合作的质量；开展实质性的国际合作，共享科研实验环境，共享科研实验数据，共同培养研究生，共同发表科研成果，加强对国际合作中心的支持。在我国启动并建设若干个信息领域的研究基础设施，争取其他国家基金组织的共同支持，形成国际一流的研究实验环境；选择若干个重大科学任务，依托国家重点实验室和优秀创新群体，主导组织双边、多边的国际（地区）合作项目，有计划地组织前沿学术交流活动；探索新的国际合作渠道，支持我国科学家共同发起和参与重大国际信息科技研究计划。

一、加强顶层设计

近年来，根据学科和研究规模的不同，信息领域的国际合作形式主要表现为自下而上、自上而下和二者混合的三种模式。自下而上的自由合作已成为一种普适的、量大面广的模式，对我国科学家走向国际舞台、了解并参与学科前沿研究、提升学术水平起到积极的推动作用。但这种相对松散的合作模式难以开展一些需要大量资源的重大科学问题的合作研究，这就需要自上而下、有目的地规划设计这些重大合作研究。“十二五”期间，信息领域一方面将继续大力支持科学家自发组织、自下而上的实质性国际合作研究，特别将对一些原来自下而上形成并取得了很好成果，而又具有良好发展前景的国际合作项目予以重点支持。另一方面，将选择一些优先领域，举办科学高峰论坛，设置一些重点、重大国际合作计划或项目，与国际上技术最先进的国家合作启动专门的研究计划，如中美计算机网络与应用、可信软件等合作计划，中欧信息与通信、普适计算等合作计划，中国、美国、日本、韩国等无线健康网络合作计划，中俄高分辨率对地探测成像合作计划等，力争取得重要突破。并且通过这些国际合作，培养和造就一批杰出的信息科学和技术专家，建立起一支具国际水平的信息科学和技术的基础研究队伍。

二、开展以我为主的国际合作

积极支持科学家开展实质性、高水平的国际合作，特别鼓励以我为主的国际合作项目。

随着改革开放的不断深入和经济实力的不断提升，我国的综合科技实力和国际学术影响力日益提升，我国科学家的国际合作和交流越来越频繁和广泛，规模不断增大，合作研究成果（特别是合作发表论文）日益增多，质量明显提高，但所支持的大部分国际合作都是外方主导型，我国科学家处于相对弱势的地位。

“十二”五期间，国家自然科学基金的国际合作将进入质量全面提升的阶段，重视发挥我国科学家的主导作用，扩大在国际学术界的影响力。国际合作从学术交流转向由我方主导、优势互补的高水平重大科学问题的实质性合作研究，促进我国科学研究水平跻身世界一流。

三、完善资助格局

国际大科学研究由于其研究目标宏大、多学科交叉、投资强度大、覆盖地域广、需要昂贵复杂的大型实验装备等特点，难以由一个国家独立承担完成，往往需要汇集大量高级科技人才，配置全球科研资源，依靠许多国家通力协作才能圆满完成。可以说，国际合作是多数大科学研究计划赖以生存的基础。

我国已在世界范围内建立起了政府双边和多边、科学家个人和群体等多种国际科技合作形式，形成了一种多层次、多渠道、全方位的国际科技合作格局。“十二五”期间，除了继续鼓励我国科学家积极参与各种国际大科学研究计划外，中科院信息学部将积极探索新的国际合作渠道，在优先发展领域中选择若干个重大科学和技术任务，依托国家重点实验室和其他高水平研究机构，重点支持优秀创新研究团队和科学家群体，筹划和主导组织双边、多边的国际（地区）合作项目，发起具有中国特色的国际信息科学和技术研究计划，力争在一些信息科学和技术前沿研究方向上取得重要突破。

四、跻身国际重要学术组织

国际学术会议是了解最新研究进展和发展趋势、扩大研究机构和科研成果的国际影响力、建立广泛合作关系的重要学术交流平台。中科院信息学部将优先资助国际科学组织的大型系列学术会议、与领域密切相关的国际学术会议和我国发起组织的有中国研究特色的国际学术会议。同时鼓励和支持与国际学术机构筹划和举办信息前沿领域的高水平小型双边或多边国际学术研讨会，以提高学术交流的质量并将学术交流引向深层次和实质性合作。

国际学术组织具有强大的国际影响力，能在其中任职，不仅反映科学家的个人学术地位和国际影响，同时也反映科学家所在国家、所在科研机构的国际地位和影响力。“十二五”期间，中科院信息学部将积极鼓励并支持我国科学家参与各类国际科学组织和机构的活动，加大支持我国优秀科学家进入国际科技组织、争取担任重要学术领导职务的力度，重点支持国内优秀中青年科研人员参与多种形式的国际合作与交流活动，培养出一批高水平、有组织能力、有国际影响的青年学术骨干，作为进入国际科学组织的人员储备。

五、以我为主营造国际一流合作研究平台

支持和建立各种形式的信息科学和技术的联合研究基地（如国际研究中心、联合实验室和研究团队），特别将在我国启动并建设若干个信息领域的研究基础设施，并争取其他国家基金组织的共同支持，形成国际一流的信息科学和技术研究平台和环境，促进我国科技国际合作的实质性进步。一方面，我国传统的国际合作是以国内外学者短期互访为主，这种建立常设合作研究机构的国际合作形式可进一步提升我国在信息领域的国际地位。另一方面，建立常设的合作研究基地将有效增加双边、多边国际合作的力度和广度。因为传统的合作形式在促成机会上比较有限，科学家之间的合作相对松散，这种常设合作研究机构可以有计划地吸引外国著名专家来基地工作和交流，将大大增加有关领域科学家交流与合作的机会，从而提高国际合作的质量和规模。另外，这种常设合作研究机构可以以国际标准持续地开展具前瞻性的前沿研究，并为我国的研究者和学生提供更多的学习交流和合作研究的机会，使得他们能够得到国际水准的全方位科研训练，从而为我国急需的国际型创新人才培养做出重要贡献。

六、加强统筹规划

参与战略性基础数据资源的建设与共享是一个国家科技实力的象征，也是开展高水平研究、推动学科发展的重要手段。长期以来，这是我国科技发展的一个薄弱环节，但随着我国经济实力的提升，战略性基础资源的建设逐渐得到我国科技界的高度重视，并在多个国家科技计划中得到实施。基金委将加强与兄弟单位科技计划的统筹和协调，积极推进国际合作，联合国际优势力量，力争在战略性基础资源的建设与共享方面取得突破。

七、吸引优秀科学家

尽管人事部、教育部、中科院等有关部门实施了多个高层次人才引进计划，取得了很好的效果，但应注意到，引进到我国的科学家仅是极少的一部分，一大批科学家任职于发达国家的高水平研究机构中，他们处于信息领域的学术前

沿，在其研究领域具有相当的成就和影响，具有独立性和广泛的国际合作渠道。因此，对我国来说这是一个巨大的智力宝藏。如何支持国际著名科学家（特别是华人科学家）到我国开展学术交流和服务是“十二五”信息领域国际合作的一大重要任务。除进一步组织实施国家杰出青年科学基金和留学人员短期回国工作讲学专项基金外，中科院信息学部将拓宽支持渠道为他们来国内研究机构进行学术交流与科研合作创造条件，特别支持他们参与各种自然科学基金项目的合作研究。同时，信息学部将遵循“不求归我所有，但求为我所用”的思想，进一步完善有关政策机制，使他们在项目的组织、过程管理、评审/评估等环节发挥重要作用。

八、开展实质性、高水平国际合作

尽管我国科学家的国际合作和交流越来越频繁和广泛，规模不断增大，但所支持的大部分国际合作以短期交流为主，且是外方主导型的，我国科学家处于相对弱势的地位。随着我国的综合科技实力和国际学术影响力日益提升，国际合作将进入质量全面提升的阶段，由资助科学家间的交流型合作全面转变为高水平、实质性的重大科学问题的合作研究。“十二五”期间，中科院信息学部将重点支持我国科学家围绕信息领域的前沿重大科学问题，与信息领域的国际著名学者和研究机构开展实质性的高水平合作研究，通过共享科研环境、合作培养研究生和发表科研成果，全面提高我国信息科学与技术的研究水平。

九、探索人才合作模式

我国除通过项目进行人才培养以外，还需加强人才培养的国际交流计划、人才联合培养计划以及和国际接轨的课程体系建设计划。在现有人才培养计划的基础上，做好顶层设计、有的放矢，规范人才培养计划的管理、实施和跟踪，扩大人才培养计划的受益面，开展实质性的合作。

建议单独立项，规范国际合作人才培养计划的申请、管理、考核；保证国际人才培养合作计划的持续性，提供足够的资金资助和长期稳定的投入；扩大受益面。可参照国外的开放式课件 OCW 和教育部的精品课程模式，公开部分课程资料、录像等。坚强对国内任课教师的培养，鼓励资助国内、国际共建高水平课程计划，争取到 2020 年，能联合共建 100～200 门高水平国际合作课程。

第三节　国际合作规划资助方向

国际合作规划资助方向如表 6-4 所示。

表 6-4　国际合作规划资助方向

编号	优先资助领域	优先考虑合作国家
1	新型信息材料与器件	韩国、日本、美国
2	纳米级集成电路	日本、欧盟各国
3	微纳光子器件与光电集成	韩国、日本
4	太赫兹与新型红外、毫米波器件	美国
5	高分辨率探测成像	俄罗斯、德国
6	强场与超强场激光技术	美国、俄罗斯、日本、欧盟各国
7	艾级超级计算/服务系统	美国
8	多机器人协调与仿生机器人	美国、俄罗斯、日本、德国、欧盟各国
9	传感网络基础	欧盟各国
10	未来无线通信理论与技术	韩国、日本、欧盟各国
11	网络数据挖掘与理解	美国、日本、欧盟各国
12	互联网计算	美国
13	赛博网络信息空间安全	欧盟各国
14	复杂控制理论与技术	英国、美国、加拿大、法国
15	复杂系统与复杂网络	英国、美国、加拿大、法国
16	生命信息检测与分析	英国、美国
17	量子计算与量子调控	美国
18	基于光学与光电子的精密测量	德国
19	空天信息网络基础	欧盟各国、俄罗斯
20	面向社会发展的智能计算	美国、日本、欧盟各国
21	人才合作项目	美国、欧盟各国

第七章

保障措施与建议

一、以科学任务带动基础研究

信息科学作为复杂的系统工程，往往涉及多重因素，基础性的科学问题固然可以带动学科的进步，标志性的科学任务则可以实现跨越式的发展，带动信息科学整体的发展。建议在重大关键和共性科学问题研究中提出科学任务作为解决问题的承载物，明确发展目标。

二、加强对基础研究的支持

在信息领域技术对科学的推动比科学对技术的推动更明显，IT 技术的迅速发展引发出一系列科学问题，如网络化的发展为传统计算机理论带来了挑战，很多计算机基础问题需要研究，而足够的经费保证是前提。建议确保对信息领域基础研究资助的持续增长，处理好面上项目和优先资助领域的关系。

三、加强科学规划

建议加强科学规划的能力，完善规划制度，建立动态调整机制。科学规划是发展的基础，完善规划的制定机制。同时信息领域发展快，新的机会不断涌现，还应有相应的动态调整机制。

四、加强评审管理

建议加强评审管理，加强专家队伍建设：进一步规范评审程序，包括专家的遴选原则和评审标准，明确通信评审和学科评审组评审的定位，甄别和保护有创新思想的非共识性项目；规范同行评议意见反馈机制；加强和规范利益冲突管理；加强专家信誉管理制度，完善专家信誉评价机制，加强专家库建设；逐渐增加国际同行专家参与评审的机制，建立国际同行评审专家库。

五、鼓励建立国际合作关系

科学和工程学研究是一项全球的事业。为提升我国的研究水平，培养更多具有国际水平的研究人员，为研究生（后备研究人员）提供参与国际合作的机会，应加强现有的国际合作，并鼓励建立新的合作关系。鉴于科学技术作为经济增长的主要引擎，国际合作要优先资助国家重点发展的领域，建立优先资助计划，健全国际合作管理机制，保护我国研究人员的知识产权。

六、改进评价机制与项目组织

目前，我国科研中的一个重要问题是注重研究的短期效果，缺乏重大原创性研究成果。建议基金委在某些关键领域组建国家级的研究队伍，长期支持，并建立长效评价机制。

在评价机制方面，目前的评价标准主要着重于对论文的评价，建议在科研评价中重视科研项目的载体，并考察社会影响。

现代科学的发展更多体现出多学科交叉的特点，信息科学与相关学科的交叉为解决人类社会面临的全球气候变化、环境污染、重大灾害的预防、人类疾病的检测与治疗等重大挑战提供了关键的支持，建议基金委进一步组织更多的跨学科研讨与研究项目。

七、促进基金成果转化

建议加强成果跟踪和评估，促进基金成果向产业转化：加强对结题项目的成果跟踪和评估，健全成果评估机制，包括学术论文的学术引用和被工业专利的引用，其新思想是否为关键性商用技术发展作出贡献等；建立促进成果向产业转化的机制，不仅强调科学成果对国际学术的影响，也要强调对中国国家建设的影响力。考虑到大部分中国企业不具备良好的英语资料理解能力和获得国家 SCI 检索期刊的机会，将建立将国内同行介绍基金成果的机制和措施。

信息领域的研究不少是应用驱动的，为了真正解决应用中的技术问题，并将技术转化为实际应用，需要研究单位与产业转化单位保持密切合作，从应用中提炼学术问题，针对应用提出方法和技术，并将方法和技术用于实际。基金委也应该有相应的计划或措施来鼓励产学研结合的研究课题；强调新概念、新理论、新方法的研究，兼顾应用性和潜在的社会意义及市场价值，开展国内国际合作，优化配置，联合攻关，分阶段持续研究支持，实现理论创新、技术实现与系统集成三位一体的目标，鼓励研究单位积极探讨理论和技术成果的未来推广应用，促进研究成果转化为现实生产力。

八、加强人才培养计划

建议加强人才培养计划，树立人才培养品牌，完善人才培养的资助、评审、考核评估、评价等管理机制，尤其对群体等人才类项目的定位和管理机制，以培养“世界前沿水平高级专家”为目标，不以培养行政官员为目标。

现有的人才资助计划，如青年科学基金和国家杰出青年科学基金，在支持青年人才的成长和发展发面发挥了很大的作用，但是国家杰出青年科学基金获得者的年龄越来越偏大，要制定措施保障 40 岁以下的青年在研究的黄金阶段获得足够的支持。

基金委的人才板块涵盖青年科学基金、国家杰出青年科学基金、创新研究群体，主要面向博士学位以上高层人才。而 NSF 等则有更早（K-12）的计划。目前我国教育部没有这样的计划。建议基金委设立面向培养基础研究人才，覆盖高中和大学本科的计划，基于国产或开放源码的硬件软件产品和服务，为广大高中生和大学本科生提供创新实践和创新教育平台，吸引他们有志于基础研究，尽早培养研究素质。

九、建设国家级研究团队

目前，我国科研中的一个重要问题是注重研究的短期效果，缺乏重大原创性研究成果。为了改变这一问题，建议基金委在某些关键领域组建国家级的研究队伍，并予以长期支持（探索在某些关键领域组建国家级的研究队伍的遴选和管理机制）。

十、营造良好学术生态环境

建议建立创新文化，营造良好学术生态环境：倡导自主创新、敢为人先的拼搏精神，宽容失败，鼓励科学家潜心探索；促进合作，倡导团队协作精神；加强科学评论，鼓励学术争鸣，推动学术交流和思想碰撞，构建尊重科学、鼓励探索，平等宽容、激励创新，公正透明、民主和谐的科学基金文化氛围，为营造崇尚科学、尊重知识、尊重人才、尊重创造的社会文化环境作出贡献。

十一、建设与共享基础研究设施

基础研究设施是进行高水平科学研究的基本条件。建议基金委建立“信息网络研究基础设施”，可参考美国 Cyber-Infrastructure，欧盟 e-Infrastructure，支持大规模研究平台实验平台建设和使用，加强科研协作与资源共享。

研究基础设施建设（research infrastructure）的一个例子是 NSF 设立赛博基础设施办公室（OCI）并继续加大投资力度，NSF 长期资助的计算机基础设施项目（Cyber-Infrastructure）以及地震工程仿真网络（NEES）项目。基础设施建设工作与 NSF 的其他大胆的研究计划是互补的，如计算机使能发现和创新(CDI)。研究基础设施建设在基金委尚未列入研究计划或重要议程。此外，还应考虑数据库和基本工具库的共享。

十二、完善经费管理

建议完善科研经费管理机制，探索科学合理的经费管理措施。在国际合作方面，除专门的国际合作计划项目外，一般的面上项目和重点项目也鼓励国外学者参与，但要强调实质性参与。在基金管理措施方面，如果项目有国外学者参与，国际合作与交流部分支出比例可适当放宽，以便于国际合作的深入开展。另外，人员费比例应大幅增长，以利于组织优秀的高水平的研究队伍。有些课题组主要靠自然科学基金给研究生发工资，而提高研究生工资水平是保障研究水平和质量的重要手段之一，建议把人员费用比例由现在的15%提高到50%。

参考文献

王春生，林治远．2008. 世界军事发展年度报告（2008年版）．北京：军事科学出版社

张蜀平，禚法宝，王祖文．2007. 直面信息化战争．北京：国防工业出版社

赵彦亮．2008. 信息时代的美国国防．北京：国防大学出版社

中国科学技术协会调研宣传部，中国科学技术协会发展研究中心．2008. 中国科技人力资源发展研究报告 2008. 北京：中国科学技术出版社

中国科学技术信息研究所．中国科技论文统计结果 2008. http://www.istic.ac.cn/Science-EvaluateArticalShow.aspx? ArticleID=88095 [2009-11-11]

《中国信息产业年鉴》电子卷编委会．2008. 中国信息产业年鉴 2008（电子卷）．北京：中国电子工业出版社

《中国信息产业通鉴》通信卷编委会．2008. 中国信息产业年鉴 2008（通信卷）．北京：中国电子工业出版社

王长胜．2008. 中国信息年鉴 2008. 北京：中国信息年鉴期刊社

中华人民共和国国家统计局．2009. 2009 中国发展报告．北京：中国统计出版社

附录

缩略语表

2G	第二代移动通信（2nd Generation Mobile Communication）
3D	三维（Three Dimensions）
3G	第三代移动通信（3rd Generation Mobile Communication）
3GPP	第三代合作伙伴计划（3rd Generation Partnership Project）
3TNet	高性能宽带信息网（每秒太比特传输、交换与路由）
4G	第四代移动通信（4th Generation Mobile Communication）
ALS	（美国）先进光源实验室（Advanced Light Source）
AMS	α磁谱仪（Alpha Magnetic Spectrometer）
ARGO	地转海洋学实时观测阵（Array for Real-time Geostrophic Oceanography）
ARQ	自动请求重传（Automatic Repeat reQuest）
ATLAS	回型LHC实验装置（A Toroidal LHC ApparatuS）
ATP	腺嘌呤核苷三磷酸（Adenosine-TriPhosphate）
BcN	宽带融合网（Broadband convergence Network）
BESⅢ	北京谱仪Ⅲ（Beijing Spectrometer Ⅲ）
BIP	宽带行动计划（Broadband Initiatives Program）
BNL	（美国）布鲁克海文国家实验室（Brookhaven National Laboratory）
BTOP	宽带技术支持计划（Broadband Technology Opportunities Program）
C3I	指挥、控制、通信及情报（系统）（Command，Control，Communication and Intelligence（system））
CANS	中美下一代互联网学术交流会议（China-American Networking Symposium）
CD	光盘（Compact Disc）
CDI	计算机使能发现和创新（Cyber-Enabled Discovery and Inno-

	vation)
CEBSat	中国教育卫星宽带多媒体传输网（China Education Broadband Satellite Net）
CEP	载波包络相位（Carrier-Envelope Phase）
CERN	欧洲核子物理研究所（European Organization for Nuclear Research）
CERNET	中国教育和科研计算机网（China Education and Research Network）
CIF	通信与信息发展基金（Communications and Information Foundations）
CMOS	互补金属氧化物半导体（Complementary Metal Oxide Semiconductor）
CMS	紧凑型 μ 子螺线管（Compact Muon Solenoid）
CNGI	中国下一代互联网示范工程（China's Next Generation Internet）
CNRS	法国国家科学研究院（French National Center for Scientific Research，The National Center of Scientific Research）
CPU	中央处理器（Central Processing Unit）
CS	压缩感知理论（Compressed Sensing）
CT	计算机断层扫描（Computed Tomography）
DFB	分布式反馈激光器（Distributed Feed Back）
DMB	数字多媒体广播（Digital Multimedia Broadcasting）
DMOS	双重扩散金属氧化物半导体（Double-Diffused Metal-Oxide-Semiconductor）
DNA	脱氧核糖核酸（Deoxyribonucleic Acid）
DOE	（美国）能源部（Department of Energy）
DRAM	动态随机存取存储器（Dynamic Random Access Memory）
DSL	数字用户专线（Digital Subscriber Line）
DSP	数字信号处理器（Digital Signal Processor）
DTV	数字电视（Digital Television）
DWPI	德温特世界专利索引（Derwent World Patents Index）
E3G	3G 演进技术（Enhanced 3G）
EAM	电吸收调节器（ElectroAbsorption Modulator）
ECT	电容成像（Electrical Capacitance Tomography）
EDA	电子设计自动化（Electronic Design Automation）

EI	工程索引（Engineering Index）
ELI	极强激光基础设施（Extreme Light Infrastructure）
EMBL	欧洲分子生物学实验室（European Molecular Biology Laboratory）
EMS	全球邮政特快专递（Worldwide Express Mail Service）
ERP	企业资源计划（Enterprise Resource Planning）
ERT	电阻成像（Electrical Resistance Tomography）
EUV	远紫外线（Extreme UltraViolet）
EW	艾瓦，1EW=10^{18}W（Exa Watt）
FCRP	焦点中心研究计划（Focus Center Research Program）
FeRAM	铁电随机存储器（Ferroelectric Random Access Memory）
FP7	（欧盟）第七研发框架计划（Seventh Framework Programme）
FPGA	现场可编程门阵列（Field-Programmable Gate Array）
FTTx	光纤到 x（Fiber To The x）
GDP	国内生产总值（Gross Domestic Product）
GENI	全球网络创新环境（Global Environment for Network Innovations）
GNSS	全球卫星导航系统（Global Navigation Satellite System）
GPGPU	通用图形处理器（General-Purpose Computing on Graphics Processing Units）
GRC	全球研究协作（Global Research Collaboration）
HEDLP	高能量密度实验室等离子体（High Energy Density Laboratory Plasmas）
HEMT	高电子迁移率晶体管（High Electron Mobility Transistor）
HiPER	高功率激光能量研究计划（the High Power Laser Energy Research Project）
HiperLAN	高性能无线局域网通信标准（High Performance Radio LAN）
HSDPA	高速下行分组接入（High Speed Downlink Packet Access）
HSPA	高速数据接入（High Speed Packet Access）
HTTP	超文本传输协议（HyperText Transfer Protocol）
IC	集成电路（Integrated Circuit）
ICF	惯性约束聚变（Inertial Confinement Fusion）
ICT	信息和通信技术（Information Communication Technology）

IDS	入侵检测系统（Intrusion Detection System）
IEEE	（美国）电气和电子工程师协会（Institute of Electrical and Electronics Engineers）
IJCAI	国际人工智能联合会议（International Joint Conference on Artificial Intelligence）
IMT-Advanced	高级国际移动通信（International Mobile Telecommunications-Advanced）
INRIA	法国国家信息与自动化研究所（the French National Institute for Research in Computer Science）
IOT	物联网（Internet of Things）
IP	互联网协议（Internet Protocol）
IRMMW-THz	国际红外与毫米波-太赫兹会议（International Conference on Infrared，Millimeter and Terahertz Waves）
ISTAG	信息社会技术咨询小组（Information Society Technologies Advisory Group）
IT	信息产业（Information Technology）
ITRS	国际半导体技术蓝图（International Technology Roadmap for Semiconductors）
JPL	（美国）喷气与推进实验室（Jet Propulsion Laboratory）
LBNL	（美国）劳伦兹伯克利国家实验室（Lawrence Berkeley National Laboratory）
LD	激光二极管（Laser Diode）
LED	发光二极管（Light Emitting Diode）
LHC	大型质子对撞机（Large Hadron Collider）
LLNL	（美国）劳伦斯利弗莫尔实验室（Lawrence Livemore National Laboratory）
LTE	长期演进（Long Term Evolution）
M2M	机器到机器（Machine to Machine）
MBMS	多媒体广播多播业务（Multimedia Broadcast Multicast Service）
MEA	微电极阵列（Micro-Electrode Array）
MEMS	微机电系统（MicroEletroMechanical Systems）
MIMO	多输入多输出（Multiple-Input Multiple-Output）
MOS	金属氧化物半导体（Metal-Oxide-Semiconductor）
MOSFET	金属氧化物半导体场效应晶体管（Metal-Oxide-

Semiconductor Field-Effect Transistor)

MOU 谅解备忘录（Memorandum of Understanding）

MPSoC 多核片上系统（MultiProcessor System-on-Chip）

MRAM 磁性随机存储器，磁阻内存（Magnetoresistive Random Access Memory）

NA 数值孔径（Numerical Aperture）

NEES 地震工程仿真网络（Network for Earthquake Engineering Simulation）

NEMS 纳机电系统（NanoElectromechanical System）

NIF （美国）国家点火装置（National Ignition Facility）

NITRD 网络信息技术研究开发计划（Networking and Information Technology Research and Development Program）

NoC 片上网络（Network on Chip）

NRI 纳米电子学研究计划（Nanoelectronics Research Initiative）

NRL （美国）海军研究实验室（Naval Research Laboratory）

NSF （美国）国家科学基金会（National Science Foundation）

NSFC 中国国家自然科学基金委员会（National Natural Science Foundation of China）

NSFCNET 中国高速互连研究试验网（Network for Science Facility China）

NTIA （美国）国家电信与信息管理局（National Telecommunications and Information Administration）

OCI 赛博基础设施办公室（Office of Cyberinfrastructure）

OCW 开放式课件（Open Course Ware）

OFDM 正交频分复用（Orthogonal Frequency Division Multiplexing）

OPV 有机光伏材料（Organic Photovoltaics）

ORNL （美国）橡树岭国家实验室（Oak Ridge National Laboratory）

OTN 光传送网（Optical Transport Network）

P2P 点对点（Peer to Peer）

P4P 可控对等网络技术（Proactive Network Provider Participation for P2P）

PB 拍字节，$1PB=10^{15}B$（PetaByte）

PC 个人计算机（Personal Computer）

PCRAM 相变存储器（Phase Change Random Access Memory）

PD 光电二极管（Photo-Diode）